Boomerangs

Pr Guillaume Decocq

Boomerangs

Comment la mise à mal
de notre environnement
met en danger la santé humaine

éditions du
ROCHER

Éditions du Rocher
28 rue Comte Félix Gastaldi – BP 521 – 98015 Monaco

www.editionsdurocher.fr

ISBN : 978-2-268-10852-0
EAN epub : 9782268108636

À Augustin et Silvère,
Puissent-ils connaître l'épilogue de cette histoire.

BOOMERANG n.m. – XIXe siècle. Mot anglais emprunté de *bumarin*, dans une langue aborigène d'Australie. Arme de jet en usage chez les aborigènes d'Australie, constituée par une lame de bois courbe, et dont certains modèles destinés au jeu décrivent une trajectoire qui les ramène en direction du lanceur. FIG. ET FAM. *Effet de boomerang* ou, en apposition, *effet boomerang*, choc en retour dont est parfois victime celui qui a pris une initiative.

Dictionnaire de l'Académie française.

Arme de jet des indigènes australiens, formée d'une pièce de bois dur courbée, qui revient à son point de départ si le but est manqué. *Revenir comme un boomerang* – FIG. En parlant d'un acte d'hostilité qui se retourne contre son auteur. *Effet boomerang.*

Dictionnaire Robert.

Prologue

L'homme eut à nouveau une salve d'éternuements. Ses yeux le piquaient de plus en plus. Il continua néanmoins à se frayer un chemin parmi les orties qui avaient envahi la faible pente herbeuse, pour atteindre le haut du promontoire. Parvenu au sommet, la vue se dégagea et l'océan apparut enfin. Pourtant, ce n'était pas l'image de ses souvenirs d'enfance. En contrebas, la plage de sable était recouverte d'une épaisse couche verte peu engageante, ponctuée de détritus multicolores. L'air du large faisait frémir les fragments de sachets en plastique qui émergeaient de cette masse d'algues en décomposition. Le son du ressac n'était plus le même, alourdi par la même masse verte visqueuse et moussante qui continuait à se déverser sur la grève. Surtout, il était étonnant de ne voir aucun animal, de n'entendre aucun oiseau. Il éternua à nouveau en rafale, puis toussa bruyamment. Il ressentait une irritation sèche dans la gorge et dans le nez, qu'il avait appris à reconnaître : c'était sa fameuse allergie aux pollens… mais d'habitude, ça ne le prenait pas en décembre. Un bruit soudain le fit se retourner. Un homme en treillis surgit du champ de maïs desséché derrière lui. Il portait un fusil de chasse en bandoulière. Il s'approcha, ôtant sa casquette, et engagea la conversation :

« Bonjour.

— Bonjour.

— J'entendais quelqu'un éternuer et tousser, je me demandais bien qui pouvait être dans les parages un jour de chasse.

— Rien de grave. Une allergie probablement. Je me promenais. Je suis originaire du coin, mais ça faisait près de 30 ans que je n'étais pas revenu par ici.

— Ah oui, c'est peut-être la mauvaise herbe là, dans le champ, il paraît que ça rend malade plein de gens. »

L'homme s'approcha de la plante que lui indiquait le chasseur. Il la reconnut immédiatement : c'était la même ambroisie qui colonisait les friches et les terrains vagues en ville. Qu'elle soit là ne l'étonnait guère – il y en avait partout maintenant –, mais qu'elle soit encore fleurie en plein mois de décembre était plus surprenant. Il faut dire qu'on frôlait les 20 °C et que beaucoup de plantes continuaient de fleurir malgré la saison supposément hivernale. Il confirma :

« Vous avez raison, c'est bien le pollen de cette plante. J'y suis allergique. À ça, et aux pollens de graminées. C'est le rhume des foins.

— C'est le risque à la campagne !

— Ne pensez pas ça ! Avant, j'habitais à la campagne et je n'avais jamais eu de problème. C'est quand j'ai déménagé à Paris que j'ai commencé à avoir des soucis et que je suis progressivement devenu allergique aux pollens. Et puis la pollution n'arrange rien…

— Ah ça, c'est l'avantage d'habiter à la campagne, on est loin de la pollution…

— Vous croyez ? Regardez ces marées vertes… Avec tous ces champs qui viennent jusqu'en bord de mer et toutes les porcheries alentour, vous ne pensez pas que ça pollue aussi ?

— Oui, c'est ce qu'on dit, mais c'est surtout ce fichu réchauffement climatique : avant, les marées vertes, c'était seulement au printemps, puis après c'était aussi en été et maintenant, c'est toute l'année ! Faut dire qu'on a plus de saison ! 20 °C en décembre, mais où on va ? Regardez, les ostréiculteurs ne peuvent même plus vendre leurs huîtres à cause d'une algue toxique qui prolifère avec la température de l'eau… Avec Noël qui approche… Ils ne sont pas à la fête ! Vous allez voir que bientôt ils vont nous faire manger des huîtres chinoises !

— C'est ça la mondialisation ! Tout circule, même les virus !

— Ah, ne m'en parlez pas ! C'est vrai qu'avec la Covid qui repart à la hausse, les fêtes risquent d'être compromises de toute façon… tout ça pour un virus qui a été fabriqué en laboratoire, si ça tombe ! Ils ont bon dos, les pangolins et les chauves-souris ! C'est comme avec les prions ou les OGM… Ça nous revient toujours dans le nez… C'est comme un boomerang ! »

Introduction

Homo sapiens, le roseau pensant

« L'homme n'est qu'un roseau, le plus faible de la nature, mais c'est un roseau pensant. »

Blaise Pascal (*Les Pensées*, 1670)

« Il a chassé le naturel, le naturel n'est pas revenu. »

Jules Renard (*Journal*, 1894)

« Tout est bien sortant des mains de la Nature, tout dégénère dans les mains de l'homme. »

Jean-Jacques Rousseau (*L'Émile ou De L'éducation*, 1762)

Nombre de maladies qui nous affectent sont en réalité les conséquences, parfois très indirectes, des altérations que nous infligeons à notre environnement. À l'image d'un boomerang, chacune de nos agressions envers l'écosystème qui nous héberge, par une cascade d'effets souvent imperceptibles, finit par se retourner contre nous. Et comme la population humaine ne fait qu'augmenter depuis l'apparition de notre espèce, notre influence destructrice ne cesse de croître en intensité, en fréquence et en étendue géographique, causant l'émergence d'un nombre croissant de maladies « environnementales ».

Mais pour bien comprendre, revenons brièvement sur cette histoire humaine.

Longtemps, l'homme vécut en chasseur-pêcheur-cueilleur. En immersion dans une nature sauvage, il était alors exposé aux seuls risques naturels : animaux sauvages, plantes et champignons toxiques, etc. Lorsque, à la suite de la Révolution néolithique, il y a 10 000 ans, il devint, à peu près simultanément, pasteur et agriculteur, il commença à s'exposer à des risques inédits. La domestication des animaux s'accompagna de l'émergence de nouveaux agents infectieux chez l'homme et le développement de l'élevage entraîna les premières pollutions. La propagation de l'agriculture entraîna l'expansion des terres arables, amendées, fertilisées, drainées ou irriguées, au détriment des écosystèmes naturels. Puis apparurent les premières villes, lieux artificialisés par excellence, symboles d'une culture soumettant la nature. En ce début de XXIe siècle, 70 % de la population mondiale vit en ville (cette proportion n'était que de 3,4 % en 1800 et de 15 % en 1900) ; depuis 2007, la population urbaine dépasse en nombre la population rurale.

Entre-temps, la société s'est « mondialisée » : les marchandises, les technologies et les personnes circulent (plus ou moins) librement, grâce aux progrès technologiques des transports et des communications qui ont rapproché les différentes parties de la planète. Ceci au prix de dépenses en énergie et en matières premières sans cesse croissantes, à l'origine d'une augmentation tout aussi croissante des déchets produits, qu'ils soient solides, liquides ou gazeux. Serait-ce le triomphe de la culture sur la nature ? Serait-ce la marque de l'émancipation de l'homme vis-à-vis de son environnement naturel ? Pas si l'on en croit l'Organisation mondiale de la santé (OMS), qui estime que près du quart des décès sur Terre est imputable à des facteurs environnementaux, principalement du fait d'un environnement pollué ou insalubre. Plus d'un quart des décès d'enfants de moins de 5 ans est attribuable à la pollution de l'eau, à l'origine de diarrhées infectieuses fatales, essentiellement dans les pays pauvres. Car en matière de relations entre environnement et santé humaine, il existe de très fortes disparités géographiques. Dans les pays en voie de développement, presque tous situés dans la zone intertropicale, naturellement chaude et humide au moins une partie de l'année, ce sont surtout des pathologies liées à l'insalubrité et aux pollutions biologiques qui sont rencontrées. Les maladies infectieuses y représentent 43 % des causes de décès contre 1 % dans les pays industrialisés. Dans ces derniers, les problèmes sanitaires sont surtout induits par les technologies modernes, avec une prépondérance des pathologies associées aux pollutions chimiques. Certains risques sont bien connus, mais les populations acceptent de vivre avec, car elles ne sont pas prêtes à renoncer au confort apporté par ces technologies ; ce sont les « sociétés du risque » décrites par Ulrich Beck dans son ouvrage éponyme de 1986[1].

Mais revenons à nouveau un peu en arrière pour bien comprendre. Notre planète, la Terre, s'est formée il y a 4,51 milliards d'années. La vie y est apparue il y a environ 3,85 milliards d'années. Depuis, elle a conquis la planète entière. On la trouve partout, y compris dans les milieux les plus hostiles : dans la glace des pôles, dans l'eau bouillante des sources hydrothermales, dans les profondeurs abyssales, dans les croûtes de sel, dans les acides ou les bases les plus forts, à l'intérieur des roches... Et même dans notre tube digestif qui n'est qu'un vaste écosystème pour près de 100 billions de bactéries (c'est-à-dire 100 millions de millions ou 10^{14}, soit à peu près autant que de cellules dans le corps humain), sans lesquelles nous ne pourrions digérer nos aliments ! Ainsi, en

1. Pour l'édition française : Ulrich Beck, *La société du risque. Sur la voie d'une autre modernité*, Paris, Flammarion, 2008.

l'espace de presque 4 milliards d'années, ce qui n'était qu'une boule de gaz et de poussières est devenu la planète Terre telle que nous la connaissons aujourd'hui : une planète vivante.

La vie, qui n'a cessé de s'adapter à des conditions environnementales changeantes et à se complexifier, constitue la biosphère, cette mince pellicule qui entoure la planète, à l'interface entre le substrat géologique des continents, les masses d'eau océaniques et continentales, et l'air que nous respirons et les couches gazeuses qui se trouvent au-dessus. C'est dans cette fragile biosphère que la vie se concentre et est possible en permanence, grâce à la présence d'eau liquide et de lumière[2]. La biosphère est le résultat de près de 4 milliards d'années d'histoire évolutive et de diversification des formes de vie ; celles-ci peuplent une mosaïque d'écosystèmes qu'elles ont longuement façonnée et entretiennent entre elles des relations d'une extraordinaire complexité, à l'origine même du « fonctionnement » de cette énorme machinerie[3]. Mais il semble que cette machinerie ait généré un grain de sable qui est en train de perturber son bon fonctionnement : une « super-espèce » qui vient tout juste de voir le jour, mais qui a rapidement acquis une capacité de destruction telle que la biosphère actuelle pourrait bien ne pas s'en remettre.

---

2. Il existe de rares exceptions, comme les organismes utilisant l'énergie des sources géothermales et les cas extrêmes d'Archées ou de Bactéries vivant dans les milieux hostiles précités.

3. Le concept de biosphère est dû au géochimiste russe Vernadsky dans les années 1920, qui reprenait un terme introduit en 1875 par le géologue suisse Suess. Celui d'écosystème a émergé en 1935 des travaux du Britannique Tansley. Très schématiquement, un écosystème est l'entité fonctionnelle constituée d'une portion de l'espace où les conditions physico-chimiques (sol, climat, relief...) sont globalement uniformes, qui forme le biotope (ou habitat) ; de la totalité des êtres vivants qui vivent sur cette portion de l'espace, qui forme la biocœnose (ou communauté) ; et de l'ensemble des interactions existant entre, d'une part, les êtres vivants au sein de la biocœnose et, d'autre part, la biocœnose et le biotope. À une échelle paysagère, plusieurs écosystèmes s'assemblent et interagissent ; à une échelle globale, tous les écosystèmes de la planète sont les briques qui constituent la biosphère.

Son nom : *Homo sapiens* ou « Homme moderne ». Il aurait commencé à peupler la Terre il y a environ 315 000 ans ; il héritait alors du feu que son ancêtre *Homo erectus* avait appris à maîtriser il y a à peu près 500 000 ans.

Si l'on s'amuse à reporter ces événements sur une échelle de temps plus facile à appréhender, disons que si la Terre s'était formée il y a 24 heures (soit à 0 h 00), *Homo sapiens* serait apparu il y a… 30 secondes, à 23 h 59 min 30 s ! Sur ces 30 secondes écoulées, 28,8 correspondent à la Préhistoire, durant laquelle l'homme a survécu aux vicissitudes de son environnement, plus qu'il ne l'a modifié. C'est donc au cours de la toute dernière seconde que l'homme est devenu, sinon le maître du monde, suffisamment puissant pour décider du devenir de la vie sur Terre. Et c'est à la fin de cette toute petite seconde que le chimiste-météorologue Paul J. Crutzen, prix Nobel de chimie en 1995, considère que notre planète est entrée dans l'ère « anthropocène[4] ». Depuis la révolution industrielle de la fin du XVIIIe siècle, l'homme est en effet devenu une « force géologique » majeure, capable de bouleverser, voire de détruire, la biosphère terrestre qui a mis tant de temps à se constituer depuis l'apparition de la vie, il y a 3,8 milliards d'années (soit entre 3 h 26 et 3 h 57 sur notre échelle de 24 heures). Ce sont plus de 20 heures d'histoire de l'évolution qui sont aujourd'hui menacées par une petite seconde d'emballement évolutif, démentant au passage les propos de Pascal, selon lesquels ce « roseau pensant » qu'est l'homme serait le roseau « le plus faible de la nature ».

Pendant ces trente dernières secondes, tout s'est accéléré :

– l'homme contribue à l'extinction de la mégafaune sur tous les continents (les mammouths disparaissent d'Europe vers -12 000 ans), en même temps qu'il domestique les

4. Voir Paul J. Crutzen et Eugene F Stoermer, « The Anthropocene. The International Geosphere Biosphere Programme (IGBP) », *Global Change News-Letter*, n°41, p. 17-18.

premiers animaux sauvages (qui deviendront aussi les réservoirs de nouvelles maladies humaines) ;

– vers -10 000 ans, il passe du statut de chasseur-pêcheur-cueilleur à celui d'agriculteur et de pasteur, amorçant les premières pollutions d'origine agricole ;

– vers -4 300 ans, il construit les premières grandes villes (en Mésopotamie), initiant probablement les premières pollutions urbaines ; les premières pollutions industrielles suivront vers -3 000 lorsqu'il maîtrise la métallurgie du fer ;

– en -312, il achève le premier réseau routier et le premier aqueduc (dans l'Empire romain), qu'emprunteront certaines espèces pour coloniser de nouveaux territoires et répandre de nouveaux maux ;

– en l'an mil, il accélère son entreprise de déforestation de l'Europe, portant un coup sans précédent à la biodiversité forestière ;

– en 1492, les Européens commencent à coloniser les Amériques, entraînant la mort d'entre 80 et 90 % des quelque 100 millions d'habitants autochtones, principalement d'épidémies ;

– en 1769, il entreprend une révolution industrielle majeure grâce à l'invention de la machine à vapeur, qui marque peut-être aussi l'entrée dans l'ère anthropocène ;

– en 1859, il fore le premier puits de pétrole (la première « marée noire » attendra le naufrage du *Torrey Canyon* en 1967) ;

– en 1869, il fait communiquer la Méditerranée avec la mer Rouge suite au percement du canal de Suez (le canal de Panama fera de même en 1914 entre les océans Atlantique et Pacifique), redistribuant au passage le vivant marin ;

– en 1909 et 1939, il synthétise l'ammoniac et découvre les propriétés insecticides du DDT (synthétisé en 1874), respectivement qui annoncent l'ère des engrais et des pesticides chimiques, à l'origine de la « révolution verte » des années 1960 et d'un déclin vertigineux de la biodiversité ;

– en 1942, il fait de la pénicilline, découverte en 1928, le premier antibiotique, un progrès majeur en matière de santé humaine et un bouleversement de certains écosystèmes microbiens ;

– en 1945, il maîtrise l'atome et bombarde les villes d'Hiroshima et Nagasaki, affirmant sa puissance destructrice ;

– en 1972, il obtient le premier organisme génétiquement modifié par transgénèse ;

– en 1985, la « grande accélération » du réchauffement climatique et le « trou » dans la couche d'ozone ne laissent plus de doute quant au fait que l'homme est devenu la principale force géologique expliquant la dynamique de la biosphère, faisant émerger, en 2002, le concept d'Anthropocène.

En 30 petites secondes, une espèce parmi des millions d'autres, *Homo sapiens*, s'est mise à dominer un monde qui avait mis presque 24 heures à se mettre en place, à croire que le monde appartient à ceux qui se lèvent tard… l'homme n'est définitivement pas une espèce comme les autres, même s'il partage plus de 98 % de ses gènes avec les chimpanzés. Ce « troisième chimpanzé », comme le qualifie Jared Diamond[5], se différencie des deux autres surtout par le langage, l'art, la technique et l'agriculture, et se distingue de tous les autres animaux par son aptitude à tuer massivement ses congénères et les autres espèces vivantes, à détruire les écosystèmes, à altérer son environnement et l'ensemble de la biosphère au point de mettre son propre avenir en péril, à entreprendre son autodestruction au cours d'une sixième grande extinction. De toutes les espèces humaines qui ont habité la Terre, connues sous les noms d'*Homo habilis*, *Homo rudolfensis*, *Homo ergaster*, *Homo heidelbergensis* et bien d'autres, toutes ont disparu sauf une… *Homo sapiens*, dont l'effectif mondial

---

5. Pour l'édition française : Jared DIAMOND, *Le troisième chimpanzé. Essai sur l'évolution et l'avenir de l'animal humain*, Paris, Gallimard, 2000.

a passé le cap des 8 milliards d'individus en 2022. Mais est-elle invulnérable pour autant ? Certainement pas...

Par ses activités, l'homme perturbe la biosphère et les écosystèmes. Directement ou indirectement, ces perturbations provoquent des dysfonctionnements écologiques qui vont souvent retentir sur la santé humaine, soit par leur létalité (agents pathogènes, radioactivité...), soit par leur morbidité (pollutions), soit en réduisant la quantité de nourriture disponible (dérèglements climatiques, désertification, maladies des cultures...), soit encore en altérant les liens psycho-sociaux au sein des sociétés humaines. Tel un boomerang qui manquerait sa cible, l'agression de l'environnement par l'homme lui revient en pleine face et il en devient la principale victime. Peut-être est-ce parce que l'homme a oublié qu'il était partie intégrante de cet environnement qu'il malmène, et que sa santé, physique comme mentale, en dépend.

Le sujet de *Boomerangs* est non seulement d'actualité, mais d'une actualité permanente. Se passe-t-il une journée sans qu'au moins un des sujets traités dans les chapitres qui suivent soit évoqué dans les médias ? Si les changements climatiques globaux et leurs conséquences sur les populations occupent le devant de la scène depuis maintenant de nombreuses années, bien d'autres exemples nous sont familiers : l'omniprésence des plastiques et des perturbateurs endocriniens dans notre environnement quotidien, l'exposition aux pesticides et la polémique sur le glyphosate et les néonicotinoïdes, la pollution par les particules diesels et les pics d'ozone, etc. Depuis 2019, la pandémie mondiale de Covid-19 commence timidement à faire prendre conscience que, comme pour la majorité des maladies infectieuses « émergentes », la destruction des écosystèmes et l'exploitation immodérée des ressources naturelles en contexte de dérèglements climatiques n'y sont peut-être pas étrangères, ce que bien d'autres épidémies récentes, Ebola, Zika et autres Chikungunya, n'étaient pas parvenues à faire.

Appréhender les interactions entre homme, environnement et santé n'est pas chose triviale. Les approches analytiques et réductionnistes trouvent vite leurs limites et une analyse systémique et intégrée s'avère rapidement nécessaire. Pour mener à bien cette tâche, une approche écologique de la santé humaine s'est imposée à moi, l'écologie étant par définition la science des (éco)systèmes complexes. En rappelant que « la santé résulte d'une interaction constante entre l'individu et son milieu », la constitution de l'Organisation mondiale de la santé (OMS) de 1946, ne faisait-elle pas déjà remarquablement écho à la définition de l'« écologie » énoncée 80 ans plus tôt par le biologiste allemand Haeckel : « La science qui étudie les relations des organismes avec le monde environnant » ?

Le lecteur sera certainement amené à réaliser de multiples aller-retour entre les différentes parties de l'ouvrage, ce qui j'espère le convaincra à la fin de sa lecture, que l'homme est partie intégrante d'un écosystème et de la biosphère, et que, pour cette raison évidente, toute atteinte portée à l'environnement a immanquablement des répercussions sur sa propre santé. Chaque chapitre de ce livre peut se lire de manière indépendante, mais ne doit pas être appréhendé isolément des autres ; comme pour un mur de pierres sèches, chaque pierre est une entité propre, différente des autres, qui peut être examinée indépendamment, mais c'est seulement en considérant toutes les pierres ensemble et en comprenant comment elles s'assemblent que le mur devient réalité. Pour faciliter cette vision d'ensemble et la progression du lecteur, j'ai fait le choix de regrouper les dix-sept chapitres en quatre parties « thématiques ».

Je débute cet ouvrage en abordant quelques risques sanitaires considérés comme naturels car liés à la toxicité de certains organismes vivants que nous côtoyons. Il y est surtout question de plantes et de champignons et nous découvrons comment ces risques « naturels » se retrouvent parfois « dénaturés ». Dans la deuxième partie, je montre comment l'utilisation, souvent sans discernement, de substances d'origine synthétique en agriculture, dans l'industrie ou à la maison peut nous rendre malades, même quand il s'agit de médicaments. Dans la troisième partie, j'analyse les répercussions sur la santé humaine des dysfonctionnements de différents cycles de la matière. Il y est bien sûr question du très médiatique « effet de serre », associé aux perturbations du cycle du carbone, mais j'y parle aussi d'oxygène, d'azote, de phosphore, de soufre et même de « métaux lourds ». Dans la quatrième partie, j'envisage les conséquences des atteintes portées directement à la biodiversité. Nous y comprenons qu'il est illusoire de croire que des gènes, des espèces ou des écosystèmes, qui ont près de 4 milliards d'années d'histoire évolutive, puissent être brutalement perturbés par l'homme sans qu'il en subisse d'effet collatéral. J'achève cet ouvrage-constat par une conclusion-plaidoyer en faveur d'une véritable écologie de la santé, en essayant de conserver un certain optimisme et en montrant pourquoi une vision systémique[6] et intégrée des interactions Homme-Environnement-Santé est indispensable pour s'attaquer à la crise écologique avant qu'elle ne dégénère en catastrophe sanitaire. En d'autres termes, pourquoi le « roseau pensant » de Pascal doit se faire « roseau pansant ».

---

6. Contrairement à l'approche analytique, volontairement réductionniste (le tout est réduit à la somme des parties) qui aborde un système en étudiant expérimentalement chacune de ses parties de manière exhaustive et indépendamment des autres, l'approche systémique consiste à analyser les systèmes complexes dans leur globalité sous l'angle du fonctionnement, des interactions entre les parties, des mécanismes de régulation et de rétroaction, et des propriétés émergentes (le tout est plus que la somme des parties). Une approche intégrée prend en compte les interactions entre échelles spatio-temporelles : comment les phénomènes globaux influencent les phénomènes régionaux et locaux et vice versa.

Première partie

Quand la nature se fait hostile

« La nature peut très bien se passer de nous.
Et elle ne nous éliminera pas ;
c'est nous qui pourrions nous éliminer. »

Hubert Reeves (*Mal de Terre*, 2003)

Nous, hommes modernes, *Homo sapiens* ou hommes de Cro-Magnon, sommes aujourd'hui la seule espèce humaine à peupler la Terre. Seul notre génome se souvient que pendant plus de 280 000 ans nous avons partagé davantage qu'un territoire avec l'homme de Néandertal (*Homo neanderthalensis*, disparu il y a 28 000 ans dans des circonstances encore obscures). Depuis notre sortie du berceau africain il y a environ 70 000 ans et notre conquête des différents continents et îles, nous avons été confrontés à une nature façonnée par près de 4 milliards d'années d'histoire de l'évolution. Rappelons que sur notre échelle de 24 heures où la Terre se serait formée à 0 h 00, nous sommes un nouveau-né âgé de 30 secondes. Autrement dit, à peu près toutes les espèces vivantes qui peuplent la Terre aujourd'hui – et beaucoup d'autres ! – étaient déjà présentes à la naissance de notre espèce. L'homme a dû construire ses civilisations dans une nature où microbes, animaux, végétaux et champignons étaient déjà présents. Est-ce pour autant une nature hostile ?

On peut effectivement trouver une certaine hostilité à la nature : des bactéries et des virus agents de maladies mortelles, des animaux venimeux ou féroces, des plantes et des champignons toxiques. Mais on peut aussi y voir « mère nature » qui fournit des bactéries capables de fermenter des aliments autrement peu digestibles, des animaux pouvant être domestiqués pour aider l'homme à la tâche, et des plantes et champignons sources de nourriture et de médicaments. Depuis que l'homme arpente le monde, il a appris à connaître la nature et à reconnaître ses risques – parfois à ses dépens – même s'il est encore loin d'achever l'inventaire de toutes les espèces qui vivent sur la planète. Dès lors, on pourrait croire que les risques « naturels » associés aux autres êtres vivants nous sont bien connus et ne représentent plus une menace. Et pourtant…

Et pourtant, en France, ces dernières années, le nombre d'intoxications consécutives à l'ingestion de champignons ou de plantes dont le caractère vénéneux est bien connu de longue date a sérieusement augmenté. De plus en plus citadin, l'homme perdrait-il cette connaissance de la nature qu'il a acquise depuis plusieurs millénaires ? Je ne répondrai pas à cette question et j'aborderai peu ici la question des animaux venimeux ou des plantes et des champignons toxiques. Dans cette première partie, sans prétendre à une exhaustivité qui serait impossible, je vais plutôt aborder la question de la nature qui devient hostile, à la faveur de certaines activités humaines qui agissent soit en favorisant ou en modifiant la dangerosité de certains risques naturels, soit en augmentant la sensibilité individuelle.

Chapitre I

Les champignons de Paris sont-ils toxiques ?

« Les champignons ressemblent aux péchés : pour les déguster, il faut prendre des risques. »

Hervé Bazin

Qui n'a jamais ramassé de champignon dans les bois ? Chaque année, à l'automne, quand les températures baissent et les jours raccourcissent, les champignons « poussent ». Pour peu que l'été ait été chaud et humide, la poussée de champignons sera spectaculaire et les récoltes abondantes. Si la majorité des espèces apparaissent à l'automne, d'autres se singularisent par une poussée printanière, comme les célèbres morilles, ou estivale, comme certains cèpes. Dans tous les cas, ce qui « pousse » n'est que la partie visible de l'iceberg, la partie reproductrice du champignon ou sporophore (littéralement, « qui porte les spores »). La majeure partie du mycélium (le « corps » du champignon) se trouvant enfouie dans le sol sous la forme de filaments creux microscopiques qui peuvent s'étendre sur des centaines de mètres carrés. Les ramasseurs de champignons (qui ne ramassent donc que des sporophores) savent bien que seuls certains sont d'excellents comestibles, tandis que d'autres sont de redoutables toxiques, parfois mortels.

Des criminels connus mais de moins en moins reconnus

La toxicité des champignons est bien connue. Le seul nom d'« amanite » est souvent associé à une mort probable, sinon certaine. Une mauvaise réputation qui touche injustement toute une famille, puisque cette dernière renferme effectivement les plus sadiques des criminels, la terrible amanite phalloïde occupant le haut du palmarès en nombre de morts, mais aussi d'excellents comestibles, à l'instar de l'amanite des Césars, qui tire son nom de ce qu'elle était particulièrement appréciée des empereurs romains. Comme les plantes, les champignons sont de formidables usines qui produisent des composés chimiques complexes, baptisés métabolites secondaires. Certains de ces métabolites ont sauvé et continuent de sauver des millions de vies, comme la pénicilline ou la ciclosporine ; d'autres tuent... en général lentement et dans d'atroces souffrances : ce sont des intoxications d'origine fongique, qui surviennent plus ou moins longtemps après l'ingestion, volontaire ou accidentelle, de champignons intrinsèquement toxiques. On a l'habitude de regrouper ces champignons en fonction des symptômes qu'ils provoquent, ce qui permet de définir des syndromes ou ensemble de symptômes.

Le syndrome phalloïdien, surtout dû à l'amanite phalloïde (*Amanita phalloides*) est de loin le plus connu, probablement parce que c'est le plus répandu en Europe et aussi le plus dangereux. Les circonstances de l'intoxication, en dehors de quelques actes criminels qui restent anecdotiques, sont surtout des confusions avec des champignons comestibles. Par exemple, des formes particulièrement pâles ou blanches de l'amanite phalloïde sont ramassées, prises pour des agarics (la famille du champignon de Paris!). Or, une seule amanite phalloïde de 30 à 50 g suffit pour tuer un adulte, car elle renferme tout un panel de toxines, dont les plus redoutables sont les amanitines, qui ont une affinité particulière pour les cellules du foie. Là où le champignon est particulièrement sournois, c'est que ce n'est que 10 à 12 heures après l'ingestion que vont survenir les premiers signes de l'intoxication : des symptômes qui ne sont absolument pas spécifiques et qui peuvent parfaitement faire évoquer une gastro-entérite si la relation n'est pas faite avec la consommation de champignons. Ces troubles digestifs peuvent durer jusqu'à 10 jours, entraînant une déshydratation aiguë potentiellement fatale. Cette première phase est souvent suivie d'une phase de guérison apparente, où la victime ne présente plus aucun signe clinique; si une analyse de sang n'est pas réalisée, l'attaque du foie par les amanitines peut passer complètement inaperçue. Lorsque des symptômes apparaissent à nouveau, en général ils témoignent d'une hépatite gravissime rapidement mortelle en l'absence de traitement. La prise en charge hospitalière du syndrome phalloïdien a énormément progressé depuis les années 1960, faisant reculer le taux de décès de 50 à 10 % (30 % chez l'enfant, dont le foie est encore immature).

Bien d'autres espèces de champignons présentent une toxicité intrinsèque, à l'origine de toute une palette de syndromes, que l'on regroupe généralement en deux catégories : les syndromes d'incubation courte, en général bénins et facilement diagnostiqués puisque survenant rapidement après l'ingestion; et les syndromes d'incubation longue, beaucoup plus graves et mal diagnostiqués, car les premiers symptômes n'apparaissent que quelques heures à plusieurs jours après le repas.

Les premiers rassemblent les syndromes gastro-intestinaux (très hétérogènes et impliquant de nombreuses espèces), le syndrome muscarinien (surtout dû à certains inocybes et clitocybes), le syndrome panthérinien (dû à plusieurs amanites, dont la célèbre amanite tue-mouches), le syndrome coprinien (induit par la consommation conjointe de certains coprins et d'alcool), le syndrome narcotinien (surtout dû à des psilocybes, que l'on rencontre davantage sur Internet que dans la nature et souvent consommés volontairement pour leurs propriétés hallucinogènes !) et le syndrome paxillien (induit par le paxille à bords enroulés).

De leur côté, les syndromes d'incubation longue comprennent bien sûr l'intoxication phalloïdienne déjà évoquée, mais aussi le syndrome orellanien (dû à certains cortinaires), le syndrome gyromitrien (dû au gyromitre, une « fausse morille » qui très récemment a été mise en cause dans la survenue de scléroses latérales amyotrophiques, la terrible maladie de Charcot dont était atteint l'astrophysicien Stephen Hawking[1]), le syndrome de rhabdomyolyse (dû aux tricholomes du groupe équestre, jadis réputés excellents comestibles !) et le syndrome acromélalgien (provoqué par certains clitocybes).

Toutes les espèces de champignons évoquées jusqu'ici sont toxiques parce qu'elles synthétisent une ou plusieurs substances toxiques qui s'accumulent dans le champignon et qui, une fois ingérées, vont développer leur toxicité à l'encontre d'organes cibles. Mais en dehors de ces champignons intrinsèquement toxiques, tout risque n'est pas écarté et même le plus comestible des champignons peut s'avérer dangereux pour la santé…

---

1. C'est l'étude d'un foyer épidémique de sclérose latérale amyotrophique, repéré en 2009 dans un hameau de Savoie, qui a permis de retrouver un point commun aux 14 patients atteints : la consommation volontaire d'environ 3 kg de « fausses morilles » (*Gyromitra gigas*) par an, en dehors de toute prédisposition génétique. À peu près au même moment, la très forte augmentation de l'incidence de la maladie de Charcot en Finlande a été mise en relation avec la consommation traditionnelle de gyromitres en grandes quantités. Il s'avère que ces champignons contiennent la gyromitrine, une toxine qui, une fois ingérée, donne un métabolite chimiquement très proche de celle d'une autre toxine connue de plantes du genre *Cycas*, justement associée à la même maladie sur une île du Pacifique (cf. chapitre XI).

Des champignons au-dessus de tout soupçon ?

Le mycélium est une tuyauterie souterraine pérenne : elle est capable de stocker et de transporter quasiment n'importe quel xénobiotique[2], c'est-à-dire toute substance présente dans un organisme vivant qui lui est étrangère, en général un composé chimique de synthèse qui n'existe pas à l'état naturel dans l'environnement et qui va se comporter en polluant potentiellement toxique (nous en reparlerons à plusieurs reprises). Un des corollaires du mode de nutrition hétérotrophe des champignons est la grande diversité des enzymes qu'ils fabriquent, qui leur permet d'extraire ces xénobiotiques dans leur environnement et, en particulier, dans les couches superficielles du sol. Comme le mycélium des champignons pousse à l'interface sol-atmosphère, enfoui dans les premiers décimètres du sol, il est directement exposé aux retombées atmosphériques de polluants. Or, les champignons ont une propriété que peu d'autres organismes possèdent : ce sont des hyper-accumulateurs. Cela veut dire qu'un champignon a naturellement tendance à absorber sans distinction et sans limite, tous les éléments dissous qui sont à son contact. Qu'il s'agisse de nutriments ou de polluants, tout est absorbé ! Mais alors que le nutriment va entrer dans le métabolisme fongique, le polluant, qui n'a pas d'utilité pour le champignon, va simplement être stocké. Comme ces polluants ne sont généralement pas toxiques pour les champignons – ces derniers n'ont ni tissu ni organe ! –, ils vont pouvoir s'y accumuler. Un polluant qui, initialement, pouvait se trouver dilué dans l'environnement, va peu à peu se concentrer dans les filaments mycéliens : de concentrations indétectables dans l'eau, l'air ou le sol, le polluant va pouvoir atteindre des concentrations hautement toxiques dans le champignon, surtout dans les parties aériennes que

---

2. Du grec *xéno*, étranger et *biotique*, vivant.

l'on consomme, puisqu'elles sont constituées de mycélium très fortement condensé. Les polluants en question peuvent être de nature très variée : « métaux lourds » (qu'il est plus correct d'appeler « éléments traces métalliques » ou ETM[3]), radioéléments, pesticides organiques[4], etc. Du fait de la très forte rémanence de ces polluants dans les sols et de la très grande longévité des mycéliums, les conditions sont réunies pour une accumulation progressive des premiers dans les seconds.

Les « métaux lourds »

Il a été démontré que les champignons étaient capables d'accumuler au moins 16 ETM (cadmium, césium, cobalt, cuivre, fer, plomb, manganèse, mercure, molybdène, nickel, sélénium, argent, strontium, thallium, uranium et zinc). Il en est vraisemblablement de même pour l'arsenic, le vanadium, l'aluminium, le lithium, le titane, le brome et l'or.

De ce fait, la concentration de ces éléments dans les champignons est bien plus importante que dans les tissus végétaux, comme les fruits et légumes. Parmi ces ETM, les plus redoutables sont certainement le cadmium, le mercure, le plomb et l'arsenic, car ils sont capables d'inactiver différents systèmes enzymatiques de notre organisme. Je ne décris pas ici le profil des différentes intoxications, puisque celui-ci dépend de l'ETM en cause, dont la toxicité sera abordée au chapitre XIII.

Le cadmium provient de l'industrie du zinc et du plomb, des incinérateurs, de la combustion d'énergies fossiles, des boues de station d'épuration et des fertilisants phosphatés. Les agarics, un genre de champignon auquel appartient le champignon de Paris (*Agaricus bisporus*), sont de très bon hyper-accumulateurs de cadmium et il a été retrouvé de fortes concentrations sanguines de cadmium chez des

---

3. Cf. Chapitre XIII.

4. Cf. Chapitre VI.

consommateurs d'agarics jaunissants. Un champignon qui se développe sur un sol contaminé par le cadmium peut contenir entre 50 et 300 fois plus de cadmium que le sol.

Le mercure est un élément redoutablement toxique pour l'homme, mais heureusement, sous forme minérale il n'est quasiment pas résorbé lorsqu'on l'ingère, ce qui le rend inoffensif par voie digestive. Le problème vient du fait que les champignons (comme les poissons) sont capables de transformer une fraction de ce mercure minéral en mercure organique : le méthyl-mercure, extrêmement toxique pour l'homme et rendu célèbre par la terrible « maladie de Minamata[5] ». Cette fraction peut dépasser 15 % chez les agarics, les grandes lépiotes et les collybies, tandis qu'elle est de l'ordre de 1 % chez les bolets.

Le plomb pose surtout des problèmes dans les zones fortement contaminées, c'est-à-dire les sites industriels et urbains et les bords de route. Les espèces les plus accumulatrices sont la lépiote déguenillée (*Macrolepiota rhacodes*), le pied bleu (*Lepista nuda*) et la vesce de loup perlée (*Lycoperdon perlatum*), toutes trois fréquemment consommées.

La propension des champignons à accumuler les ETM varie beaucoup d'une espèce à l'autre. Par exemple, le rosé-des-prés (*Agaricus campestris*) concentre le cadmium et le mercure, tandis que la lépiote déguenillée concentre plutôt le plomb. Les champignons sauvages sont généralement plus contaminés que les champignons de culture. Cependant, si le substrat utilisé pour la culture est pollué, alors les champignons le seront aussi ; c'est ce qui arrive lorsque sont utilisés des déchets comme substrat de culture, notamment du papier imprimé. Le mode de préparation des champignons peut considérablement réduire le risque d'intoxication par les ETM : lavage, pelage, blanchiment (15 minutes à 100 °C), retrait des lames ou des tubes. Il faut penser également que

5. Cf. Chapitre XIII.

certains animaux sont friands de champignons et qu'ils peuvent eux-mêmes accumuler des ETM dans leurs tissus et nous en offrir un cocktail très concentré quand à notre tour nous les consommons ; c'est le cas, par exemple, du sanglier ou des escargots qui « bioaccumulent » ces ETM (cf. deuxième partie).

Les radioéléments

L'hyper-accumulation des radioéléments par les champignons a été révélée au grand public après l'accident de la centrale nucléaire de Tchernobyl en 1986, mais elle était connue bien antérieurement. En 1955, des morilles récoltées en Isère présentaient de fortes teneurs en césium radioactif ; même constat en 1982 avec des trompettes-de-la-mort ramassées dans la Loire. On pense que dans les deux cas il s'agissait des effets de retombées radioactives issues d'essais nucléaires aériens conduits dans les années 1960.

En avril 1986, l'explosion d'un réacteur de la centrale nucléaire de Tchernobyl en Ukraine a libéré de grandes quantités d'iode (^{131}I et ^{132}I), de césium (^{134}Cs et ^{137}Cs) et de strontium (^{90}St) radioactifs dans l'atmosphère. Un nuage toxique s'est formé, qui se déplaça sur l'Europe dans les jours et semaines suivantes. À titre de comparaison, cette explosion représenta l'équivalent de 200 bombes atomiques d'Hiroshima. En 1987, une étude, publiée dans le magazine *Sciences et Vie*, rapportait des concentrations dépassant 5 000 Bq/kg dans des champignons récoltés dans les Vosges et le Var[6]. Dans le sud-est de la Loire, des lactaires plombés

---

6. Le becquerel (Bq) est l'unité du système international permettant de quantifier l'activité radioactive d'une certaine quantité de matière exprimée ici par kilogramme de masse sèche (Bq/kg), c'est-à-dire le nombre de désintégrations qui s'y produisent par seconde. Il diffère du sievert (Sv), qui est l'unité du système international utilisée pour quantifier l'impact biologique d'une exposition humaine à des rayonnements ionisants, qui correspond approximativement à 8.10^{17} Bq.

(*Lactarius plumbeus*), des paxilles à bords enroulés (*Paxillus involutus*), des bolets bai (*Xerocomus badius*) et des laccaires améthyste (*Laccaria amethystina*) présentaient des concentrations moyennes de 18 900, 17 670, 15 460 et 15 120 Bq/kg respectivement. Des mesures effectuées sur des champignons récoltés en Isère et en Ardèche retrouvaient des valeurs similaires. C'est principalement le césium radioactif qui était accumulé par les champignons, alors que, curieusement, le césium non radioactif ne semblait pas l'être de manière significative. Le strontium 90 et le plutonium n'étaient pas non plus accumulés.

Vingt ans plus tard, puis trente ans plus tard, les mêmes espèces de champignons ont été ré-échantillonnées sur les mêmes sites qu'en 1987, ce qui, sur la base des concentrations en radioéléments retrouvées, a permis de classer les espèces en 4 groupes :

– les espèces faiblement accumulatrices (< 100 Bq/kg), qui n'ont jamais absorbé de grandes quantités de radioéléments, comme les agarics et les lépiotes comestibles ;

– les espèces transitoirement accumulatrices, pour lesquelles les concentrations très fortes retrouvées en 1987 avaient progressivement diminué au cours du temps ; c'est le cas notamment de la trompette-de-la-mort (*Cratarellus tubaeformis*), du bolet bai et du laccaire améthyste ;

– les espèces accumulatrices durables, qui ont conservé de fortes concentrations en radioéléments (> 1 000 Bq/kg) depuis 1987, comme la pholiote ridée (*Cortinarius caperatus*) ;

– les espèces accumulatrices stables, qui ont continué d'accumuler des radioéléments au cours du temps, dont font hélas partie deux espèces extrêmement appréciées et commercialisées à grande échelle : le cèpe de Bordeaux (*Boletus edulis*) et le pied de mouton (*Hydnum repandum*).

Il est intéressant de constater qu'au sein d'un même genre, les propriétés bioaccumulatrices sont très variables, notamment chez les bolets, les chanterelles et les lactaires.

De plus, l'intensité de la bioaccumulation dépend étroitement de facteurs environnementaux, notamment le pH et la quantité de matières organiques et d'argiles du sol, et, en particulier, la teneur en potassium. De plus, les retombées radioactives initialement captées par les feuilles des plantes se retrouvent dès l'automne à la surface du sol, où les champignons saprotrophes s'en nourrissent lors de la décomposition des litières.

En 1998, les champignons ramassés en Ukraine, à une distance comprise entre 40 et 150 km du site interdit de Tchernobyl, présentaient des taux 300 fois supérieurs à la norme autorisée. Un paxille à bords enroulés atteignait même la concentration record de 193 586 Bq/kg[7] ! Pourtant, des conserveries ukrainiennes continuaient de vendre des champignons pour la consommation humaine…

Une norme européenne fixe à 600 Bq/kg d'aliment frais le seuil au-delà duquel la commercialisation est interdite. En termes de santé humaine, l'exposition annuelle acceptable est de 5 milliSievert (mSv) pour un adulte. Sachant que la consommation de 10 kilos de bolet bai contaminé à 10 000 Bq/kg de ^{137}Cs et 2 200 Bq/kg de ^{134}Cs correspond à une dose ingérée de 0,2 mSv par an, on voit que la seule ingestion de champignons « radioactifs » comporte un risque *a priori* modéré. La concentration en radioéléments est naturellement moins élevée dans les champignons cultivés que dans les champignons sauvages, qui poussent à l'air libre.

Le risque pour la santé dépend de la nature du radioélément et de la quantité ingérée. Lors de la digestion des aliments contaminés, les radioéléments passent dans le sang

---

7. Les champignons sont tellement insensibles à la radioactivité, qu'au début des années 1990, des dizaines d'espèces de champignons poussaient sur les murs du réacteur accidenté de Tchernobyl. Ce qui frappait les chercheurs, c'est leur couleur anormalement noire, témoignant d'une surproduction de mélanine, le pigment foncé que notre propre peau synthétise pour se mettre à l'abri des radiations solaires !

et atteignent les organes. Même si l'organisme les élimine par les voies naturelles, ils ont eu le temps d'induire des effets pathogènes. L'iode radioactif a pour cible principale la glande thyroïde et peut induire un cancer ; les enfants sont particulièrement vulnérables. Le césium radioactif est un analogue du potassium, qui est distribué dans tout l'organisme en cas d'ingestion. Il est faiblement toxique, mais les effets d'une exposition chronique restent mal connus ; ils incluraient des troubles du sommeil, des troubles du rythme cardiaque, des anomalies métaboliques (cholestérol, vitamine D, hormones stéroïdiennes), un risque accru de malformations chez la descendance, de cancer de la thyroïde et de cataracte chez l'enfant. À plus fortes doses (bien supérieures à celles ingérées via des champignons contaminés), le césium radioactif peut altérer la moelle osseuse, le système immunitaire et la fertilité, et provoquer des lésions de certains organes (foie, rein, cerveau). La radioactivité en général est capable d'altérer le matériel génétique, provoquant des malformations, des retards mentaux ou des troubles de la croissance lorsque le fœtus est exposé via l'alimentation de sa mère. Enfin, elle a des effets immuno-suppresseurs qui rendent l'organisme plus sensible aux infections.

Ainsi, il n'est pas toujours si bon de manger des bons champignons ! On ne peut que conseiller aux amateurs d'éviter de les récolter sur des sites vraisemblablement contaminés (milieux urbains, bords des routes, friches industrielles, bords de champ, etc.) et, à ceux qui préfèrent les acheter, de bien en vérifier la provenance. Beaucoup de champignons vendus sur les marchés ou dans les supermarchés viennent des pays d'Europe de l'Est (donc potentiellement proches de Tchernobyl) ; même les champignons de Paris viennent de plus en plus souvent de… Chine, l'un des pays les plus pollués au monde ! Même si elles sont rares en pratique, les intoxications extrinsèques par les champignons existent, mais sont évitables moyennant un certain nombre de précautions. Ce n'est pas forcément le cas lorsque le champignon en cause est quasi invisible à l'œil nu du fait de sa taille microscopique ou lorsqu'il n'a fait que libérer quelques molécules toxiques dans une denrée alimentaire…

Chapitre II

Les moisissures tueuses de nos réfrigérateurs

« Des hommes s'écroulaient dans la rue en gémissant et en se tordant, d'autres tombaient de tout leur long en bavant dans des accès d'épilepsie, d'autres encore vomissaient et montraient des signes de folie. Beaucoup d'entre eux criaient "Au feu ! Je brûle !" C'était comme un feu invisible qui séparait la chair des os et la consumait. Des hommes, des femmes et des enfants mouraient dans des douleurs atroces. »

Anonyme, vers 943

Cet extrait d'une chronique de la France médiévale relate les effets de l'une des premières mycotoxicoses connues (mais reconnue comme telle des siècles plus tard, c'est-à-dire comme une intoxication chronique liée à la consommation répétée de toxines de champignons) : l'ergotisme, déjà décrit dans l'Ancien Testament sous le nom de « mal des ardents » ou « feu sacré ». En Europe, les premières épidémies de « mal des ardents » apparurent au IXe siècle ; mais c'est au XIIe siècle que la maladie connut son apogée : elle était alors aussi redoutée que la lèpre ou la peste et, comme ces dernières, considérée comme transmissible. Elle fit plusieurs centaines de milliers de victimes au Moyen Âge. Les sujets contaminés souffraient d'hallucinations et de mouvements irrépressibles, sombraient dans un état proche de la démence : certains dansaient dans la rue, de la bave sortant de leur bouche; ils parlaient ou hurlaient dans une langue inconnue. Leur corps présentait des plaies purulentes et nauséabondes, puis les membres se gangrenaient : ils étaient dévorés par un feu intérieur. Les malades décrivaient d'abord un froid glacial se saisissant de leur corps, avant qu'un feu intense ne se déclare dans leurs entrailles, les consument de l'intérieur. Les extrémités commençaient à noircir, puis les membres se détachaient et le malade mourait dans d'atroces souffrances. Pas étonnant qu'à l'époque, cette maladie releva du surnaturel. Le « feu sacré » était pris tantôt pour une punition divine, tantôt comme une possession diabolique. Des cérémonies religieuses d'exorcisme étaient organisées. Les malades allaient prier saint Antoine, le saint patron qui guérit des feux. L'ordre religieux des Antonins s'était d'ailleurs fait une spécialité de soigner la maladie, rebaptisée « feu de saint Antoine ». Ils soignaient les victimes avec des bains à base de plantes aux vertus calmantes, stimulant la circulation sanguine et dilatant les artères; bons chirurgiens, ils excellaient dans l'art de l'amputation...

Bien que la relation entre la maladie et la consommation de seigle parasité par un champignon, l'ergot (*Claviceps purpurea*) ait été faite dès 1596 en Allemagne, en France, ce n'est qu'au XVIIIe siècle, après la terrible épidémie qui sévit de 1747 à 1764 et fit des milliers de morts, que l'ergotisme fut étudié de manière « scientifique ». Le seigle était alors la principale céréale consommée en France, souvent en mélange avec le froment. L'ergot, quant à lui, est un champignon apparenté aux morilles, mais qui se développe en parasite sur des plantes de la famille botanique des graminées : il attaque l'ovaire des fleurs et forme une masse rouge noirâtre en lieu et place de certains grains de l'épi. Le champignon, récolté en même temps que le grain, suit le même trajet : il se retrouve dans la farine servant à l'alimentation humaine, pour la confection de pain ou de bouillies. La consommation répétée de farine « ergotée » entraîne l'ergotisme, une intoxication chronique, plus rarement sub-aiguë, qui se manifeste par les symptômes évoqués plus haut. La toxicité de l'ergot est due à la présence de plusieurs alcaloïdes aux propriétés vasoconstrictrices (ce qui explique la symptomatologie gangréneuse, par constriction extrême des vaisseaux sanguins) et hallucinogènes (d'où les symptômes de démence). Plusieurs de ces molécules ont depuis donné des médicaments réputés :

– l'ergotamine, utilisée avec plusieurs de ses dérivés comme anti-migraineux ;

– l'ergométrine, indiquée dans la prévention des hémorragies de la femme enceinte ;

– la bromocryptine, utilisée à la fois dans la maladie de Parkinson et comme inhibiteur de la montée de lait chez la femme.

L'un des stupéfiants les plus connus en est aussi issu : le LSD.

En France, la dernière épidémie remonte à l'été 1951 ; la commune de Pont-Saint-Esprit dans le Gard fut la plus touchée, avec 7 morts et plus de 300 victimes de la consommation de « pain maudit ». De l'autre côté de l'Atlantique, la célèbre affaire des « sorcières de Salem » au XVIIe siècle, pourrait bien être un cas d'épidémie d'ergotisme, lié cette fois à la consommation de riz contaminé.

Mais si l'ergotisme est la plus célèbre des mycotoxicoses, c'est aussi le seul cas où le champignon en cause n'est pas une moisissure, mais un « gros » champignon, parfaitement visible à l'œil nu et contre lequel il est relativement aisé de lutter. D'ailleurs, l'ergotisme a quasiment disparu aujourd'hui, ce qui est loin d'être le cas des autres mycotoxicoses. Car les moisissures sont plus discrètes et, contrairement à l'ergot qui contamine par sa présence même les denrées alimentaires, elles libèrent les métabolites toxiques qu'elles ont synthétisés dans le substrat sur lequel elles se développent ; ainsi, les toxines peuvent se retrouver dans la denrée alors même que le champignon n'y est plus. Aucune chance dès lors de détecter la contamination et les toxines vont pouvoir s'incorporer dans la chaîne alimentaire… De plus, il est très rare que l'ingestion d'un aliment contaminé se traduise immédiatement par une maladie, car la quantité ingérée est en général insuffisante ; ce n'est qu'après un certain nombre de repas contaminés que le sujet va présenter des signes cliniques, souvent peu spécifiques au début, qui iront en s'amplifiant, éventuellement jusqu'à la mort.

Ces caractéristiques propres aux moisissures toxinogènes expliquent pourquoi les maladies qu'elles induisent ont souvent été très tardivement reconnues comme des intoxications alimentaires : le crime est presque parfait, parce que la mort est lente et que l'arme est invisible. Les mycotoxines provoquent donc essentiellement des maladies chroniques, plus rarement sub-aiguës, qui ont souvent pris l'apparence d'épidémies dans l'histoire de l'Humanité, mais qui, parfois, forment des foyers endémiques très localisés.

Le mystère de la néphropathie endémique des Balkans

Au lendemain de la Seconde Guerre mondiale, on remarqua une incidence inhabituelle d'insuffisances rénales chroniques chez les habitants d'une zone rurale du bassin du Danube, qui s'étendait en Bulgarie, en Roumanie et, surtout, en Yougoslavie[8]. Dans plusieurs foyers localisés sur un

8. La Yougoslavie est un ancien État d'Europe de l'Est, qui se désintégra progressivement à partir de 1992, suite à l'effondrement de l'URSS. Elle incluait les actuels Slovénie, Serbie, Croatie, Bosnie-Herzégovine, Monténégro, Macédoine et Kosovo.

territoire relativement circonscrit, puisque d'une longueur d'environ 200 km pour une largeur n'excédant pas 40 km, entre 10 % et 30 % de la population présentaient des altérations importantes de leur appareil urinaire : les reins étaient anormalement petits et leur examen histologique révélait des zones de nécrose et de fibrose ; l'urine, particulièrement acide, contenait des protéines. Un tiers des patients présentait en plus des tumeurs, souvent malignes, de l'uretère ou de la vessie. En 2 à 10 ans, les habitants étaient atteints d'une insuffisance rénale terminale, en dehors de tout contexte infectieux ou de pathologie hypertensive, ce qui leur imposait la dialyse définitive ou une transplantation rénale. La mortalité était importante, en particulier avant que les techniques de dialyse ne soient mises au point. Mais ce qui frappait le plus la communauté médicale, c'était la remarquable stabilité de l'aire géographique de répartition de la pathologie, dont la date exacte d'apparition restait d'ailleurs inconnue : début du XXe siècle, entre-deux-guerres, pendant ou après la Seconde Guerre mondiale ?

L'origine de cette singulière néphropathie est restée longtemps mystérieuse. Une vaste enquête épidémiologique fut entreprise dans les années 1950 pour tenter de percer le secret de ce qui fut baptisé la « néphropathie endémique des Balkans ». Cette pathologie touchait souvent des familles entières, sans pour autant être héréditaire, ni contagieuse. Seuls les villages situés en fond de vallée, à proximité du Danube ou de ses affluents, rencontraient ce problème ; ceux établis sur les flancs des vallées étaient épargnés. Seules les familles de fermiers semblaient touchées, à condition qu'elles aient vécu au moins 10 à 15 ans sur place. Les hommes étaient autant touchés que les femmes. Toutes les hypothèses étiologiques furent passées au crible : infections urinaires, paludisme, tuberculose, virus, auto-immunité, intoxication chronique par le plomb, la silice, le zinc, le sélénium, le cadmium, l'uranium, l'aluminium, le manganèse, le cuivre, le cadmium et l'arsenic, intoxication par un pesticide ou un engrais chimique furent tour à tour soupçonnés, puis innocentés.

En 1972, le rôle d'une toxine de la famille des ochratoxines fut finalement avancé. Cette toxine est produite par différentes espèces d'*Aspergillus* et de *Penicillium*, des moisissures très répandues dans l'environnement et susceptibles de contaminer certains aliments, en particulier des céréales. Cette hypothèse tirait son origine de la ressemblance des lésions rénales observées avec celles de la néphropathie porcine, maladie du cochon initialement décrite par Larsen, en 1928. Ce pathologiste danois, qui travaillait dans un abattoir, fut le premier à reproduire expérimentalement une néphropathie toxique en nourrissant des porcs avec des céréales moisies et à démontrer ainsi la réalité des mycotoxicoses et du potentiel néphrotoxique de l'ochratoxine A. Cette redoutable toxine a depuis révélé sa toxicité sur la moelle osseuse, le système immunitaire, et le système nerveux, ainsi que son pouvoir tératogène et cancérogène. L'hypothèse d'une mycotoxicose dans le cas de la néphropathie endémique des Balkans était d'autant plus séduisante que les zones endémiques étaient humides, les maisons et les granges étant implantées sur des terrains mal drainés : autant de conditions qui favorisent la multiplication des champignons. À cela s'ajoutait le fait que l'ochratoxine A était retrouvée en quantité anormalement élevée dans le plasma des habitants de la zone endémique, mais aussi dans le maïs cultivé localement. Le coupable idéal était découvert !

Pourtant un nouvel événement allait venir ébranler cette certitude… Entre 1990 et 1992, en Belgique et en France, survint une épidémie de néphropathies chez des femmes se traitant par des « herbes chinoises » à visée amaigrissante. Dans ces préparations, la plante active (*Stephania tetrandra*) avait été remplacée par une espèce toxique, une aristoloche (*Aristolochia fangchi*) suite à une confusion ou à une falsification. L'aspect anatomo-pathologique des reins des victimes révéla des lésions rénales étrangement similaires à celles décrites dans la néphropathie endémique des Balkans, si bien qu'un nouveau regard fut porté sur cette dernière. Les altérations de l'ADN induites par l'acide aristolochique, le composé toxique que contiennent les aristoloches, furent effectivement retrouvées chez les patients néphropathiques de la zone endémique, aussi bien dans les tissus rénaux que dans les cellules cancéreuses. Plusieurs espèces d'aristoloches vivent en Europe, dont une, l'aristoloche clématite (*Aristolochia clematitis*), une mauvaise herbe des champs et des vignobles, est présente dans les Balkans. Cette plante est moissonnée en même temps que les céréales et contamine finalement la farine qui en est issue.

Aujourd'hui encore, le mystère reste entier. Quelle est l'origine de la néphropathie endémique des Balkans, qui a fait des dizaines de milliers de victimes ? Est-ce une mycotoxicose ou une intoxication chronique par une plante ? Extrêmement localisée, elle est pourtant mondialement connue. Il est peu probable d'ailleurs que cette maladie soit si localisée. D'étranges similarités avec d'autres néphropathies évoluant sur un mode endémique font suggérer à certains que l'ochratoxine A pourrait également expliquer un certain nombre de néphrites interstitielles chroniques d'étiologie indéterminée dans d'autres pays, notamment en Afrique du Nord, mais aussi en France. Certains archéologues, qui ont retrouvé l'ochratoxine A dans des tombeaux égyptiens ont également suspecté cette mycotoxine d'être à l'origine de la « malédiction des pharaons » !

Toujours est-il que l'ochratoxine A et, à un titre moindre, d'autres ochratoxines, sont de redoutables toxines qui sont retrouvées dans de nombreux aliments de consommation courante, comme les céréales, en particulier le riz, le blé et le maïs, et la viande, surtout de porc. Les boissons, comme le café, le vin et la bière, en contiennent également, normalement en très faible quantité. Quotidiennement, nous ingérons de petites doses d'ochratoxine A, de l'ordre de quelques nanogrammes, la dose admissible journalière étant fixée à 14 ng par kilogramme de masse corporelle. Consommer des denrées mal conservées ou les faire manger aux animaux dont on se nourrit peut ainsi se retourner contre notre propre santé, dans un remarquable effet boomerang.

Les mycotoxicoses ne sont pas exclusivement des intoxications alimentaires et, dans ce cas, peuvent hélas devenir de véritables armes de destruction massive. Tel est le cas de la toxine T2, probablement la mycotoxine qui a fait le plus de victimes au monde. Voici son histoire…

Une aleucie toxique pas toujours alimentaire

En Ukraine, dans les années 1930, des centaines de milliers de chevaux de l'Armée rouge furent décimés par une épidémie, baptisée « stachybotryotoxicose ». Les animaux atteints présentaient une pancytopénie (un effondrement du nombre de globules rouges, de globules blancs et de plaquettes dans le sang), des troubles neurologiques, des surinfections et mouraient rapidement. Le lien avec le foin dont se nourrissaient les chevaux, contaminé par une moisissure, le *Stachybotrys chartarum*, fut rapidement établi. Cette moisissure n'était pas une inconnue, puisqu'elle avait été décrite pour la première fois en 1837 à Prague, sur du papier peint recouvrant les murs d'habitations humides.

Cette affection toucha également l'homme. La Sibérie paya un lourd tribut, avec plusieurs épidémies, en 1891, en 1916, puis à partir des années 1940. Entre 1942 à 1947, la seule ville d'Orenbourg perdit plus de 10 % de sa population suite à une épidémie dont les symptômes consistaient en des lésions nécrotiques et hémorragiques de la cavité buccale, de l'œsophage et de l'estomac, associées à une pancytopénie qui prédisposait les patients aux infections généralisées.

Ce syndrome, appelé « aleucie toxique alimentaire », qui fit des milliers de morts, est en fait la forme humaine de la stachybotryotoxicose, associée à la consommation de grains contaminés par une moisissure du genre *Fusarium*, capable de synthétiser une redoutable toxine : la toxine T-2, découverte en 1950[9]. En effet, durant la Seconde Guerre mondiale, de nombreuses régions de l'URSS connurent la famine, poussant les populations rurales à se nourrir de céréales (blé, orge, avoine) qui avaient parfois passé l'hiver sous la neige. Aujourd'hui, des cas sporadiques d'aleucie sont toujours observés en Inde, au Cambodge et en Chine.

Mais la toxine T-2 n'est pas seulement responsable d'intoxications alimentaires ; elle peut aussi contaminer l'homme par simple inhalation, ce qui la rend d'autant plus redoutable. Entre 1960 et 1980, des cas sporadiques de contamination humaine domestique par inhalation ont été signalés aux États-Unis. Une controverse apparaît alors sur l'implication de *Stachybotrys chartarum* dans les décès par hémorragie pulmonaire de nouveau-nés, le champignon étant fréquemment retrouvé dans les logements insalubres. Plus généralement, les habitations qui, pour diverses raisons, présentent un taux excessif d'humidité – par exemple, une infiltration d'eau dans les murs suite à des remontées capillaires par le sol ou à un dégât des eaux –, en particulier quand la ventilation est insuffisante, sont propices au développement de la moisissure. La température intérieure est de surcroît souvent idéale pour le développement des champignons : entre 10 et 30 °C. Qui n'a jamais vu ces moisissures noir-verdâtre sur du papier peint à moitié décollé d'un placoplâtre visiblement humide, dans un appartement ancien ou parfois simplement

---

9. La toxine T-2 appartient à la famille des trichothécènes, qui comprend plus de 170 toxines connues. On sait depuis qu'elle est co-produite avec une autre mycotoxine de la même famille, le déoxynivalénol, dont le profil toxicologique est similaire. Cette dernière est même retrouvée en plus grande quantité dans les denrées alimentaires contaminées par les souches de *Fusarium* productrices.

en déplaçant un meuble ? Car la cellulose, cet aliment particulièrement apprécié des champignons, est omniprésente dans nos logements : papiers peints, plâtres, cartons, tapis, textiles (naturels ou synthétiques), cuirs, fourrures… et bien sûr, denrées alimentaires en tout genre !

Bref, humidité, chaleur et cellulose : sans le savoir, nous offrons le gîte et le couvert à ceux qui peuvent être nos plus redoutables ennemis ! Dans l'habitat en général, la fréquence de *Stachybotrys chartarum* est de l'ordre de 3 %, mais elle monte à près de 15 % dans les logements insalubres. La toxine T-2 n'est certainement pas la principale responsable ; d'autres mycotoxines, en particulier des satratoxines, pourraient expliquer les signes observés. La taille microscopique des spores de moisissures en suspension dans l'air facilite d'autant plus leur pénétration profonde dans l'appareil broncho-pulmonaire humain. Cet atout du champignon peut hélas être détourné à des fins inavouables…

En 1976, des réfugiés laotiens arrivant dans les camps de Thaïlande, manifestement victimes d'armes chimiques employées par l'armée soviétique, présentaient tous les symptômes de l'aleucie toxique alimentaire : vomissements, fièvre, stomatites, diarrhées sanglantes et pancytopénie. Les trichotécènes venaient de devenir une redoutable arme biologique, qui, au Laos, fit officiellement (selon l'État-major américain) 6 378 morts entre 1975 et 1981. Les Cambodgiens furent aussi victimes de ces « pluies jaunes » de 1979 à 1981 (1 034 victimes officielles). Ces mêmes armes furent utilisées par les Soviétiques – qui le nièrent toujours – en Afghanistan, où elles firent plus de 3 000 morts. Il semble enfin que de telles armes aient été utilisées contre les forces américaines durant la première guerre du Golfe, peut-être en mélangeant la toxine T-2 avec de l'uranium appauvri ; ce mélange est d'ailleurs soupçonné d'être à l'origine du fameux « syndrome du Golfe ». À ce jour, la toxine T-2 semble être la seule mycotoxine utilisée dans des armes biologiques.

Les connaissances sur la toxicité des mycotoxines sont encore très fragmentaires. Aux côtés de pathologies bien reconnues comme l'ergotisme ou l'aleucie toxique alimentaire, pour lesquelles le rôle des mycotoxines semble formellement démontré, d'autres maladies chroniques, d'étiologie encore mal connue, sont parfois associées à des mycotoxines.

Malnutrition ou mycotoxicose ?

Qui n'a pas été bouleversé par les images télévisées nous montrant ces jeunes enfants africains à la peau rougeâtre, d'une maigreur extrême, mais étrangement pourvus d'un ventre disproportionné et d'une grosse tête, au regard hébété ? Ces enfants souffrent d'un type de malnutrition sévère, caractérisé par une carence extrême en protéines et en calories : le kwashiorkor.

Cette pathologie touche l'enfant âgé de 18 mois à 3 ans, lors du sevrage. L'Afrique est de loin le continent le plus touché, où le Kwashiorkor est responsable du décès de 30 % des enfants de moins de 5 ans dans certains secteurs, mais il touche également certains pays d'Amérique du Sud, l'Inde et la Corée du Nord. La mort est souvent liée à diverses infections ou à des cancers du foie. Il était largement admis que le Kwashiorkor était un syndrome de malnutrition, jusqu'au jour où un médecin soudanais fit le rapprochement entre les symptômes de la maladie et ceux d'une intoxication par une mycotoxine : l'aflatoxine B1, produite par des moisissures du genre *Aspergillus*. Il se trouvait que, dans le même secteur géographique, les liquides biologiques (sang, liquide d'ascite) des enfants atteints de Kwashiorkor présentaient une concentration en aflatoxine plus élevée que ceux des enfants en bonne santé.

Les premiers se nourrissaient de mil et de manioc très contaminés par des moisissures, dont le développement est favorisé par le climat chaud. Toutefois, le lien de causalité entre l'aflatoxine B1 et le Kwashiorkor n'est toujours pas établi. On ne sait pas si l'état de carence protéino-calorique favorise l'expression de la toxicité de l'aflatoxine ou si cette dernière provoque la carence en perturbant la synthèse d'albumine au niveau hépatique. Il s'avère en effet que la carence protéique initialement incriminée dans la survenue de la maladie était plutôt secondaire à une carence calorique, c'est-à-dire à une alimentation globalement insuffisante. Toujours est-il que la cancérogénicité hépatique de l'aflatoxine B1, comme ses propriétés immuno-suppressives, sont parfaitement démontrées et que la fréquence des cancers du foie en zone endémique de Kwashiorkor est 100 fois supérieure à celle observée ailleurs en Afrique.

Les aflatoxines avaient été découvertes en Angleterre en 1960 après que plus de 100 000 jeunes dindes, canards et faisans moururent des suites de ce qu'on appela alors le syndrome de Turkey X ou « maladie de la dinde ». Les volailles devenaient léthargiques, perdaient l'appétit et mouraient au bout d'une semaine. Leur autopsie révéla des reins hypertrophiés et des tissus hépatiques nécrotiques. L'enquête étiologique permit de retrouver, dans la farine d'arachide importée du Brésil qui avait servi à nourrir les volatiles, des aflatoxines en quantités importantes, mycotoxines produites par *Aspergillus flavus*[10]. Il existe plusieurs types d'aflatoxines, mais l'aflatoxine B1 est de loin la plus redoutable.

Les aflatoxines ont été suspectées de pouvoir participer à une autre maladie, le syndrome de Reye, qui touche surtout l'enfant et l'adolescent, et dont la cause exacte reste inconnue. Cette « encéphalopathie et dégénérescence graisseuse du viscère » mortelle est attribuée à l'administration d'aspirine

10. Le terme « mycotoxine » fut créé en 1962 suite à la découverte de l'étiologie de la « maladie de la dinde », de même que le nom « a-fla-toxine », forgé à partir du nom du premier champignon producteur identifié *A. flavus*. Les autres mycotoxines découvertes plus tard suivront la même logique : ochratoxine pour *Aspergillus ochraceus*, patuline pour *Penicillium patulum*, etc.

(ou d'autres molécules de la même famille chimique, les salicylés) dans un contexte d'infection virale (grippe, varicelle, oreillons ou rhume). Mais le fait que la maladie soit surtout rencontrée dans les pays de mousson où les denrées alimentaires sont fréquemment contaminées par des aflatoxines a semé le doute ; il a été évoqué un rôle conjoint des aflatoxines avec la bactérie *Haemophilus influenzae* B dans la survenue de ce syndrome, mais cela reste une hypothèse.

Le Kwashiorkor n'est pas la seule maladie célèbre dans laquelle une mycotoxine pourrait être impliquée. Dans le cas du béri-béri, une autre mycotoxine a été rendue responsable d'une certaine forme de la maladie, mais là encore, la reconnaissance en a été très tardive.

En 1630, sur l'île de Java, un médecin néerlandais du nom de Jakob de Bondt décrit une étrange maladie qui touche une partie importante de la population et se traduit par une sensation de fatigue intense, accompagnée d'une insuffisance cardiaque et/ou de troubles neurologiques, pouvant conduire à la mort par paralysie des muscles respiratoires. Il la baptisa *béribéri*, qui signifie « je ne peux pas, je ne peux pas » en cinghalais, la langue majoritaire du Sri-Lanka, pour traduire la grande fatigue dont se plaignaient les victimes.

Mais c'est un autre médecin néerlandais, Christiaan Eijkman, qui, à la fin du XIXe siècle, fit la relation entre cette pathologie endémique des Indes néerlandaises et l'alimentation. Il s'aperçut en effet que des poulets nourris au riz blanc, c'est-à-dire du riz dont le péricarpe – la partie externe colorée des grains – avait été éliminé par décorticage, présentaient tous les symptômes du béri-béri, alors que des poulets nourris avec des grains entiers étaient indemnes. Le péricarpe du riz devait donc contenir un élément essentiel à la santé, ce qui marqua l'avènement du concept de vitamine ; Eijkman fut ainsi le découvreur de la première vitamine :

la vitamine « antineuritique », qui sera rebaptisée plus tard « vitamine B1 » ou thiamine, ce qui lui valut le prix Nobel de médecine en 1929. Le mystère était résolu : le béri-béri était un syndrome de malnutrition lié à un déficit en vitamine B1.

La répartition géographique de cette maladie en confirme l'étiologie. Ce sont les pays asiatiques qui sont les plus touchés, où les habitudes alimentaires privilégient le riz blanc et le poisson cru, ce dernier contenant une enzyme particulière, habituellement détruite à la cuisson, qui détruit la vitamine B1 dans l'organisme. De manière plus récente, l'ensemble des pays du tiers monde en sont victimes : la « modernisation » de l'alimentation qui voit le riz rouge, le poisson et le manioc consommés de manière traditionnelle remplacés par du poulet et du riz blanc produits industriellement favorise cet effet boomerang.

Pourtant, au début des années 1970, des études épidémiologiques rétrospectives apportèrent un nouvel éclairage sur le béri-béri et plus particulièrement sur sa forme cardiaque, qui touche le sujet jeune en bonne santé. Le japonais Uragushi montra en effet que l'incidence de la forme cardiaque du béri-béri au Japon avait subitement chuté en 1910, lorsque le gouvernement imposa des normes qui réduisirent de manière drastique la vente de riz moisi. L'incidence des autres formes demeura inchangée. Il fut rapidement démontré que la citréoviridine, une mycotoxine produite par le *Penicillium citreonigrum*, était le coupable parfait. Mais de là à dire qu'il est seul en cause, il reste encore bien trop d'inconnues ! Le béri-béri n'appartient pas au passé ; en 2004, Mayotte connut une importante épidémie, à l'origine de la mort de plusieurs nouveau-nés de mères carencées en vitamine B1 et, depuis 2013, la Guyane française héberge un foyer épidémique dans la région d'orpaillage, une activité très délétère pour l'environnement et aux effets sanitaires désastreux.

La toxine T-2 dont nous avons déjà parlé plus haut est également incriminée dans la maladie de Kashin-Beck ou « maladie des gros os », qui détruit les cartilages de croissance et articulaires des os longs chez des enfants, provoquant des déformations articulaires, des douleurs invalidantes, une perte de mobilité et, parfois, un arrêt de la croissance. Elle se rencontre surtout en Corée du Nord, en Sibérie, au Tibet et dans certaines régions de Chine. La toxine T-2 n'est certainement pas la seule en cause dans la survenue de la maladie, des carences alimentaires notamment en sélénium et en iode, interviendraient également.

Les mycotoxines auraient-elles précipité la fin de certaines civilisations ?

Ces dernières décennies, des découvertes archéologiques sont venues éclairer d'un nouveau jour le déclin de certaines civilisations. Ainsi la civilisation des Étrusques, qui domina politiquement la péninsule italienne du VIIIe au VIe siècle avant notre ère, a subitement décliné à partir du Ve siècle, peut-être en partie à cause de mycotoxines. L'âge d'or de cette civilisation reposa sur la métallurgie, en particulier du fer et du plomb, à l'origine d'armes et d'outils agricoles sans équivalent dans le reste du monde antique de cette époque. Le déclin débuta au cours d'un épisode de refroidissement climatique, s'étant traduit par un climat plus frais et humide. Plusieurs épidémies de « peste » touchèrent la population, les précipitant vers leur fin. En fait de peste, il se serait plutôt agi de diverses infections bactériennes, virales et parasitaires, auxquelles les Étrusques étaient devenus particulièrement sensibles. Pour expliquer cette vulnérabilité inhabituelle, un chercheur anglais avança, en 1991, l'hypothèse d'une immuno-suppression générale de la population, sous l'action toxique combinée de métaux lourds (fer et plomb en tête) et de mycotoxines de moisissures du genre *Fusarium*. L'analyse de squelettes retrouvés lors des fouilles archéologiques dans l'actuelle Toscane a révélé une fluorescence rouge des dents, caractéristique d'une pathologie mortelle à l'époque : la porphyrie. La fréquence de cette pathologie parmi les squelettes retrouvés était anormalement élevée. Or, la toxine T-2 possède une activité porphyrinogène bien documentée ; elle aurait donc été responsable d'épidémies ayant décimé les populations. À cela se serait ajoutée l'action œstrogénique *in utero* d'une autre mycotoxine, la zéaralénone, qui aurait conduit progressivement à une diminution du taux de natalité. Le même phénomène pourrait être à l'origine, non loin de là, du déclin d'Athènes, qui survint également au cours du ve siècle avant J.-C. L'effondrement d'une civilisation est toujours lié à une conjonction de facteurs, naturels et humains ; si les mycotoxines n'en sont pas une cause majeure, elles ont pu, dans certains cas, contribuer à aggraver la situation.

Une menace fantôme ?

Les exemples qui précèdent ne doivent pas laisser croire que les mycotoxicoses représentent un problème « exotique » ou révolu ; le risque, dans les pays industrialisés, est réel, mais se présente différemment. L'inhalation de mycotoxines présentes dans les habitations insalubres, où l'humidité favorise le développement de moisissures sur les substrats riches en cellulose (bois, papiers peints, plâtre, etc.), reste une source d'exposition marginale ; c'est surtout via l'alimentation que le risque de contamination humaine est élevé. Il y a évidemment le risque associé à la consommation d'aliments moisis que l'on a oubliés un peu trop longtemps dans le réfrigérateur ou dans un coin de la cuisine.

On l'a vu, les principales moisissures productrices de mycotoxines appartiennent à des espèces banales (*Penicillium*, *Aspergillus*, *Fusarium*) qui sont omniprésentes dans notre environnement quotidien. Ce n'est pas le fait de retirer le moisi d'une denrée alimentaire qui va la débarrasser des éventuelles mycotoxines qui s'y trouvent. Et même cuire l'aliment ne lui ôtera pas sa toxicité éventuelle, puisque les mycotoxines ne sont pas détruites par la chaleur. Ce risque est facilement évitable si l'on jette systématiquement toute denrée moisie. Le problème vient alors des aliments transformés et manufacturés, car il est évidemment impossible de vérifier que ceux-ci ont été fabriqués à partir de matières premières indemnes de moisissures. Le risque est particulièrement élevé pour tous les aliments à base de céréales ou de fruits (y compris les jus de fruits, le vin et la bière !), les produits fermentés (café, cacao), etc. Il existe bien sûr des contrôles sanitaires pour détecter la présence de mycotoxines dans certains produits alimentaires « sensibles », mais en raison de leur coût élevé et du très grand nombre de produits concernés, leur efficacité réelle reste limitée.

L'autre source alimentaire qu'il est encore plus difficile de contrôler efficacement concerne les produits d'origine animale : viande, lait et produits laitiers, œufs. Du fait de leur non-biodégradabilité, la plupart des mycotoxines sont capables d'intégrer la chaîne alimentaire et de se concentrer dans les tissus animaux. Souvent, ce n'est pas une mais un ensemble de mycotoxines et leurs métabolites qui contaminent ces tissus, qui pourront alors agir en synergie[11]. Ainsi, réserver les céréales et légumes moisis à l'alimentation animale ne permet absolument pas d'épargner l'homme… Et pourtant, cette pratique est loin d'être exceptionnelle ! Ce sont surtout les volailles et les porcs qui sont nourris avec des céréales moisies.

Dans les pays industrialisés, c'est donc l'exposition chronique à de petites quantités de mycotoxines présentes dans l'alimentation quotidienne qui est préoccupante. Toutefois,

---

11. On connaît plus de 300 mycotoxines, dont une trentaine a des effets toxiques avérés.

les symptômes d'une mycotoxicose chronique n'étant pas spécifiques, il est difficile d'établir avec certitude un lien de causalité entre l'exposition à une mycotoxine et la survenue d'une pathologie donnée. Ce sont alors les données épidémiologiques et les études toxicologiques chez l'animal qui permettent d'évaluer le risque encouru.

L'aflatoxine B1 évoquée précédemment est la seule reconnue comme authentiquement cancérogène, avec un tropisme particulier pour le foie. Elle est ainsi impliquée dans la survenue de cancers primitifs du foie et des voies biliaires, que l'on est capable de reproduire chez le rat par injection de faibles doses d'aflatoxine B1. Une infection par le virus de l'hépatite B prédispose plus particulièrement à ce type de cancer. L'aflatoxine B1 pourrait aussi être impliquée dans certains cancers broncho-pulmonaires.

De très fortes présomptions pèsent également sur l'ochratoxine A, qui a été associée à la survenue de cancers du rein.

Enfin, les fumonisines (produites par plusieurs espèces du genre *Fusarium*, surtout *F. moniliforme*) sont suspectées d'être associées à des cancers de l'œsophage chez la femme en Afrique du Sud, en Iran et aux États-Unis, et à des cancers du foie en Chine. Elles sont aussi tératogènes, responsables d'anomalies de la fermeture du tube neural chez l'embryon (*spina bifida*) et d'anencéphalie (absence de développement du cerveau).

D'autres mycotoxines sont associées à des retards de croissance et du développement cognitif chez l'enfant, notamment les aflatoxines et les trichothécènes.

La zéaralénone (produite par plusieurs espèces du genre *Fusarium* qui se développent sur différents grains de céréales, surtout de maïs) est un perturbateur endocrinien avéré. Elle est impliquée dans des phénomènes de puberté précoce et de gynécomastie chez l'enfant. Elle est également suspectée dans la survenue de certains cancers hormono-dépendants.

Les aflatoxines ont des propriétés immuno-suppressives et sont impliquées dans certaines malformations du thymus et des glandes parathyroïdes chez l'enfant né d'une mère exposée, notamment le syndrome de Di George, une anomalie du thymus entraînant un déficit immunitaire sévère. Les trichothécènes, en particulier le déoxynivalénol, sont également immuno-suppresseurs et auraient une toxicité à l'égard de certaines cellules sanguines.

La patuline, synthétisée par certains *Penicillium* (surtout *P. patulum*) et *Aspergillus* se développant sur les fruits et légumes, est à l'origine d'effets neurotoxiques et d'une lymphopénie en cas d'exposition chronique.

Devant la menace que représentent les mycotoxines dans l'alimentation, la plupart des pays européens ont, depuis 2003, adopté une réglementation qui fixe des concentrations maximales dans l'alimentation. Malgré cela, la présence de mycotoxines dans certains aliments reste préoccupante, notamment en ce qui concerne les trichothécènes (déoxynivalénol, toxine T-2 et leurs dérivés) et, à un titre moindre, l'ochratoxine A et les aflatoxines. C'est la population infantile de moins de 3 ans qui est la plus exposée.

Les mycotoxicoses représentent un risque naturel, les moisissures productrices étant des champignons saprotrophes, spécialisés dans la décomposition de matières organiques mortes. Cependant, et dans ce cas, l'effet boomerang joue son rôle, certaines pratiques humaines augmentant une fois encore ce risque. Par exemple, la production de grandes quantités de céréales nécessite de les stocker en attendant de les distribuer vers les sites de transformation et/ou de consommation. Or, c'est le plus souvent pendant l'étape de stockage que les moisissures s'attaquent aux grains, l'atmosphère chaude et humide des silos (dans les pays industrialisés) ou du climat (dans les pays en voie de développement) favorisant leur développement. Certains pays « gros » producteurs de céréales, comme l'Inde ou la Chine, voient ainsi près de la moitié de leur production annuelle moisir au grand air. Difficile de se résoudre à incinérer ces céréales moisies et renoncer au bénéfice que leur commercialisation aurait apporté... Il est plus facile de se dire qu'elles seront toujours assez bonnes pour les animaux. On connaît la suite, d'autant qu'elle n'est pas propre aux mycotoxines[12] : elles peuvent alors incorporer la chaîne alimentaire au bout de laquelle se trouve... l'homme, qui se contaminera à son tour en consommant la viande « empoisonnée ». La lutte contre l'infestation des grains stockés par les moisissures peut passer par l'utilisation d'antifongiques, mais cela pose d'autres problèmes, puisque les résidus des molécules utilisées peuvent se retrouver dans les denrées traitées aussi bien que les mycotoxines, et, comme elles, incorporer la chaîne alimentaire[13] ! À cet égard, on reproche parfois un peu vite aux céréales « bio » d'être plus concentrées en mycotoxines. D'autres moyens existent pour prévenir le développement de moisissures, tant à l'étape de production (en jouant sur la rotation des cultures), qu'à l'étape de stockage (en réduisant la durée et en utilisant des enceintes ventilées et thermorégulées).

Il n'y a pas que les champignons producteurs de mycotoxines que leur taille microscopique fait passer inaperçus. Les plantes aussi sont capables d'essaimer des particules microscopiques qui viennent s'insinuer au plus profond de notre appareil respiratoire...

---

12. Cf. Chapitre VII.

13. Cf. Chapitre VI.

Chapitre III

Le rhume des foins : une agression des plantes ?

« Le soleil brillait enfin sur Paris. Les pots d'échappement diffusaient leurs polluants comme les pollens d'une nouvelle ère, ensemençant dans les poumons des Parisiens et des touristes la future flore d'une civilisation malade. »

Martin Page (*Comment je suis devenu stupide*, 2000)

Les particules de polluants sont-elles vraiment les pollens de la nouvelle ère (même si elle n'est pas nommée, chacun aura reconnu l'Anthropocène !), comme le suggère Martin Page, ou n'y aurait-il pas plutôt une relation plus subtile ? Mais revenons d'abord au pollen, la semence mâle fabriquée par les étamines, ces organes que l'on rencontre dans (presque) toutes les fleurs, mais aussi dans les cônes mâles de ce que l'on appelle les Gymnospermes[1]. Le pollen des

1. D'apparition beaucoup plus ancienne que les plantes à fleurs (ou Angiospermes) dans l'histoire de l'évolution, les Gymnospermes sont des plantes ligneuses à graines « nues », c'est-à-dire non contenues dans un fruit. Elles comprennent notamment tous les conifères, dont les graines sont produites au sein de cônes femelles ou « pommes de pin », comme les pins, sapins, épicéas, ifs, thuyas, cyprès, araucarias et autres séquoias. Les cônes mâles portent des étamines, qui produisent de très grandes quantités de pollen.

plantes prend souvent l'aspect d'une poudre jaune dont la légèreté favorise sa dispersion par le vent sur de très longues distances. Un grain de pollen présente en effet un diamètre variant entre 5 et 250 micromètres. Le vent n'est qu'un vecteur parmi d'autres : l'eau peut jouer ce rôle, notamment pour les plantes aquatiques, mais aussi les insectes qui viennent butiner les fleurs pour se repaître de leur nectar et qui en redécollent rarement avant que ces dernières aient déposé leur poudre fertile sur les gourmands visiteurs. La vocation du pollen est ainsi d'être transporté depuis les étamines vers le pistil (l'organe femelle) d'une fleur, si possible différente de celle à laquelle appartiennent les étamines pour assurer la fécondation croisée, génératrice de diversité génétique. Mais le destin du grain de pollen est à l'image de celui du spermatozoïde : beaucoup de prétendants, peu d'élus ! Parmi les milliers de grains de pollen que produit une fleur, beaucoup s'égareront en chemin… dont certains dans l'impasse de nos voies respiratoires !

Quand les foins enrhument

Qui n'a pas entendu parler du « rhume des foins » ? En 2000, on estimait que 20 % de la population européenne en souffrait, contre seulement 1 % moins d'un siècle plus tôt… et le chiffre est toujours en augmentation ! Ce « rhume » n'a rien d'infectieux et n'a pas grand-chose à voir avec le foin, si ce n'est que la pathologie qu'il désigne présente un pic saisonnier au moment du fauchage des prairies, qui coïncide avec la période de floraison (avril-mai en France) des membres d'une des plus grandes familles botaniques de la planète : les Poacées, plus connues sous le nom de graminées ou, tout simplement, d'« herbe ». Les Poacées sont les éléments structurants de bon nombre de formations végétales, comme les prairies, les pelouses ou, plus exotiques, les savanes et les jungles à bambous. Elles ont comme point commun d'être adaptées à la dispersion de leur pollen, qu'elles produisent en très grande quantité, par le vent, qu'on nomme anémogamie. Le terme de « rhume » est utilisé en raison de la similarité des symptômes, ceux d'une rhino-conjonctivite, mais qui est ici d'origine allergique. Il s'agit donc d'une aéropollinose, une allergie respiratoire aux grains de pollen qui se trouvent en suspension dans l'air que nous respirons et qui, une fois inhalés, se retrouvent au plus profond de nos voies respiratoires. Le corps humain va détecter ces corps étrangers, grâce au système immunitaire, et tout mettre en œuvre pour s'en débarrasser : c'est une réaction physiologique normale. Mais dans certains cas, l'organisme va réagir de manière exagérée, en raison d'une réactivité anormalement élevée vis-à-vis de la composition chimique du corps étranger ; c'est ce qu'on appelle l'hypersensibilité, qui est spécifique d'un corps étranger donné, appelé dès lors « allergène ». Dans le cas du rhume des foins, la réaction est immédiate : aussitôt après avoir inhalé les grains de pollen, le sujet allergique se met à éternuer à répétition, a les yeux qui le démangent et qui larmoient ; c'est une réaction dite d'« hypersensibilité immédiate » ou de « type I[2] ». Ces symptômes bénins peuvent parfois être beaucoup plus graves, la rhino-conjonctivite pouvant vite devenir invalidante, s'accompagner d'une toux, d'une sensation d'oppression thoracique, d'asthme, de fatigue, de maux de tête, d'un œdème, d'une urticaire. Cette pathologie peut théoriquement être induite par n'importe quel pollen – et non pas uniquement par le pollen des graminées qui constituent le foin ! –, mais il existe des pollens

2. Les réactions d'hypersensibilité se répartissent en quatre types selon la classification de Gell et Coombs utilisée en allergologie : type I, ou hypersensibilité immédiate, causé par la libération rapide de médiateurs, parfois responsables d'un choc anaphylactique ; type II causé par une réaction antigène-anticorps provoquant une cytotoxicité ; type III, ou hypersensibilité semi-retardée, causé par le dépôt de complexes immuns antigènes-anticorps ; type IV, ou hypersensibilité retardée, médié par les lymphocytes T.

plus allergisants que d'autres. En réalité, les aéropollinoses ne sont pas exclusivement causées par le pollen : les spores présentes chez les plantes apparues avant les Gymnospermes, comme les mousses ou les fougères, peuvent provoquer les mêmes désagréments selon les mêmes mécanismes. Au-delà même du monde végétal, les spores des champignons et, notamment, des moisissures, peuvent induire exactement les mêmes pathologies ; les spécialistes utilisent alors plutôt le terme d'aéromycose[3], bien que, dans leurs conséquences cliniques, il n'y ait pas de différence entre aéromycoses et aéropollinoses.

Les aéropollinoses apparaissent généralement avant l'âge de 20 ans. Célèbre victime d'aéropollinose, Marcel Proust (1871-1922) faillit mourir d'une crise d'asthme à l'âge de 9 ans. Toute sa vie, il vécut dans la hantise des pollens : à chaque arrivée du printemps, son asthme le reprenait, l'obligeant à vivre reclus dans sa chambre une bonne partie de l'année.

Les aéropollinoses étaient déjà connues durant l'Antiquité, notamment par Hippocrate. La « fièvre des roses », décrite au XVIe siècle par l'universitaire italien Léonardo Botallo comme un mal imputable à l'inhalation du parfum des roses, n'était autre que le rhume des foins ! Mais ce n'est qu'au XIXe siècle que plusieurs médecins anglais, dont Charles Harrison Blackley (1820-1900), étudièrent scientifiquement cette pathologie mystérieuse, d'abord baptisée *Catarrhus aestivus* puis, à partir de 1828, *hay fever* (fièvre des foins, appelée « rhume des foins » ou « asthme des foins » en France, où la réalité même de cette pathologie était très controversée). Médecin à Manchester, Blackley souffrait chaque été d'un

3. Les aéromycoses touchent surtout les personnes travaillant en enceinte fermée, chaude et humide. Par exemple, 10 % des maladies professionnelles déclarées chez les boulangers concernent une allergie respiratoire à type d'asthme ou de rhinite, parfois appelée « farinose », mais qui relève en réalité d'une allergie à des spores de moisissures.

rhume violent qui disparaissait avec l'arrivée de l'automne. Lorsqu'en 1859, « son » rhume se manifesta en automne, alors qu'un bouquet de graminées en fleurs trônait dans la pièce où il se trouvait, il fit immédiatement le lien et suspecta le pollen de ces fleurs. Jusqu'à sa mort, il collecta des pollens et se livra à de nombreuses expériences (tout en étant son propre cobaye), apportant la preuve que le pollen était l'agent responsable du « rhume » (et non pas le foin !). Parfois considéré comme le père de l'allergologie, Blackley fut aussi le précurseur de la discipline scientifique qu'est l'aéropalynologie, puisqu'il fut le premier à prélever les grains de pollen dans l'air atmosphérique, en fixant des plaques de verre enduites de glycérine sur des cerfs-volants ! Il détermina ainsi la quantité de pollen nécessaire pour déclencher le rhume et la mit en relation avec les conditions météorologiques. Il inventa également un système de purification de l'air intérieur, dont il équipa son domicile. Par ailleurs, il démontra aussi le rôle de certains végétaux dans la survenue d'allergies de contact et inventa la cuti-réaction !

L'aéropalynologie est la discipline qui étudie les pollens disséminés par le vent. En France, le Réseau national de surveillance aérobiologique (RNSA) a déployé un réseau de capteurs polliniques sur l'ensemble du territoire national, de manière à suivre en temps réel la composition qualitative (espèces) et quantitative (abondance relative de chaque espèce) de l'air en grains de pollen et en spores, végétales et fongiques. Les correspondants locaux envoient quotidiennement cette composition au RNSA, qui peut émettre des bulletins allergo-polliniques composés d'informations polliniques, cliniques et du risque allergique associé.

Très grossièrement, on distingue trois grandes « saisons » polliniques : la saison des arbres, de janvier à mai, où les pollens les plus allergisants sont ceux des cyprès, des bouleaux, des platanes, des frênes, des aulnes, des peupliers, des saules, des noisetiers, etc. ; la saison des graminées, de mai à juillet, où de très nombreuses espèces sont impliquées (c'est le vrai rhume des foins !) ; la saison des herbes, de juillet à octobre, où les plantes les plus problématiques sont les armoises, les chénopodes, les plantains, les orties, etc.

Un risque pas si naturel

Le rhume des foins est-il réellement un risque naturel ? De moins en moins, serait-on tenté de répondre... Surtout si l'on considère que c'est en milieu urbain ou industrialisé, où les plantes sont plus rares, que les aéropollinoses sont devenues les plus fréquentes.

Il existe bien sûr des pollens « naturellement allergisants » : ce sont ceux, en général, produits par les plantes anémogames, qui présentent trois particularités. Premièrement, elles produisent une grande quantité de pollen ; par exemple, un pin produit jusqu'à 7 milliards de grains de pollen par an tandis qu'un seul pied d'ambroisie en libère 2,5 milliards en une saison, provoquant une véritable « pollution pollinique ». Deuxièmement, les grains de pollen sont d'assez petite taille, de l'ordre de 20 à 60 micromètres, ce qui facilite non seulement leur dispersion sur de longues distances, leur forte rémanence dans l'air, leur inhalation et leur dépôt sur les muqueuses respiratoires. Troisièmement, la paroi du grain de pollen, composée de deux couches superposées – l'exine à l'extérieur et l'intine à l'intérieur –, doit contenir des protéines capables d'induire une sensibilisation : ce sont elles les allergènes.

Là où le risque n'est plus seulement un risque « naturel », c'est quand beaucoup de pollens « deviennent » allergisants, suite à une pollution ambiante qui va en potentialiser l'allergénicité. De très nombreux polluants, comme l'ozone, les oxydes d'azote ou les acides peuvent, au contact des grains de pollen, en dégrader la paroi et ainsi modifier la composition chimique. L'abrasion de l'exine libère certains composants protéiques de l'intine, qui se révèlent plus allergisants, notamment en rentrant plus profondément dans les voies respiratoires. Les particules fines (baptisées PM10), issues de phénomènes de combustion et d'un diamètre inférieur au dixième de millimètre, au premier rang desquelles les particules diesel et la suie des chauffages à bois, peuvent se fixer aux fragments de pollen, faciliter leur pénétration au plus profond de l'arbre respiratoire, où elles passent facilement dans le sang, et exacerber la réaction allergique qui peut suivre. Ce risque est évidemment plus élevé en milieu urbain, qui, de surcroît, étant plus artificialisé et moins végétalisé, est plus sec : les grains de pollen sont constamment en suspension dans l'air faute de rosée, de sol ou de végétation humides qui fixent le pollen.

Outre leurs effets sur le pollen, les polluants atmosphériques agissent directement sur les muqueuses respiratoires, nasales et oculaires pour les altérer et abaisser leur résistance immunologique au pollen. Par exemple, l'ozone altère les muqueuses respiratoires et augmente leur perméabilité[4], ce qui déclenche la réaction allergique pour de plus faibles concentrations de pollen. De leur côté, les particules diesel rejetées par les pots d'échappement stimuleraient la synthèse des immunoglobulines E et des cytokines[5].

Autre facteur aggravant pas tout à fait naturel, le changement climatique influence aussi la production de pollen : beaucoup de plantes présentent non seulement un allongement de leur durée de production de pollen d'environ quinze jours, mais aussi voient leur aire de répartition s'étendre, beaucoup d'espèces méridionales « remontant » vers le nord, exposant du même coup de nouvelles populations humaines, jusque-là « naïves » vis-à-vis de ces allergènes, c'est-à-dire que leur organisme n'y a jamais été exposé jusqu'alors et

4. Cf. Chapitre X.

5. Cf. Chapitre VII.

que leur système immunitaire n'a donc pas pu y être préparé[6]. Le même phénomène se produit avec des champignons parasites dont l'aire de distribution géographique s'étend à la faveur des sécheresses récurrentes. Par exemple, les spores de l'agent de la suie de l'érable (*Cryptostroma corticale*), très allergènes, peuvent provoquer des aéromycoses très graves, dont la « maladie des écorceurs d'érable », qui est une pneumopathie induite par l'inflammation des alvéoles pulmonaires.

Enfin, comment ne pas mentionner le cas des espèces exotiques introduites, dont certaines prolifèrent de manière incontrôlable et provoquent de véritables invasions biologiques[7] ? Lorsque ces plantes invasives possèdent un pollen allergisant, les conséquences sanitaires peuvent être catastrophiques ; c'est le cas de l'ambroisie. Qui n'a pas entendu parler de l'ambroisie ? Cette cousine de notre armoise, nommée *Ambrosia artemisiifolia*, est une espèce pionnière qui s'installe de manière opportuniste, au début du printemps, dans toutes les terres dénudées, en particulier les terres agricoles, les bords de route, les friches urbaines ou les alluvions dans les lits des rivières. Elle apprécie tout particulièrement les terrains chauds et riches en nitrates. Originaire d'Amérique du Nord, l'ambroisie, qui était déjà cultivée dans quelques jardins botaniques depuis le XVIIIe siècle, a été signalée pour la première fois en milieu « naturel » en 1863, dans un champ de l'Allier. Il semble qu'elle y ait été introduite accidentellement par l'utilisation de lots de semences de trèfle violet, une plante fourragère cultivée, en provenance d'Amérique du Nord. D'autres épisodes d'introduction, notamment par le fourrage importé pour les chevaux de l'armée américaine au cours de la Première Guerre mondiale, sont probables. Toujours est-il que l'espèce est devenue invasive au XXe siècle, en particulier en région Rhône-Alpes.

---

6. Cf. Chapitre IX.

7. Cf. Chapitre XV.

Le pollen d'ambroisie est très allergisant : en région Rhône-Alpes, entre 6 et 12 % de la population exposée y est sensible et il suffit de quelques grains de pollen par mètre cube d'air pour que des manifestations allergiques se déclenchent. Il s'agit le plus souvent de rhinites allergiques survenant plus tard que le rhume des foins, en août-septembre, de conjonctivites, de trachéites, de toux, parfois de crises d'asthme plus ou moins sévères ; une urticaire ou un eczéma peuvent accompagner ces signes ORL.

En France, son extension géographique depuis la région Rhône-Alpes a été fulgurante. Elle a atteint l'ouest de la France en empruntant la vallée de la Loire. Celle-ci représente quasiment la limite nord de son aire de répartition ; au-delà, l'ambroisie est surtout une plante citadine qui profite des îlots de chaleur urbaine. Mais le réchauffement climatique pourrait bien changer la donne très prochainement[8]...

Sentir une fleur peut ainsi exposer à quelques désagréments lorsque l'on est allergique à son pollen. Mais il est parfois tout aussi risqué de s'aventurer à la caresser...

8. Cf. Chapitre IX.

Chapitre IV

Toutes les plantes ne sont pas douces à caresser

« La nature, c'est très joli,
mais ça finit par donner des démangeaisons. »

Paul Valéry

Les allergies respiratoires ne sont pas les seules réactions d'hypersensibilité induites par les plantes ; leur contact peut parfaitement être très désagréable. Et comme pour les aéropollinoses, certaines réactions cutanées peuvent être aggravées ou plus fréquentes suite à une altération de la barrière naturelle que représente notre peau et son cortège de bactéries. Mais contrairement à une idée reçue, toutes les réactions survenant suite à la manipulation d'une plante ne sont pas allergiques.

Qui s'y frotte, s'y pique

L'ortie brûlante (*Urtica dioica*) est certainement la plus connue des plantes dont le contact n'est pas des plus appréciés… Que se cache derrière sa piqûre instantanée ? En fait, lorsqu'on se frotte à une ortie, la fine paroi siliceuse des poils vésiculeux dont elle est couverte se rompt, les cristaux de silice agissant comme des micro-seringues qui, une fois fichées dans notre épiderme, y « injectent » un cocktail chimique à base d'acide formique (le même acide que produisent certaines fourmis « rousses », avec la même sensation douloureuse à la clé !), d'acide tartrique, d'acide oxalique, d'histamine (un médiateur des véritables allergies), d'acétylcholine et de sérotonine. Cette injection entraîne presque instantanément une inflammation locale : les petits vaisseaux sanguins se dilatent, d'où la rougeur de la peau (ou érythème) et deviennent plus perméables, d'où l'œdème qui provoque une surélévation douloureuse de la peau, accompagnée de démangeaisons intenses (ou prurit). Cette réaction peut durer plusieurs heures avant de disparaître, sans laisser de séquelle. C'est l'urticaire, terme médical dérivé du nom latin de l'ortie, *urtica*, dont elle conserve le genre féminin.

Cette urticaire de contact est la manifestation clinique d'une dermatite irritative, une réaction d'hypersensibilité non allergique, qui ne fait pas intervenir le système immunitaire, mais des récepteurs de l'immunité innée. Elle touche n'importe quel individu dès le premier contact et lors de tous les contacts ultérieurs, en provoquant des lésions cutanées strictement limitées aux zones de la peau qui ont été en contact avec la plante (contrairement aux lésions de mécanisme allergique qui s'étendent au-delà de cette zone). Les dermatites irritatives chimiques peuvent être causées par de nombreux composés chimiques, qui se trouvent souvent dans la sève des plantes. Par exemple, les acides organiques, comme l'acide oxalique ou l'acide tartrique, sont des irritants très communs, qu'on retrouve dans beaucoup d'espèces de plantes, comme les jonquilles, les tulipes, les jacinthes ou le *Dieffenbachia picta*. Ce dernier peut d'ailleurs provoquer de graves œdèmes des muqueuses. Le lait des Euphorbiacées (la famille des euphorbes et des poinsettias) contient plusieurs composés très irritants, notamment le phorbol, qui peut causer des dermatites bulleuses au contact de la peau, une conjonctivite voire une cécité temporaire au contact des yeux. La sève des Renonculacées (la famille des boutons d'or et des anémones) contient aussi plusieurs composés irritants ; ainsi la clématite fut baptisée « herbe aux gueux » parce qu'au Moyen Âge, les mendiants s'infligeaient volontairement des dermatites de contact avec sa sève pour susciter l'émoi des passants.

Les dermatites irritatives peuvent aussi être mécaniques. Celui qui tombe sur un cactus ou dans un buisson épineux, en fera la douloureuse expérience et présentera à coup sûr des lésions cutanées, quel que soit son statut immunitaire vis-à-vis de la plante. Ces lésions sont provoquées par des épines (comme sur les rosiers, les ronces, les pyracanthas, les aubépines, etc.) ou des glochidies (comme chez le cactus à palette ou *Opuntia*), qui ont en plus la capacité à inoculer des microbes pathogènes, comme la bactérie agent du tétanos (*Clostridium tetani*), le staphylocoque doré (*Staphylococcus aureus*), ou le champignon agent de la sporotrichose (*Sporothrix schenckii*).

Quand l'immunité s'en mêle

Toutes les réactions d'hypersensibilité survenant au contact des plantes ou des animaux ne relèvent pas des dermatites irritatives ; elles peuvent aussi reposer sur une véritable allergie et impliquer une réaction immunitaire, acquise après une première exposition à l'allergène, qui fait intervenir des anticorps spécifiques (immunoglobulines de type E ou G) ou des lymphocytes T. Certaines personnes (souvent à l'intérieur d'une même famille) ont une propension à produire de grandes quantités d'immunoglobulines IgE et feront donc plus facilement des réactions allergiques ; on parle de terrain atopique.

Au contraire des réactions immédiates aux « piqûres » d'ortie, certaines plantes peuvent induire des lésions cutanées qui n'apparaissent que plusieurs jours après le contact : c'est l'hypersensibilité retardée, dite « de type IV ». Ce délai est lié au mécanisme immunologique sous-jacent, qui fait intervenir l'immunité cellulaire. On parle de dermatite de contact, qui prend l'aspect de plaques rouges surélevées, parfois de vésicules ou de bulles, accompagnées d'intenses démangeaisons, lésions qui s'étendent bien au-delà des zones qui ont été en contact avec l'allergène. Ces lésions aiguës peuvent même devenir chroniques et se surinfecter. Lors du premier contact (celui qui va « sensibiliser » la personne), le délai d'apparition des lésions se situe entre cinq et sept jours après le contact. Ce délai se réduira à 24 jusqu'à 48 heures lors des contacts ultérieurs. En l'absence de traitement, les lésions persistent pendant deux à trois semaines, parfois plus longtemps. Des anomalies de pigmentation de la peau peuvent même persister. Les plantes les plus souvent incriminées sont les chrysanthèmes, les tulipes, les lys et les primevères.

Les plantes de la famille des Anacardiacées sont les plus fréquemment incriminées à l'échelle mondiale avec, en particulier, le vernis du Japon (*Toxicodendron vernicifluum*), le chêne toxique (*Toxicodendron diversilobum*) et le sumac vénéneux (*Toxicodendron radicans*), qui contiennent l'urushiol, un composé huileux non volatil particulièrement allergisant, capable de se fixer aux cellules de la peau de manière irréversible. Même un contact avec des feuilles mortes depuis plusieurs années ou un contact indirect via un vêtement, un outil, un animal ou même l'air après un feu de broussaille ou un débroussaillage mécanique peut induire une réaction allergique chez le sujet sensible. Il a été décrit des dermatites de contact chez des personnes préalablement sensibilisées à l'urushiol qui avaient touché l'étiquette de vêtements d'origine indienne imprimée à l'aide de résine de *Semecarpus anacardium*, une autre Anacardiacées. Le sumac vénéneux est le « poison ivy » (lierre toxique) qui a donné son nom à un personnage de *comics* créé en 1966, ennemie de Batman capable d'entrer en symbiose avec les plantes pour les commander ! C'est aussi le principal agent de dermatite de contact aux États-Unis, qui peut se compliquer d'altérations rénales. À noter que la noix de Cajou est la graine d'une autre Anacardiacées, *Anacardium occidentale*, dont il faut au préalable ôter la pulpe qui l'entoure car celle-ci contient le même urushiol allergisant ; les traces qui demeurent sur la noix peuvent néanmoins suffire à déclencher une réaction anaphylactique chez les sujets allergiques...

Chez les Astéracées (la famille des chrysanthèmes, des marguerites et des pissenlits), première cause d'allergie de contact en Europe, les allergènes majeurs sont des lactones sesquiterpèniques (une famille particulière de composés chimiques), présentes dans toutes les parties de la plante ; on en connaît plus de 1 350 différentes chimiquement ! Ce sont surtout des plantes cultivées qui en sont responsables : en premier lieu les chrysanthèmes et les tournesols. Plusieurs plantes alimentaires sont aussi incriminées, comme les chicorées (dont l'endive), les laitues ou l'artichaut. Parmi les plantes sauvages, il s'agit surtout de la marguerite, des armoises (dont l'absinthe), de l'arnica, des pissenlits et des inules. Les lésions apparaissent après un contact direct (mains) ou indirect, via des composés aéroportés (visage). Le même type de composé est retrouvé chez des lichens de la famille des Frullaniacées et provoquent le même eczéma de contact, reconnu maladie professionnelle chez les forestiers.

Bien d'autres plantes peuvent être responsables d'une allergie de contact, comme les pommes de terre, les primevères, les tulipes, les lys, les narcisses, le lierre grimpant, les bégonias, les géraniums et pélargoniums, les Lamiacées, etc. On estime que près de 10 000 espèces de plantes sont concernées !

Quand plante et soleil font trop bon ménage

Un cas un peu particulier est celui des phytophotodermatoses. Que cache ce nom barbare ? Il est bien connu que les plantes vivent grâce au soleil, sans lequel toute photosynthèse serait impossible ; mais parfois, le soleil peut se rendre complice de leurs méfaits... Dans le cas des phytophotodermatoses, les composés végétaux sensibilisent la peau du sujet à l'action des rayons UV (y compris des rayonnements artificiels !), si bien que seules les portions du corps directement exposées aux UV (on dit « photo-exposées ») vont présenter des lésions. Il s'agit le plus souvent de réactions phototoxiques, qui touchent des sujets sans prédisposition particulière et, donc, dès la première exposition et lors de toutes les expositions ultérieures, la gravité des lésions augmentant avec la quantité de substances phototoxiques reçue. Les lésions sont celles d'une brûlure solaire (du simple « coup de soleil » à la brûlure du 3e degré avec décollement de l'épiderme). Après guérison, il reste fréquemment une pigmentation résiduelle de la peau. Les substances en cause sont les furocoumarines, une famille de composés dont font partie les psoralènes, utilisés en puvathérapie (une méthode de traitement par les UV de certaines pathologies comme le psoriasis) ou pour le bronzage artificiel. Ces composés se fixent de manière irréversible à l'ADN des cellules de l'épiderme, rendant la peau plus sensible à l'action des UV B, les plus nocives des radiations ultraviolettes. Certaines familles de plantes en contiennent de grandes quantités, en particulier les Rutacées (la famille des agrumes : citron, lime, orange, pamplemousse, bergamote, cédrat, kumquat, etc., mais aussi de la rue officinale et de la fraxinelle) et les Apiacées (la famille du céleri, du panais et des berces).

Beaucoup plus rarement, ce sont d'authentiques réactions photoallergiques qui surviennent, qui touchent des sujets préalablement sensibilisés, quelles que soient la quantité de composé et la dose de rayonnement reçues. Les symptômes vont en s'aggravant à chaque exposition. Les lésions s'étendent classiquement au-delà des zones photo-exposées. Les plantes impliquées sont principalement des Apiacées (notamment la berce du Caucase, *Heracleum mantegazzianum*[1]) et des Astéracées (comme le chrysanthème des moissons, *Chrysanthemum segetum*, et la tanaisie bâtarde, *Parthenium hysterophorus*). Les lichens de la famille des Frullaniacées sont parfois aussi incriminés.

Comme pour les allergies respiratoires évoquées au chapitre précédent, une personne qui se trouve exposée à des allergènes « nouveaux », c'est-à-dire auxquels sa peau n'a jamais été en contact auparavant, aura une propension plus forte à y « réagir » ; c'est un des risques encourus avec les plantes exotiques que l'on cultive. D'autre part, des recherches récentes et en plein développement montrent le rôle essentiel de notre microbiote cutané, c'est-à-dire de l'ensemble des micro-organismes qui vivent à la surface de notre peau. On savait déjà qu'une biodiversité élevée du microbiote cutané protégeait de la prolifération de bactéries pathogènes[2], mais plusieurs études récentes concluent à un rôle protecteur non seulement du microbiote cutané, mais aussi du microbiote intestinal, vis-à-vis des dermatites atopiques, grâce à la stimulation de notre système immunitaire. Ainsi l'utilisation répétée de savons, de produits détergents ou de certains cosmétiques[3], en altérant le microbiote cutané, peut exposer notre peau à davantage de réactions allergiques : une hygiène de la peau excessive peut ainsi être plus délétère que bénéfique, dans un remarquable effet boomerang.

---

1. Cf. Chapitre XV.
2. Cf. Chapitre XIV.
3. Cf. tensioactifs au chapitre VII.

En conclusion, le risque « naturel » existe ; il est intrinsèque à certaines espèces qui ont développé, sur les temps longs de l'histoire de l'évolution, des moyens pour se défendre des agressions qu'elles peuvent subir. Ce risque peut toutefois être amplifié suite à l'intervention de l'homme, qui modifie la répartition des organismes à risque ou sa propre sensibilité. Mais ce n'est rien en comparaison des impacts sanitaires que peut avoir l'introduction par l'homme d'un composé toxique dans la chaîne alimentaire à laquelle il appartient…

Deuxième partie

Quand un intrus travaille à la chaîne

« Rien ne se perd, rien ne se crée, tout se transforme. »

Antoine Lavoisier paraphrasant Anaxagore

Vous souvenez-vous d'avoir joué au jeu du « qui mange qui » à l'école primaire ? L'objectif pédagogique était de mettre en évidence les chaînes alimentaires : la plante aquatique nourrit la larve d'insecte ; la larve d'insecte nourrit le gardon ; le gardon nourrit le brochet ; le brochet nourrit le balbuzard.

On apprenait que cette chaîne, qui permet de passer à des organismes de plus en plus gros, est appelée « chaîne de prédateurs », car elle repose sur la plus élémentaire des relations entre deux espèces : la prédation pour s'alimenter. Dans tous les cas, la chaîne démarre au niveau d'organismes chlorophylliens : des végétaux, du phytoplancton ou des cyanobactéries, car ce sont les seuls capables de convertir l'énergie solaire en énergie biochimique. Ce sont des organismes « autotrophes », c'est-à-dire qu'ils produisent par photosynthèse de la matière organique à partir d'eau et de dioxyde de carbone. Ils sont nommés pour cette raison « producteurs ».

En aval des producteurs se situent tout naturellement les « consommateurs », pour la plupart animaux : des organismes « hétérotrophes », incapables d'utiliser directement l'énergie solaire, contraints de se nourrir de la matière organique que les producteurs ont élaborée, soit directement dans le cas des herbivores, soit indirectement dans le cas des carnivores. Il y a évidemment ceux qui se nourrissent aussi bien de producteurs que d'autres consommateurs : ce sont les omnivores, dont fait partie l'homme (en dehors des stricts végétaliens). Tous vivent en réalité de l'énergie solaire stockée dans la nourriture organique qu'ils consomment.

À leur mort, producteurs et consommateurs laissent derrière eux une masse relativement importante de matière organique inerte. Celle-ci va faire le bonheur d'une troisième catégorie d'organismes : les « décomposeurs ». Hétérotrophes comme les consommateurs, ils s'en distinguent par le fait qu'ils ne s'intéressent qu'à ce qui est intrinsèquement dépourvu de vie : ce sont les charognards de la biosphère. Mais si leur alimentation manque de noblesse, leur rôle écologique est essentiel : ce sont eux qui assurent la minéralisation, progressive mais totale, de la matière organique morte. Les minéraux ainsi libérés peuvent alors être réabsorbés par les végétaux : la boucle est bouclée et le recyclage de la matière parfait dans une nature où les déchets des uns sont la nourriture des autres.

Il y a bien sûr un fondement physique à l'organisation de ces chaînes alimentaires, qui suit les lois de la thermodynamique. Directement ou indirectement, on voit que tous les organismes vivants, qu'ils soient producteurs, consommateurs ou décomposeurs, se nourrissent d'énergie solaire, y compris nous, humains. Le soleil émet un rayonnement de photons à haute énergie (ultraviolets - UV) captés par les autotrophes, qui stockent l'énergie dans des batteries de matière organique. À chaque étape de la chaîne alimentaire, une partie de la matière organique est consommée, c'est-à-dire oxydée lors de la respiration cellulaire. Autrement dit, une partie de l'énergie est dissipée dans l'atmosphère sous forme de chaleur, constituée de photons de basse énergie (infrarouges - IR)[1]. En fin de chaîne, lorsque les décomposeurs ont achevé la minéralisation des ultimes particules organiques, toute l'énergie initialement chargée par les autotrophes a été dissipée. La célèbre phrase de Lavoisier prend tout son sens : l'énergie n'a pas été consommée ou perdue, elle a été transformée. Ainsi, l'énergie solaire s'écoule le long des chaînes alimentaires sous la forme d'un flux univoque.

À chaque étape de la chaîne alimentaire, un être vivant utilise la matière qu'il a consommée et convertit l'énergie qu'elle contient pour produire (et entretenir) sa propre biomasse. Seule une fraction de l'énergie sera disponible pour le prédateur suivant. Cette fraction est de l'ordre de 10 %. À l'échelle d'un écosystème, l'ensemble de ces chaînes alimentaires forme le « réseau trophique » auquel tous les organismes vivants sont branchés. Il s'agit d'un réseau de tuyaux de distribution de nourriture qui sont autant de câbles acheminant l'énergie. Plus le nombre d'acteurs est important, plus le nombre de tuyaux augmente et plus les cheminements de l'énergie sont divers : il est dès lors évident que plus la biodiversité d'un écosystème est élevée, plus son réseau trophique sera complexe.

Imaginez qu'on représente chaque niveau trophique par un rectangle de largeur constante et de longueur proportionnelle à la biomasse (que l'on peut exprimer en quantité d'énergie) qu'il représente au sein de l'écosystème en commençant par les producteurs – les plantes essentiellement –, puis les herbivores, puis les carnivores de premier ordre

1. C'est le principe des caméras thermiques, capables de vous retrouver dans la nuit la plus obscure en captant les rayons infrarouges que vous émettez en respirant, cette chaleur émise par chacune de vos centrales thermiques (les mitochondries de vos cellules) et qui maintiennent votre température corporelle remarquablement stable à 37 °C. Si la caméra thermique ne vous retrouve pas, c'est que vous êtes mort et… refroidi (à moins que, comme dans certains films d'action, vous vous soyez immergé dans un bain d'eau glacée pour échapper à vos poursuivants !).

– ceux qui se nourrissent des herbivores –, puis les carnivores de deuxième ordre – ceux qui se nourrissent des précédents –, et ainsi de suite... Si on empile successivement ces rectangles, on obtient une pyramide à gradins – puisque la longueur de chaque rectangle ne représente qu'environ 10 % de la longueur de celui sur lequel il repose. Cette forme pyramidale nous indique notamment que pour produire une même quantité de biomasse, la quantité d'énergie nécessaire est d'autant plus importante que l'étage auquel se situe un organisme est élevé. Autrement dit, en première approximation, pour produire une tonne de gardons, ceux-ci devront consommer 10 tonnes de larves d'insectes qui, elles-mêmes, auront consommé 100 tonnes de plantes aquatiques.

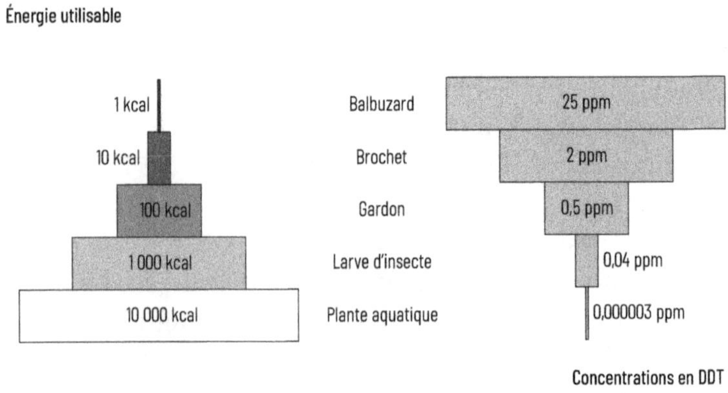

Imaginez maintenant que chaque plante aquatique contienne une toute petite quantité – disons un microgramme – d'un composé chimique non biodégradable éventuellement toxique qu'elle a puisé dans l'eau dans laquelle elle vit (par exemple du DDT). Si la masse moyenne de cette plante est de l'ordre de 100 grammes, cela signifie que les 100 tonnes de plantes nécessaires pour nourrir notre tonne de gardons contiennent un million de microgrammes – soit 1 kilo – du composé chimique.

Un gardon pesant en moyenne 200 grammes, notre tonne de gardons en compte environ 5 000, chacun renfermant environ 0,2 gramme du composé chimique. Ce que ces chiffres mettent en évidence, c'est l'accumulation biologique ou « bioaccumulation » d'un composé chimique non biodégradable le long de la chaîne alimentaire. Si de surcroît ce composé présente une toxicité d'autant plus élevée que sa concentration est importante, la bioaccumulation sera accompagnée d'une amplification biologique ou « bioamplification » des effets toxiques.

Imaginez enfin que l'homme remplace le balbuzard au sommet de la pyramide… ou plus généralement se trouve en fin de chaîne alimentaire…

Dans cette deuxième partie, nous allons envisager les conséquences possibles pour la santé humaine de l'intrusion de composés étrangers dans une chaîne alimentaire : que peut-il se passer quand un xénobiotique[2] contamine le réseau trophique d'un écosystème ?

---

2. Voir définition page 33.

Chapitre V

Les animaux d'élevage en question

« Tout l'animal est dans l'homme
mais tout l'homme n'est pas dans l'animal. »

Lao-Tseu

Comme pour nous, il arrive aux animaux d'être malades. Le vétérinaire prescrit alors des médicaments pour les soigner. Mais il existe une autre utilisation pour certains médicaments, qui consiste à les administrer systématiquement à de faibles doses, incorporées à l'eau de boisson ou à l'alimentation, en vue de promouvoir leur croissance. En dehors de l'Union européenne, c'est une pratique très répandue dans les élevages concentrationnaires, qu'il s'agisse de mammifères (bovins, porcins, ovins, connils...), d'oiseaux (poulets, dindes, cailles...) ou de poissons (saumons, truites...).

Les antibiotiques, c'était automatique

Les antibiotiques sont des principes actifs utilisés pour traiter des infections bactériennes[1], soit en tuant les bactéries

1. Dans un sens plus large, les antibiotiques sont des médicaments utilisés pour traiter tout agent infectieux uni- ou pluri-cellulaire microscopique : bactérie (antibiotique au sens strict), champignon (antibiotique antifongique) ou protiste (antibiotique antiparasitaire). Les virus (traités par antiviraux) sont exclus, ne s'agissant pas d'organismes cellulaires.

(bactéricides), soit en bloquant leur multiplication (bactériostatiques). Ils font partie de l'arsenal thérapeutique, aussi bien en médecine humaine que vétérinaire. Mais les antibiotiques ont aussi un usage zootechnique : incorporés à doses sub-thérapeutiques à l'eau de boisson ou à l'alimentation, ils favorisent la croissance et le gain de masse corporelle (notamment en viande et en lait) : ce sont des promoteurs de croissance, massivement utilisés dans les élevages industriels. Ces faibles doses d'antibiotiques réduisent également le taux de mortalité des animaux et améliorent leur reproduction.

En 1999, l'Europe tirait la sonnette d'alarme : la consommation animale d'antibiotiques avait rejoint celle des humains (en comparaison, aux États-Unis, 80 % des antibiotiques vendus étaient destinés aux seuls animaux d'élevage !). Depuis, les réglementations sont venues freiner cet emballement : l'utilisation des antibiotiques comme promoteurs de croissance est officiellement interdite dans les pays de l'Union européenne depuis 2006. Pourquoi une telle mesure ?

Il est parfois évoqué un risque de sélection de souches résistantes de bactéries dans le tube digestif humain par ingestion de petites doses d'antibiotiques à large spectre via l'alimentation, en détruisant la barrière naturelle que forme la communauté bactérienne symbiotique naturelle[2]. En l'état actuel des connaissances et compte tenu des réglementations européennes en vigueur, ce risque hypothétique n'a pas été confirmé. Aucun effet nocif chez l'humain n'a été rapporté qui soit imputable à la présence de résidus d'antibiotiques dans la viande d'animaux d'élevage, celle-ci étant le plus souvent extrêmement faible (détectés dans moins de 1 % des échantillons contrôlés).

De la même manière, on a évoqué le risque, théorique, qu'une exposition chronique à de petites doses d'antibiotiques présents dans l'alimentation puisse sensibiliser le

---

2. Cf. Chapitre XIV.

sujet qui, lorsqu'il recevra l'antibiotique aux doses thérapeutiques usuelles, présentera davantage de risques de déclarer une allergie, voire un choc anaphylactique. Ce risque a notamment été évoqué suite à la survenue de réactions allergiques graves, parfois mortelles, chez des patients naïfs de tout traitement par l'antibiotique impliqué et, donc, de toute sensibilisation préalable. Mais ce risque, bien que plausible, n'a pas été confirmé à ce jour.

Le risque le plus préoccupant, auquel participe grandement l'administration d'antibiotiques à l'animal d'élevage, est l'émergence d'une antibiorésistance. Comme chez l'homme, la surconsommation d'antibiotiques favorise la sélection de souches bactériennes résistantes, voire multirésistantes, chez les animaux traités. Ces bactéries résistantes, qui sont essentiellement des bactéries vivant dans le tube digestif des animaux traités (d'où le nom générique d'« entérobactéries »), peuvent être transmissibles à l'humain.

Par exemple, une souche de salmonelle présente dans de la viande de porc consommée mal cuite a fait plusieurs morts au Danemark. Aux États-Unis, c'est une souche d'une autre entérobactérie, *Campylobacter jejuni*, sélectionnée chez des porcs traités par fluoroquinolones – une famille d'antibiotiques également utilisée en thérapeutique humaine –, qui a fait plusieurs victimes. Beaucoup d'« infections alimentaires » qui sont à l'origine d'épidémies locales sont le fait d'entérobactéries antibiorésistantes, principalement *Salmonella typhymurium*, *Escherichia coli* et *Campylobacter jejuni*, qui sont aussi impliquées dans les pollutions microbiologiques d'origine fécale[3]. Une étude menée aux États-Unis, pourtant champions de la nourriture aseptisée, a révélé que 40 des 200 échantillons de viande prélevés en supermarché sur du poulet, de la dinde, du porc et du bœuf, contenaient des salmonelles, dont 84 % étaient résistantes à au

3. Cf. Chapitre XVII.

moins un antibiotique. D'autres études similaires sur de la viande vendue en supermarché ont montré des taux de contamination variant entre 25 et 81 % ! La viande « bio » n'est pas épargnée : on retrouve les mêmes taux (voire des taux plus élevés) de contamination bactérienne de la viande issue d'animaux non traités par des antibiotiques ; mais en revanche, le taux de résistance aux antibiotiques est proportionnellement moins élevé.

Ces chiffres montrent l'importance du risque et, donc, de bien cuire la viande avant de la consommer et... d'avoir une barrière intestinale efficace[4]. Car le risque ne s'arrête pas là : une fois que la bactérie antibiorésistante a colonisé le tube digestif de l'homme, elle peut être transmise horizontalement d'humain à humain, ce qui peut être le point de départ d'une épidémie.

Dans certains cas, ce ne sont pas les bactéries animales elles-mêmes qui sont transmises à l'homme, mais seulement leur résistance aux antibiotiques, et voici par quel mécanisme. Cette résistance peut être liée à une modification de la perméabilité de la membrane cellulaire, empêchant l'antibiotique d'y entrer, à une altération des récepteurs sur lesquels se fixent normalement les antibiotiques, ou à la synthèse d'enzymes dégradant les antibiotiques. Dans tous les cas, elle est génétiquement codée par des gènes localisés, le plus souvent, sur les plasmides des bactéries. Les plasmides sont des brins d'ADN généralement circulaires, facultatifs (c'est-à-dire que la bactérie peut très bien s'en passer), distincts de l'ADN chromosomique du noyau de la cellule et complètement autonomes dans leur fonctionnement. Ceux codant pour une résistance aux antibiotiques sont appelés « facteurs R ». Les gènes plasmidiens, en plus d'être transmis « verticalement » à la descendance, ont une très forte propension à être transférés « horizontalement », c'est-à-dire d'une

4. Cf. Chapitre XIV.

bactérie à l'autre, au sein d'une même espèce ou même entre espèces distinctes. Par conséquent, des souches de bactéries antibiorésistantes sélectionnées chez l'animal ont la capacité à transférer leurs facteurs R à des bactéries humaines, celles-ci acquérant alors l'antibiorésistance sélectionnée chez l'animal. Ce problème est fréquemment rencontré dans les piscicultures, ce qui a conduit à des restrictions drastiques de l'utilisation d'antibiotiques. Il a été montré, par exemple, que certaines souches de la bactérie *Aeromonas* pouvaient acquérir une résistance aux antibiotiques chez le poisson qui était secondairement transmise à *Escherichia coli* chez l'humain.

En résumé, plusieurs décennies d'utilisation massive et abusive d'antibiotiques dans les élevages industriels ont probablement contribué à la multiplication progressive des souches bactériennes (multi-)résistantes dans le monde, même si cela reste débattu. Les restrictions, puis les interdictions dans de nombreux pays visent à freiner le phénomène. Il existe cependant des fraudes et des trafics de molécules prohibées, mais surtout, l'utilisation systématique d'antibiotiques reste autorisée dans de nombreux pays. Selon l'OMS, plus de la moitié des antibiotiques produits dans le monde sont destinés aux animaux. Les antibiotiques, ça reste automatique dans plusieurs pays, d'où l'utilité de vérifier la provenance de la viande que l'on consomme !

Le dopage, ce n'est pas que chez les sportifs !

L'utilisation de substances anabolisantes pour accroître artificiellement la masse musculaire et les performances physiques est très ancienne puisqu'il en est déjà fait mention dans l'*Iliade* et l'*Odyssée*. Les athlètes grecs du VIe siècle avant J.-C. s'alimentaient avec une viande considérée comme adéquate selon les exploits sportifs qu'ils avaient à accomplir : porc pour la lutte, chèvre pour le saut, taureau pour le lancer.

Si, à la fin du XIXe siècle, on utilisait des extraits testiculaires, l'extraction puis la synthèse de la testostérone ne furent maîtrisées qu'à partir des années 1930. Quant aux premiers stéroïdes anabolisants de synthèse, ils virent le jour en 1938, avec le diéthylstilbestrol ou DES.

Le dopage des animaux d'élevage est une pratique beaucoup plus récente. Il consiste à administrer des composés, hormonaux ou non, pour augmenter la masse musculaire des animaux, c'est-à-dire pour que leur biomasse augmente plus rapidement avec la même quantité d'aliments, la rétention d'eau dans les muscles étant favorisée. De cette manière, non seulement la viande est plus maigre, mais elle est produite à moindre coût. De nombreuses molécules ont été ou sont encore utilisées : les hormones sexuelles, naturelles (testostérone, œstradiol, progestérone) ou de synthèse (acétate de trenbolone, diethylstilbestrol, acétate de cyprotérone, etc.), l'hormone de croissance hypophysaire (somatotropine), des agonistes β_2-noradrénergiques similaires à ceux utilisés dans le traitement de l'asthme (clenbutérol) et des anti-thyroïdiens de synthèse (thiouracile).

L'utilisation d'anabolisants comme promoteurs de croissance connut un vif succès à partir des années 1960 et fut rapidement systématisée dans les élevages industriels. Jusqu'à ce qu'éclate, en août 1979, le « scandale du veau aux hormones », première crise alimentaire à être médiatisée. Le magazine *UFC-Que choisir* révélait en effet que 80 % des veaux élevés en France l'étaient dans des conditions sanitaires déplorables et recevaient une alimentation de très mauvaise qualité (parfois pas une goutte de lait !), largement enrichie en anabolisants, en particulier le DES, pourtant interdit chez l'homme deux ans auparavant en raison de sa cancérogénicité. Des centaines de milliers de veaux furent abattus. La pression des consommateurs sur les pouvoirs publics fut telle que, dans les années 1980, la Commission européenne commença à émettre des doutes sur l'innocuité des résidus présents dans la viande et appliqua le principe de précaution en interdisant l'utilisation des anabolisants en 1989. Il s'ensuivit une guerre économique avec les pays d'Amérique du Nord, par Organisation mondiale du commerce (OMC) interposée, que ces derniers remportèrent : l'interdiction des anabolisants dans l'alimentation animale ne pouvait être justifiée par un quelconque risque sanitaire (mais les importations de viandes « aux hormones » restent interdites dans les pays de l'Union européenne). Dans les pays d'Amérique du Nord, c'est 95 % de la viande bovine qui est traitée aux anabolisants. Qu'en est-il des connaissances scientifiques de ce risque ?

Si les études épidémiologiques actuelles démontrent sans ambiguïté qu'il existe un lien entre la quantité de viande rouge consommée et la prévalence de cancers hormono-dépendants, rien ne permet de dire que cette corrélation est expliquée par la présence éventuelle de résidus d'hormones dans la viande. Les quantités utilisées en élevage paraissent trop faibles pour conduire à des concentrations résiduelles plus élevées que dans la viande des animaux non traités, qui représentent dans tous les cas un apport hormonal supplémentaire. Le lait est aussi une source importante d'œstrogènes quand il est issu de vaches en début de gestation et les produits laitiers d'une manière générale sont riches en progestérone. Certains aliments d'origine végétale apportent également des composés stéroïdiens à activité hormonale (certes 100 à 1 000 fois plus faibles que les œstrogènes animaux), les « phytoestrogènes », dont on fait parfois la promotion ! Dans tous les cas, œstrogènes et progestérone sont naturellement en plus fortes concentrations chez la femme entre la puberté et la ménopause. Une étude américaine prétend que l'organisme produirait l'équivalent de 15 000 livres de bœuf aux hormones chaque jour en équivalent œstrogènes. Enfin, rappelons que la quantité d'œstrogènes est 2 500 fois plus élevée dans une pilule contraceptive que dans un steak de bœuf aux hormones. De la même manière, chez l'homme, la testostérone est en plus forte concentration physiologique que ce qui peut être apporté par l'alimentation.

Concernant les hormones naturelles, aucune étude scientifique sérieuse n'a mis en évidence de risque chez l'humain, même si, prises individuellement, les hormones sont effectivement des carcinogènes avérés (en particulier pour le cancer du sein, de la prostate et du côlon). Le principal risque évoqué concernerait les enfants pré-pubères, puisque leur production d'hormones sexuelles est encore très faible ou nulle. L'apport d'hormones par la viande consommée exposerait à une puberté plus précoce et à un risque accru de cancer. Le 17-bêta-œstradiol, l'un des stéroïdes anabolisants les plus utilisés en Amérique du Nord, a notamment été mis en cause. D'autre part, certaines hormones agiraient sur le thymus[5] et induiraient des dysfonctionnements du système immunitaire. Enfin, selon une étude déjà ancienne et portant sur un faible effectif, les garçons nés d'une mère ayant consommé du bœuf aux hormones plus de sept fois par semaine, avaient un sperme contenant près de 25 % de spermatozoïdes en moins que celui des garçons du même âge dont la mère consommait moins de bœuf.

On pourrait légitimement s'inquiéter des risques sanitaires liés à l'utilisation de molécules de synthèse, puisqu'il y a moins de recul sur leur utilisation, elles sont souvent plus puissantes que les hormones naturelles et peuvent avoir des propriétés pharmacologiques autres qu'hormonales.

À cet égard, la substance la plus polémique est sans aucun doute le DES (pour diethylstilbestrol ou distilbène). Cette hormone de synthèse fut utilisée, à partir de 1946, en

5. Le thymus est un petit organe situé derrière notre sternum, où siège la maturation des lymphocytes T que produit notre moelle osseuse ; il joue un rôle essentiel dans l'immunité.

thérapeutique humaine pour prévenir les risques de fausse couche chez les femmes enceintes (bien que son inventeur y fût fermement opposé et alertait sur la dangerosité de la molécule !). Dans le même temps, elle était déjà utilisée comme promoteur de croissance chez l'animal. On ne tarda pas à se rendre compte que les filles nées d'une mère ayant reçu ce traitement avaient un risque accru de 50 % de faire une fausse couche dans les quatre premiers mois. Les accouchements prématurés étaient aussi plus élevés. Pire, elles présentaient un certain nombre d'anomalies génitales : malformations, cancer du vagin et de l'utérus, stérilité. Les garçons ne furent pas épargnés, avec des anomalies de l'appareil urinaire et génital, et cérébrales, ainsi qu'une baisse de qualité du sperme. Des troubles psychiatriques furent également observés chez les deux sexes. De récentes études font état d'un surcroît de certaines anomalies chez la troisième génération : les petits-enfants des femmes traitées entre 1951 et 1977 présenteraient un risque accru de malformations urogénitales. En France, où plus de 200 000 femmes l'avaient reçu, le DES fut abandonné en 1977[6], mais on continua de l'utiliser comme anabolisant chez l'animal, notamment chez les veaux, jusqu'à son interdiction totale en 1981. Celle-ci fit suite à la mise en évidence en Italie d'un développement sexuel anormalement précoce chez des enfants consommant du bœuf et des volailles « aux hormones », mais aussi à la découverte de DES dans des petits pots pour bébés. Malgré l'interdiction, et comme pour toute substance prohibée, sont régulièrement retrouvées des utilisations illégales et des trafics. Un seul stilbène est encore autorisé comme promoteur de croissance dans certains pays : l'hexestrol.

Parmi les anabolisants non hormonaux, des effets délétères ont été rapportés avec les agonistes β_2-noradrénergiques suite

6. Il reste aujourd'hui utilisé chez l'homme dans la seule indication de cancer de la prostate métastasé.

à la consommation de viande en contenant des résidus. Il faut dire que les doses utilisées comme promoteur de croissance sont beaucoup plus élevées que les doses thérapeutiques. On a décrit des tremblements, une tachycardie, des maux de tête, une nervosité anormale chez les personnes exposées.

Étant donné les réglementations mises en place dans de nombreux pays (pays de l'Union européenne, États-Unis, Canada, Australie...), le risque de consommer de la viande contenant des résidus de médicaments est très faible. Ceci dit, il ne faut pas sous-estimer les fraudes, trafics et marchés parallèles de produits prohibés, régulièrement mis à jour par les autorités de contrôle. De quoi apporter de l'eau au moulin des végétariens ? Pas sûr, car les aliments d'origine végétale ne sont pas épargnés par les xénobiotiques...

Chapitre VI

La menace agrochimique

« Dans cet univers, la forêt enchantée des contes de fées
laisse place au bois sombre où il suffit de mâcher une feuille,
de sucer une goutte de sève pour être foudroyé.
C'est un monde où la puce meurt d'avoir mordu le chien,
où l'insecte est asphyxié par l'arôme de la plante,
où l'abeille rapporte à sa ruche un nectar empoisonné,
et fabrique du miel vénéneux. »

Rachel Carson (*Silent Spring*, 1962)

Ce chapitre ne pouvait être ouvert sans rendre hommage à Rachel Carson, première « lanceuse d'alerte » sur les dangers des pesticides dans l'environnement dans son ouvrage réquisitoire *Printemps silencieux*, paru en 1962[1]. Considérée comme une pionnière de l'écologie outre-Atlantique, elle attira très tôt l'attention, non seulement sur la toxicité intrinsèque du DDT, le chef de file de tous les pesticides de synthèse, mais aussi et surtout sur les dangers de la bioaccumulation et de la bioamplification le long de la chaîne alimentaire, qui feront qu'un jour le printemps deviendra silencieux parce que tous les oiseaux auront disparu.

1. Pour l'édition française : Rachel CARSON, *Printemps Silencieux*, Marseille, Wildproject, 2009.

Aux origines des pesticides de synthèse

L'utilisation de composés chimiques pour lutter contre les ennemis des cultures n'est pas nouvelle et ne date pas de la « Révolution verte ». Dans l'Antiquité, Homère cite déjà l'utilisation de fumigations de soufre 1 000 ans avant notre ère. L'utilisation de l'arsenic recommandée par Pline l'Ancien (Ier siècle) est courante – avec celle du plomb – au XVIe siècle en Europe. Ce « paléo-arsenal » chimique était complété par la phytothérapie : les Géoponiques[2] préconisent l'utilisation de l'absinthe, du cèdre, du cumin, du sureau, de la férule et autres scilles ; l'aconit est utilisé comme « mort-aux-rats » au Moyen Âge ; le tabac et des extraits de racines de légumineuses sont utilisés comme insecticides à partir de la fin du XVIe siècle. Troisième stratégie de lutte contre les ravageurs : le recours aux divinités, puis au Dieu unique ; c'est ainsi que des chenilles défoliatrices furent excommuniées à Laon en 1120, d'autres bannies du diocèse de Valence en 1585.

L'acte de naissance de l'ère moderne des pesticides peut être associé à la découverte fortuite de la « bouillie bordelaise ». La scène se déroule en octobre 1882, dans le vignoble bordelais, confronté depuis 1878 à une épidémie de mildiou, une maladie de la vigne due à ce qui était alors pris pour un champignon parasite[3]. Alors qu'il visite une vigne du Médoc, le botaniste Alexis Millardet remarque que certains ceps badigeonnés de sulfate de cuivre en bordure de chemin ne sont pas atteints du mildiou. C'est le chef de culture de Château Ducru Beaucaillou qui avait pris l'habitude de pulvériser du sulfate de cuivre, habituellement réservé

2. Les Géoponiques ou *Geoponica* en latin sont une encyclopédie byzantine du Xe siècle d'auteur(s) inconnu(s) écrite en grec, qui recense toutes les connaissances théoriques et pratiques accumulées durant les siècles précédents sur l'agriculture.

3. Il s'agit en fait d'une algue « exotique », *Plasmopora viticola*, importée de Californie en même temps que des ceps de vigne destinés à remplacer les cépages locaux, victime du plylloxera (cf. Chapitre XV).

au traitement des semences, sur les grappes de raisin pour dissuader les voleurs. La même observation est faite en 1883 dans le vignoble bourguignon, confirmant l'effet préventif du cuivre contre le mildiou. Millardet et un de ses collègues chimistes expérimentent alors un mélange de sulfate de cuivre et de chaux, qui passera à la postérité à partir de 1884 sous le nom de « bouillie bordelaise », remède toujours utilisé de nos jours contre différentes espèces de mildiou (vigne, pomme de terre, tomate...). En 1886, l'épidémie de mildiou de la vigne était jugulée. En cette fin de XIXe siècle et au début du XXe siècle, d'autres pesticides minéraux sont développés, comme l'arsénite de cuivre et l'arséniate de plomb, utilisés comme insecticides. Leur toxicité pour l'homme est loin d'être négligeable[4].

Les pesticides organiques n'apparaissent que plus tard, surtout à partir des années 1930, avec l'essor de l'industrie chimique suite au « marché » des gaz de combat qui s'est ouvert depuis la Grande Guerre[5]. La famille chimique des organochlorés ouvre le bal, avec le DDT (acronyme du dichlorodiphényltrichloroéthane) comme chef de file, qui sera le premier pesticide organique de synthèse à être commercialisé.

L'épopée du DDT

Synthétisé en 1874, ses propriétés insecticides furent découvertes par le chimiste suisse Paul Hermann Müller

4. Cf. Chapitre XIII.

5. Au lendemain de la Première Guerre mondiale, il fallut trouver un nouveau débouché aux produits utilisés comme explosifs et comme gaz de combat, et assurer la reconversion des industries qui les fabriquaient massivement. C'est ainsi que les usines fabriquant des nitrates pour la confection d'explosifs nitrés comme la nitroglycérine, se mirent à produire des engrais azotés et celles qui produisaient des gaz chlorés comme l'ypérite, se lancèrent dans la fabrication d'insecticides organo-chlorés. Le même phénomène se reproduira après la Seconde Guerre mondiale, la guerre du Vietnam et d'autres conflits armés.

en 1939, ce qui lui valut le prix Nobel de médecine en 1948. Les Alliés s'empressèrent d'en vérifier l'innocuité pour l'homme (notamment en l'expérimentant sur des prisonniers de guerre), avant de se lancer dans la production en masse à partir de 1943. Le DDT est utilisé à grande échelle au cours de la Seconde Guerre mondiale, d'une part pour enrayer les épidémies de typhus, une maladie d'origine bactérienne transmise par les poux qui fait des ravages en Italie ; d'autre part pour combattre les moustiques, vecteurs du paludisme, qui font davantage de victimes que les Japonais dans le Pacifique[6]. Ce n'est qu'après la fin de la guerre, en 1945, que le DDT sera massivement utilisé comme insecticide en agriculture ; il dominera le marché des pesticides jusque dans les années 1970, quand l'alerte lancée par Rachel Carson près d'une décennie plus tôt commencera enfin à être entendue.

Entre-temps, il aura joué un rôle décisif dans le recul du paludisme, éradiqué d'Europe, d'Amérique du Nord, du Brésil et d'Égypte, ainsi que dans la lutte contre le doryphore, un insecte invasif ravageur de la pomme de terre. Depuis la convention de Stockholm de 2001 sur les polluants organiques persistants (entrée en vigueur depuis 2004 dans 158 pays), l'usage du DDT est interdit dans tous les pays développés, mais il reste utilisé dans les pays tropicaux, principalement en usage d'intérieur, en l'absence d'alternative bon marché.

Dès le milieu du xxe siècle, les premiers phénomènes de résistance aux insecticides apparaissent. En 1948, 14 espèces d'insectes résistantes au DDT sont répertoriées ; elles seront 224 en 1969, 500 en 1990. En Afrique tropicale, où le paludisme continue de faire des ravages, 91 % des pays avaient des moustiques résistants au DDT en 2012, contre 64 % en 2001.

---

6. Le paludisme a tué huit fois plus de soldats américains que les Japonais pendant la guerre du Pacifique.

Pourquoi le DDT a-t-il été interdit ? Parce qu'en plus d'avoir une certaine toxicité intrinsèque (c'est la raison même pour laquelle cette molécule de synthèse était utilisée !), il présente le double inconvénient d'être peu biodégradable et d'être très lipophile, c'est-à-dire qu'il a une très forte affinité pour les graisses dans lesquelles il s'accumule. La consommation de poissons gras ou de viandes grasses peut donc s'accompagner de l'ingestion de quantités toxiques de DDT, qui va s'accumuler dans nos propres tissus gras, incluant notre cerveau et notre moelle osseuse. En cas d'amaigrissement, le contenu de notre graisse est libéré dans la circulation sanguine et les molécules toxiques sont distribuées en même temps que le sang à tous nos organes, qui peuvent alors être altérés. Les métabolites du DDT sont le DDE (dichlorodiphényldichloroéthylène) et le DDD (dichlorodiphényldichloroéthane), qui possèdent les mêmes propriétés, le DDE étant même encore plus toxique que le DDT. Ces propriétés expliquent la très forte rémanence du DDT dans l'environnement (sa demi-vie[7] varie entre 2 et 15 ans) et l'amplification biologique de ses effets toxiques le long de la chaîne alimentaire. C'est d'ailleurs « grâce » au DDT que ce phénomène a pu être mis en évidence... et aussi au pygargue à tête blanche !

Le pygargue à tête blanche (*Haliaeetus leucocephalus*) est un rapace d'Amérique du Nord : c'est le célèbre « aigle » à tête blanche, emblème des États-Unis. Contrairement aux véritables aigles, il affectionne les régions de lacs et de rivières et les zones côtières, où il peut pêcher ses proies, s'agissant d'une espèce qui se nourrit essentiellement de poissons morts ou moribonds et d'oiseaux aquatiques. En 1950, on ne dénombrait plus que 412 couples (hors Alaska), alors que l'espèce

7. La demi-vie d'une molécule est le temps nécessaire pour que sa quantité (ou son activité) diminue de moitié. En général, il faut attendre plusieurs demi-vies avant qu'une molécule active perde complètement son activité sur l'organisme.

était protégée depuis 1918 ; en 1967, l'espèce fut déclarée menacée d'extinction. Les seuls effets du braconnage, de l'électrocution par les lignes électriques, des collisions avec des véhicules et des intoxications au plomb et au mercure ne suffisaient pas à expliquer ce déclin rapide de l'espèce.

Le DDT fut très tôt soupçonné, mais des expositions directes d'oiseaux à de faibles doses de DDT n'entraînaient pas d'effet toxique. En revanche, le DDT était hautement toxique pour les organismes aquatiques. Les scientifiques qui étudiaient le phénomène l'expliquèrent par le fait que la coquille des œufs était devenue anormalement fragile, empêchant les couvaisons d'aller à leur terme ; de plus, beaucoup d'adultes souffraient de stérilité. Quant à la cause de ces symptômes, elle ne tarda pas à être attribuée au DDT, dont on connaissait les effets délétères sur la calcification (et donc sur la solidité des coquilles d'œufs !).

C'est en dosant le DDT dans les différents compartiments de l'écosystème que le phénomène de bioamplification devint évident : le DDT, largement épandu dans les zones humides pour la démoustication ou dans les champs d'où le lessivage par les eaux de pluie l'avait amené jusque dans les lacs et rivières, se retrouvait dans l'eau à des concentrations quasi indétectables, de l'ordre de 3 ppt[8]. La concentration dans le zooplancton vivant dans ces eaux était « beaucoup » plus importante : de l'ordre de 0,04 ppm. Cette concentration continuait à croître chez les poissons se nourrissant de zooplancton (0,5 ppm), puis chez les prédateurs de ceux-ci (2 ppm), pour finalement atteindre des concentrations subtoxiques (25 ppm) chez les rapaces piscivores[9]. La prophétie

---

8. Parties par trillion (ppt), parties par billion (ppb) et parties par million (ppm) sont des termes utilisés en sciences pour exprimer une fraction de masse, ici un trillionième (10^{-12}), un milliardième (10^{-9}) et un millionième (10^{-6}) respectivement. Par exemple, 1 ppm = 1 mg par kg.

9. Voir p. 84-85.

de Rachel Carson semblait s'accomplir : le pygargue à tête blanche, symbole de la première puissance mondiale, était voué à l'extinction. Inconcevable pour le gouvernement américain, qui fit interdire le DDT en 1972. Et c'est bien cette interdiction qui mit un coup d'arrêt au déclin de l'espèce : les populations remontèrent à environ 50 000 individus (hors Alaska) au début des années 1980, à plus de 65 000 en 1992. Le pygargue à tête blanche a été officiellement retiré de la liste des espèces menacées en 2007.

Jusque-là, le « problème DDT » pourrait apparaître comme un « simple » problème écologique et non sanitaire, d'autant plus que le DDT n'a pas véritablement de toxicité directe pour l'humain (pas plus qu'il n'en a pour les oiseaux !). Mais on comprend aisément que si l'homme prend la place du pygargue au sommet de la pyramide (c'est-à-dire en bout de chaîne alimentaire), il sera inévitablement soumis aux effets d'une exposition chronique au DDT. Ainsi, au début des années 1970, aux États-Unis, tous les échantillons de sang et de tissus graisseux humains présentaient des concentrations détectables de DDT. Ces concentrations avaient baissé quelques années après l'interdiction de la molécule (en 1972), mais restaient importantes. Mais les premières victimes humaines du DDT ne sont pas forcément les utilisateurs du DDT : c'est la triste expérience vécue par les Inuits, victimes malgré eux des excès des sociétés industrialisées.

Paradoxalement, alors que la plupart des peuples inuits vivent dans des régions où l'air et l'eau sont plus purs que partout ailleurs, loin des grandes villes, et possèdent un mode de vie qui n'a guère changé depuis des siècles (notamment ils ne pratiquent pas l'agriculture donc n'utilisent pas de pesticides), ils sont victimes du DDT et de bien d'autres polluants qu'ils n'ont jamais utilisés ou produits. Des prélèvements effectués chez des Inuits du Groenland en 2004 ont révélé des concentrations en produits chimiques et en pesticides industriels jamais observées chez un être humain auparavant. Le sang prélevé dans le cordon ombilical des nouveau-nés contenait entre 20 et 50 fois plus de DDT, PCB et mercure que celui des bébés parisiens ou new-yorkais. Plus de 200 composés chimiques différents ont été retrouvés ! Le lait maternel des femmes répond aux normes d'un déchet toxique !

Comment expliquer cette tragédie ? Tout simplement par leur localisation géographique et leurs habitudes alimentaires millénaires : ils sont les pygargues du sommet de la pyramide arctique (ou, plus exactement, ils occupent le même niveau trophique que l'ours polaire). Les polluants, comme le DDT, déversés directement ou indirectement dans les océans par les pays industrialisés (Europe et Amérique du Nord en tête), par le jeu des courants marins, sont charriés vers l'océan Arctique où ils s'accumulent puisque dans ce « congélateur à ciel ouvert », la faible insolation et la quasi-absence d'activité microbiologique ne sont guère propices à la biodégradation des xénobiotiques. Or, les Inuits sont des chasseurs-pêcheurs qui puisent leurs ressources alimentaires directement dans cet océan. À l'instar des ours polaires, ils consomment le gras et la chair d'oiseaux de mer, de poissons, de mammifères marins (morses, phoques, baleines, bélugas, etc.), tous déjà situés assez « haut » dans la pyramide trophique.

Les systèmes fermés, comme la mer Baltique, la mer du Nord ou les grands lacs, sont encore plus touchés : les concentrations de l'eau en DDT y sont entre 10 et 100 fois plus importantes que dans l'océan Arctique. Les Inuits du Nunavut – un État du grand nord canadien – sont aussi particulièrement touchés, puisqu'ils chassent et pêchent dans les grands lacs : la morbidité infantile est très élevée, avec de nombreuses maladies respiratoires et neurologiques.

Même en France, le DDT n'appartient pas au passé : en 2014, des chercheurs retrouvaient d'importantes concentrations en DDT dans les sédiments du lac de Saint-André en Savoie. En cause, la mise à nu des terrains contigus suite à un traitement au glyphosate en 1990, qui a favorisé l'érosion des couches superficielles du sol où le DDT s'était accumulé avant son interdiction en 1972, le tout s'étant retrouvé plus bas, dans le lac.

Le DDT, le DDE et le DDD sont classés comme carcinogènes potentiels, sur la base de leur toxicité chronique chez l'animal et d'études ayant retrouvé de fortes concentrations de ces produits dans certaines tumeurs. Par leur vague analogie de structure avec les œstrogènes, ils sont considérés comme des perturbateurs endocriniens potentiels. Plusieurs études épidémiologiques ont montré une forte corrélation entre les concentrations sanguines en DDT/DDE et le risque de cancer du sein chez la femme, qui pourrait être augmenté d'un facteur 5. Toujours comme perturbateur endocrinien, le DDT est incriminé dans certains troubles de la spermatogénèse et des menstruations. Plus récemment, il a été suggéré que l'exposition au DDT *in utero* entraînait des problèmes du développement psychomoteur chez l'enfant.

Le DDT est le chef de file des pesticides organochlorés. D'autres composés l'ont suivi, dont les plus connus sont le lindane, l'aldrine, la dieldrine, le chlordane, le kepone, l'heptachlore, le toxaphène, le métolachlore et… le chlordécone, qui est à l'origine d'un scandale sanitaire aux Antilles françaises. Le chlordécone y a été massivement utilisé de 1972 à 1993 pour lutter contre les insectes ravageurs du bananier, du tabac et d'autres cultures. Non biodégradable, il s'accumule durablement dans les sols, à l'instar du DDT. Extrêmement toxique, le chlordécone est stocké dans le foie où il perturbe la biosynthèse des acides biliaires et des hormones stéroïdes. Il est également néphrotoxique, neurotoxique, reprotoxique, fœtotoxique et carcinogène. Il est notamment impliqué dans la survenue de cancers du foie, de myélomes multiples, de cancers de la prostate (ces derniers seulement sont reconnus comme maladie professionnelle depuis décembre 2021). C'est un perturbateur endocrinien avéré. Mais tous les composés organo-chlorés ne sont pas des pesticides ; par exemple, les PCB, utilisés dans l'industrie, font partie de la même famille chimique ; nous aurons l'occasion d'y revenir dans le prochain chapitre.

Les dignes successeurs du DDT

L'avènement des pesticides organo-chlorés fut suivi de celui de bien d'autres, dont les plus connus sont, chronologiquement, les organo-phosphorés (dont le dernier représentant, le malathion, a été interdit en France en 2008), des dérivés hormonaux (comme l'herbicide 2,4-D), les urées substituées, les triazines, les pyridines, les fongicides imidazolés et triazolés, les pyréthrinoïdes, les phosphonates (dont le très controversé glyphosate), les sulfonylurées, les nicotinoïdes et néonicotinoïdes (la bête noire des apiculteurs !). Cette diversification de l'arsenal des pesticides participa à la « Révolution verte » : la consommation de pesticides doubla tous les dix ans entre 1945 et 1985. La France est un des plus grands utilisateurs mondiaux, même si la tendance est à la décrue depuis 1999, passant de 120 000 tonnes vendues annuellement à moins de 60 000 tonnes depuis 2009 (sauf en 2018). Actuellement, ce sont environ 300 molécules qui sont utilisées sur le territoire français. Passons en revue rapidement les principales classes chimiques, sachant qu'il est vain d'espérer être exhaustif.

Organo-phosphorés

Le DDT et ses congénères organo-chlorés étant honnis, l'industrie des pesticides se tourna vers un autre groupe de molécules : les composés organo-phosphorés, avec comme chef de file le malathion. Ces composés furent initialement développés comme gaz de combat neurotoxiques pendant la Seconde Guerre mondiale, le plus célèbre d'entre eux étant probablement le sarin, 500 fois plus toxique que le cyanure. Ils agissent en inhibant l'enzyme responsable de la dégradation d'un neuromédiateur, l'acétylcholine, ce qui provoque une tétanie musculaire, une asphyxie, une crise d'épilepsie prolongée pouvant évoluer vers la mort. À partir des années 1970, ils vont devenir les nouveaux insecticides « de masse », comme le fut le DDT en son temps, bien qu'ils présentent la même affinité pour les graisses et restent de redoutables neurotoxiques pour les vertébrés. La chimie va néanmoins les diversifier pour donner des insecticides, des herbicides, des nématicides (pour tuer des vers parasites vivant dans le sol appelés nématodes) et des rodonticides (contre les rongeurs).

L'exposition aux pesticides organo-phosphorés peut se faire par ingestion, inhalation ou contact cutané. Leur forte lipophilie leur permet de franchir aisément toutes les barrières biologiques, cutanées, digestives et respiratoires. L'intoxication chronique se traduit par des troubles comportementaux et une dégénérescence des nerfs périphériques. Ils ont notamment été impliqués dans la survenue de la maladie d'Alzheimer. Comme les organo-chlorés, les organo-phosphorés augmenteraient fortement le risque de développer un lymphome non-hodgkinien[10]. Une augmentation du risque de cancer du poumon a été suggérée. Le chlorpyrifos a été

10. Les lymphomes sont des cancers du système lymphatique, qui comprend la moelle osseuse, la rate, le thymus, les ganglions et vaisseaux lymphatiques. On distingue habituellement le lymphome hodgkinien du lymphome non hodgkinien, l'incidence de ce dernier étant en très forte augmentation : c'est devenu la huitième cause de cancer en Europe. Les lymphomes ne doivent pas être confondus avec les leucémies, qui sont des cancers des cellules de la moelle osseuse spécialisées dans la fabrication des globules blancs (leucocytes, lymphocytes et monocytes). La leucémie se manifeste par une prolifération anormalement excessive des précurseurs des globules blancs, qui envahissent la moelle osseuse puis le sang, au détriment des cellules sanguines normales. Selon la rapidité d'installation et le type de cellule touché, on distingue les leucémies aiguës des leucémies chroniques, et les leucémies lymphoïdes des leucémies myéloïdes. Un cas particulier est le myélome, qui est un cancer touchant les lymphocytes B qui produisent nos anticorps et qui se manifeste par des tumeurs osseuses.

significativement associé à un risque accru de cancer de la prostate et de cancer rectal dans plusieurs études ; le malathion à un risque accru de cancer de la thyroïde ; le diazinon à une augmentation du risque de cancer ovarien. Tous les pesticides organo-phosphorés sont désormais interdits en France, mais ils restent bien présents dans l'environnement du fait de leur très faible biodégradabilité.

2,4-D

Autre composé mis au point durant la Seconde Guerre mondiale, l'acide 2,4-dichlorophénoxyacétique, ou 2,4-D, est le chef de file des acides phénoxys et s'est rendu célèbre comme composant de l'agent orange, ce mélange « défoliant » utilisé durant la guerre du Vietnam pour faciliter la progression des troupes américaines dans la forêt dense[11]. C'est un acide fort utilisé comme herbicide. Son mécanisme est « hormonal » dans le sens où il mime les effets d'une hormone végétale, l'auxine. C'est un désherbant sélectif inactif sur les graminées, donc utilisable dans les cultures de céréales. C'est aussi un probable perturbateur endocrinien, ce qui l'a fait interdire dans les pays scandinaves. À forte dose et en ingestion, le 2,4-D affecte effectivement les glandes surrénales, les testicules et la thyroïde, mais également les yeux, le foie et les reins. Il est classé par l'OMS comme carcinogène potentiel. Des études de toxicité chronique chez l'animal ont effectivement confirmé une toxicité sur le rein et la moelle osseuse, et un effet perturbateur endocrinien sur la thyroïde, les testicules, les ovaires, l'utérus, les glandes surrénales et le thymus. Il est associé à un risque accru de cancer de la prostate et de lymphome non hodgkinien.

---

11. Voir aussi les dioxines au chapitre VII.

Pyridines

Le paraquat en est le chef de file, commercialisé depuis 1961 comme herbicide. Bien que sa nocivité pour l'environnement et sa toxicité chez l'humain soient bien documentées, il est toujours commercialisé et largement utilisé dans plus de 120 pays ; il est néanmoins interdit en France depuis 2007. Il possède une forte analogie structurale avec la méthyl-phényl-térahydropyridine, un composé neurotoxique utilisé chez l'animal de laboratoire pour reproduire les symptômes de la maladie de Parkinson. Sa toxicité aiguë touche surtout les utilisateurs suite à une inhalation ou un contact cutané, même avec de faibles doses ; elle inclut une diarrhée importante, une insuffisance rénale aiguë, une fibrose pulmonaire potentiellement fatale. Une exposition chronique augmente le risque de survenue d'une maladie de Parkinson de 75 % selon plusieurs études épidémiologiques. Des anomalies de la reproduction ont également été rapportées et reproduites chez l'animal : baisse du nombre de spermatozoïdes dans le sperme, avortement spontané, féminisation des embryons, malformations génitales.

Triazines

Les triazines sont des herbicides qui agissent en bloquant la photosynthèse des plantes. Le chef de file des triazines est l'atrazine, synthétisée en 1958. Elle a été l'un des herbicides les plus utilisés au monde à partir des années 1960. Aujourd'hui, les États-Unis en utilisent environ 40 000 tonnes par an, ce qui la place en deuxième position des pesticides les plus utilisés derrière le glyphosate. Elle est en revanche interdite en France depuis 2003 et dans l'Union européenne depuis 2007, en raison de ses effets sur l'environnement et la santé humaine. Non seulement l'atrazine est herbicide, mais elle est également toxique pour les vertébrés à sang chaud. Elle possède des propriétés immuno-suppressives, c'est-à-dire qu'elle abaisse les défenses immunitaires des animaux, les rendant plus sensibles aux pathogènes et aux parasites. L'atrazine est ainsi directement mise en cause dans l'explosion des infections fongiques et virales qui déciment les espèces d'amphibiens partout dans le monde. L'atrazine possède de surcroît un effet synergique avec un composé des engrais azotés, le nitrate de sodium, provoquant une baisse du nombre de lymphocytes, les globules blancs du sang impliqués dans l'immunité. L'atrazine est aussi un puissant perturbateur endocrinien, rendu responsable de la féminisation des poissons et des mammifères mâles. Chez l'homme, une étude épidémiologique menée par l'INSERM en Bretagne entre 2002 et 2006 a révélé une augmentation de 70 % du risque de certaines malformations chez des enfants nés de mères exposées, l'atrazine étant retrouvée dans les urines de ces dernières. L'atrazine augmente également le risque de certains cancers hormono-dépendants : prostate et sein. Malgré son interdiction depuis 2003 en France, l'atrazine est toujours présente dans l'environnement, car, d'une part, elle est très stable à l'abri de la lumière (donc dans les sols) et, d'autre part, elle se transforme en métabolites actifs très rémanents. Nombre de captages d'eau potable continuent d'être fermés en France en raison de leur pollution par l'atrazine.

Néonicotinoïdes

Cette classe de pesticides cible les insectes en agissant sur leur système nerveux central, provoquant paralysie et mort. Ils sont utilisés en agriculture (épandage et enrobage des semences), en élevage (notamment de volailles en batterie) et en usage domestique (colliers insecticides pour chat et chien). Ce sont des molécules chlorées ou soufrées très peu biodégradables, qui s'accumulent dans l'environnement et peuvent atteindre des insectes non ciblés, comme les abeilles ou les papillons, mais aussi leurs prédateurs (oiseaux, chauve-souris, taupes, petits mammifères), ainsi que les organismes décomposeurs du sol, comme les vers de terre. Ce sont donc d'excellents candidats à l'amplification biologique le long de la chaîne alimentaire.

Les néonicotinoïdes sont rendus responsables du syndrome d'effondrement des colonies d'abeilles. Si les tests en captivité confirment la toxicité chronique sur les abeilles et les bourdons, la démonstration *in natura* est plus difficile, ce qui retarde l'interdiction définitive de ces insecticides par les autorités. Ils représentent actuellement un tiers des insecticides vendus dans le monde. Le chef de file, l'imidaclopride, synthétisé en 1985 et commercialisé en 1991, se révèle être près de 7 300 fois plus toxique que le DDT. La France décide de l'interdire, d'abord sur tournesol en 1999, puis sur maïs en 2004, pour finalement interdire tous les néonicotinoïdes à partir de 2018 (mais avec des dérogations possibles jusqu'en juillet 2020). Mais en 2020, rétropédalage : une épidémie de jaunisse de la betterave sucrière pousse le gouvernement à ré-autoriser « transitoirement » (jusqu'en 2023 ?) leur utilisation pour l'enrobage des semences. L'histoire n'est donc pas terminée…

Les risques pour la santé humaine sont encore mal documentés. Les études toxicologiques sur l'animal font craindre des effets néfastes sur le développement du cerveau. Une étude publiée en 2017 rapporte que l'exposition *in utero* aux néonicotinoïdes augmente le risque d'autisme, de troubles de la mémoire, de tremblements, de tétralogie de Fallot (une malformation du cœur particulière) et d'anencéphalie (absence partielle ou totale de cerveau et de crâne à la naissance).

Le glyphosate : un nouveau DDT ?

Le glyphosate est un herbicide « total et systémique », c'est-à-dire qu'il tue de manière non sélective toute plante sur laquelle il est appliqué, par une action généralisée. Avatar de la firme Monsanto[12], il a été commercialisé à partir de 1974 sous le nom de Roundup® (il est tombé dans le domaine public en 2000), avec comme principaux arguments de marketing son excellent rapport coût/efficacité, son innocuité et sa biodégradabilité. Qu'en est-il quelques décennies plus tard ?

Son efficacité, bien que de nombreuses espèces aient développé des résistances, et son faible coût en ont fait l'herbicide le plus utilisé dans le monde, en agriculture, en sylviculture et dans l'entretien des espaces urbains. Le fait que le glyphosate permette la destruction des adventices ou des repousses, sans effet sur la culture suivante, a favorisé le développement des techniques d'agriculture de conservation[13], puisque le désherbage peut se faire sans labour. De plus, c'est l'herbicide de choix utilisé dans les cultures de plantes transgéniques (OGM[14]) rendues résistantes au glyphosate et commercialisées par… Monsanto.

Concernant sa prétendue biodégradabilité, l'absence de méthode permettant de doser la molécule dans l'environnement a pendant longtemps empêché de la vérifier. Ce n'est que récemment qu'une telle méthode a été mise au point, permettant de rechercher le glyphosate et ses métabolites dans l'environnement, et… de les trouver à peu près dans tous les compartiments ! Ils sont retrouvés dans les sols agricoles et forestiers, où ils se lient fortement aux particules du sol ; dans les nappes phréatiques et les cours d'eau ; dans l'air et dans l'eau de pluie, par suite des aérosols produits lors des

12. La firme Monsanto Company, créée en 1901 à Saint-Louis (Missouri, États-Unis) a disparu le 7 juin 2018 suite à la fusion avec le géant allemand de l'agrochimie Bayer.

13. L'agriculture de conservation regroupe des techniques culturales visant à préserver la structure, la biodiversité et la fertilité des sols, notamment en privilégiant le semis direct ou le travail simplifié du sol à la place du labour, et en promouvant les couverts végétaux permanents à base de légumineuses. Elle permet une réduction des intrants (engrais, pesticides, carburant).

14. Cf. Chapitre XVI.

épandages et de l'érosion éolienne des fines particules du sol qui ont adsorbé du glyphosate ou son principal métabolite. En réalité, le glyphosate est effectivement biodégradable, mais les quantités utilisées sont tellement importantes qu'il a tendance à s'accumuler.

Depuis 2015, le potentiel cancérogène du glyphosate fait polémique, suite à son inscription dans le groupe 2A (composés « probablement cancérogènes » pour l'humain) par le CIRC[15], qui le considère par ailleurs comme cancérogène certain chez l'animal et génotoxique[16]. La même année, l'Autorité européenne de sécurité des aliments (AESA) considérait au contraire comme improbable le caractère cancérogène du glyphosate. Pourquoi ces conclusions opposées ? Parce que tandis que le CIRC s'appuie sur une analyse de la littérature scientifique dont les études publiées ont été validées par des pairs (et dont 70 % montraient sans ambiguïté une toxicité du glyphosate), les agences sanitaires comme l'AESA n'examinent que les études réglementaires produites par l'industrie qui commercialise le produit (qui à 99 % montrent l'innocuité du glyphosate).

Malgré la déclassification de documents confidentiels par la justice américaine en mars 2017, qui montraient que, dès 1999, l'entreprise Monsanto « s'inquiétait sérieusement [...] du potentiel mutagène du glyphosate », celle-ci ne modifia

---

15. Le Centre international de recherche sur le cancer ou CIRC est une agence intergouvernementale créée en 1965 par l'Organisation mondiale de la santé (OMS) qui a notamment pour mission de documenter le potentiel carcinogène de xénobiotiques chez l'homme. Il en résulte une classification en 5 catégories : 1 pour les cancérogènes avérés, 2A pour les cancérogènes probables, 2B pour les cancérogènes possibles, 3 pour les indéterminés et 4 pour les probablement pas cancérogènes.

16. Un composé génotoxique provoque la cassure de chromosomes. Bien que l'organisme dispose de moyens de réparation de ces cassures et d'élimination des cellules atteintes, les lésions chromosomiques peuvent néanmoins être à l'origine de mutations irréversibles ou générer un cancer, indépendamment de la dose reçue.

pas son discours officiel sur l'innocuité de la molécule. Cette affaire des « *Monsanto papers* » ne changea rien : le glyphosate reste considéré comme sûr par un grand nombre d'agences sanitaires dans le monde, en tout cas aux doses où l'homme est habituellement exposé via l'alimentation. Depuis 2015, un grand nombre d'études expérimentales menées *in vitro* et *in vivo* chez l'animal ont confirmé les résultats des études épidémiologiques : le glyphosate et son principal métabolite doivent être considérés comme toxiques, génotoxiques, cancérogènes et perturbateurs endocriniens. Le potentiel cancérogène pourrait toutefois être indirect, des études de laboratoire chez le rat ayant suggéré que le glyphosate réagissait avec les nitrites contenus dans certains aliments pour donner un composé cancérogène.

Un autre effet délétère du glyphosate, qu'il partage avec d'autres herbicides comme le 2,4-D, est d'accroître la résistance aux antibiotiques. Antibiotiques et biocides sont en effet devenus omniprésents dans l'environnement et plusieurs études tendent à montrer qu'ils favorisent conjointement l'émergence de souches résistantes de salmonelles et d'*Escherichia coli*[17]. Ceci pourrait être problématique dans certains élevages mais également en apiculture, où les antibiotiques sont utilisés à visée prophylactique. En santé humaine, la présence conjointe de résidus d'antibiotiques et de glyphosate dans l'alimentation pourrait avoir les mêmes conséquences.

Le glyphosate est l'herbicide le plus utilisé dans le monde, avec plus de 830 000 tonnes chaque année. En France, le glyphosate est interdit à la vente aux particuliers depuis le 1er janvier 2019. Malgré une interdiction totale initialement annoncée pour fin 2020, l'agriculture française reste toujours très consommatrice, avec plus de 8 600 tonnes épandues annuellement, soit près de 20 % de la consommation européenne. Dans le même temps, une étude publiée en 2022

---

17. Cf. Chapitre V.

retrouvait du glyphosate dans l'urine chez la quasi-totalité (99,8 %) des presque 7 000 personnes testées en France métropolitaine et à La Réunion, certes en quantité faible, mais non négligeable puisqu'elle révèle une exposition chronique de l'ensemble de la population générale.

La grande inconnue : l'exposition chronique à un cocktail de pesticides

Les effets d'une intoxication aiguë à un pesticide sont assez bien documentés, car les études toxicologiques réalisées en amont de la mise sur le marché et les données issues des accidents en milieu professionnel permettent d'établir le lien de causalité entre l'exposition à une molécule et un ensemble de symptômes. Il est en revanche beaucoup plus difficile d'évaluer les effets d'une exposition chronique à des « petites » doses (c'est-à-dire au-dessous du seuil de toxicité aiguë) et, *a fortiori*, d'une exposition à un cocktail de molécules susceptibles d'interagir. Une étude menée en Europe en 2008 par l'Autorité européenne de sécurité des aliments (AESA), révélait que près de la moitié des aliments testés contenait des résidus de pesticides ; 27 % en contenaient au moins deux ; 9 % plus de quatre. Le quotidien *Le Monde* a publié en septembre 2022 une synthèse des données 2021 des agences régionales de santé (ARS) : 12 millions de Français vivant en métropole se sont vus délivrer une eau du robinet non conforme, contenant des pesticides, soit 20 % de la population (contre moins de 6 % en 2020) majoritairement dans le nord et l'ouest. Qu'à cela ne tienne, moins d'un mois plus tard le problème était réglé : l'ANSES a relevé le seuil de tolérance de 0,1 à 0,9 microgrammes par litre pour les deux molécules les plus souvent retrouvées, deux métabolites du S-métolachlore (un herbicide organo-chloré qui a succédé au métolachlore, interdit en France depuis 2003, et descendant direct du DDT !).

En permanence, les populations sont exposées à de faibles doses de pesticides, auxquels s'adjoignent de nombreuses autres substances contaminant l'environnement. L'impact sanitaire de ces cocktails est très difficile, voire impossible à évaluer... Dans ce domaine, la mixologie n'en est qu'à ses balbutiements !

Les maladies imputées à une exposition chronique le sont par conséquent principalement à partir d'études épidémiologiques. Celles-ci recherchent rétrospectivement l'exposition à un ou plusieurs pesticides chez un ensemble de malades (cas) comparativement à des personnes saines (témoins) : ce sont les études dites « cas-témoins » (ou cas-non cas), qui souffrent d'un grand nombre de biais car il est rare que l'exposition à un toxique soit la seule variable qui différencie les deux catégories de personnes et il peut être difficile de déterminer le degré d'exposition. Plus rarement, il s'agit d'études prospectives, qui suivent, sur une période plus ou moins longue, un groupe de personnes exposées, comparativement à un groupe de personnes non exposées. Si ces « études de cohortes » sont beaucoup plus robustes statistiquement, elles sont aussi beaucoup plus difficiles à mettre en œuvre pour des raisons évidentes d'éthique et parce que les effectifs inclus peuvent être insuffisants pour détecter des maladies peu fréquentes, d'autant que plus la période de suivi est longue, plus ces effectifs diminuent (personnes perdues de vue, décès, etc.). Les maladies les plus étudiées sont les cancers (en particulier les leucémies et les lymphomes), les maladies neuro-dégénératives (en particulier la maladie de Parkinson, la maladie d'Alzheimer et la sclérose en plaques) et les troubles de la reproduction.

Il est très difficile de mesurer l'exposition de la population générale, dont les sources de contamination sont multiples (alimentation, air, eau). Il est plus aisé de mesurer cette exposition chez les utilisateurs professionnels de pesticides (agriculteurs, jardiniers, ouvriers d'entretien). Contrairement à une idée reçue, cette exposition n'est pas proportionnelle à la surface traitée. Elle dépend beaucoup de la nature et de la quantité des pesticides utilisés, mais aussi des précautions et des mesures de protection individuelle prises par l'utilisateur. Toujours est-il qu'une étude de 2007 retrouvait des pesticides dans 91 % des points de contrôle des cours d'eau français.

Plusieurs études épidémiologiques convergent dans leur conclusion d'un lien de causalité entre diverses pathologies neurologiques et l'exposition à certains pesticides, en particulier les insecticides organochlorés. Pour plusieurs molécules, ces données sont confortées par des données toxicologiques chez l'animal. Cela concerne notamment la maladie de Parkinson, reconnue maladie professionnelle chez les agriculteurs depuis 2012, la maladie d'Alzheimer et la sclérose latérale amyotrophique (ou maladie de Charcot[18]). Par exemple, le risque pour un agriculteur utilisant des pesticides de développer une maladie de Parkinson est plus de deux fois plus élevé que chez un agriculteur n'en utilisant pas. En ligne de mire, les tristement célèbres DDT et lindane, pourtant interdits aujourd'hui. Mais ils sont si peu biodégradables et ont été tellement utilisés entre 1950 et 1990, presque partout dans le monde, qu'ils sont toujours omniprésents dans l'environnement.

La question de l'éventuelle synergie d'action de plusieurs pesticides en mélange reste peu explorée. Une étude menée par l'INRA sur des cultures cellulaires *in vitro*, publiée en 2012, a mis en évidence un effet de génotoxicité synergique pour un cocktail de 5 molécules (sur 7 cocktails testés) parmi les 25 les plus fréquemment retrouvées à l'état de résidus dans l'alimentation humaine. Cet effet génotoxique, qui correspond à des altérations des chromosomes, a été objectivé uniquement sur des cellules de foie (celles de rein, de côlon et de tissu nerveux n'ont pas réagi).

Un sujet de préoccupation majeur est celui de l'exposition du fœtus et des très jeunes enfants aux pesticides,

18. Cf. Chapitre I.

pour lesquels il existe de fortes suspicions d'anomalies du développement neuro-cognitif, avec un risque accru d'hyperactivité, de manque d'attention, voire de baisse du quotient intellectuel. Surtout, le risque de leucémie myéloïde aiguë et de lymphome hodgkinien est fortement augmenté, en lien avec le métabolisme hépatique de certaines molécules (parathion, lindane, atrazine, etc.) qui produit des métabolites carcinogènes. Des anomalies de la reproduction ont été fréquemment retrouvées : infertilité masculine par défaut de spermatozoïdes, avortement spontané, retard de croissance intra-utérin.

Certains pesticides se comportent comme des perturbateurs endocriniens. Plusieurs études épidémiologiques tendent à établir un lien entre l'exposition aux pesticides et l'obésité, mais surtout dans la survenue d'un diabète de type II (diabète sucré dit « de la quarantaine »). Un lien a été suggéré avec d'autres maladies métaboliques, comme les dyslipidémies et l'hyperthyroïdie, mais les données restent insuffisantes pour conclure.

Paradoxalement, alors que les agriculteurs sont globalement moins touchés par les cancers que la moyenne dans la population générale, certains types de cancers sont au contraire beaucoup plus fréquents chez eux, notamment les leucémies, les lymphomes[19], les myélomes, les mélanomes malins, les cancers de la prostate, des testicules, de l'estomac, du cerveau et des lèvres. Pour le cancer de la prostate, le chlordécone, le carbofuran, le coumaphos, le fonofos et la perméthrine, tous actuellement interdits d'usage, ont été incriminés. Existerait-il un cancer des champs et un cancer des villes ? Le chapitre qui suit va nous inciter à répondre par l'affirmative…

---

19. Le lymphome non hodgkinien est reconnu comme maladie professionnelle chez les agriculteurs depuis 2015.

Chapitre VII

Des polluants industriels invisibles

« La pollution est l'ombre du progrès. »

Sylvain Tesson (*Aphorismes sous la lune et autres pensées sauvages*, 2008)

En 1907, on pouvait lire dans la revue *Actualités scientifiques* qu'il était « une nécessité logique au point de vue de l'abaissement des frais généraux de fabrication » d'incorporer des résidus industriels dans la nourriture des animaux. Depuis la révolution industrielle, la production de déchets n'a fait que croître. Si dans un premier temps seuls les résidus alimentaires (pulpes de sucreries, malts de brasseries, marcs, tourteaux de graines, déchets de boucherie et de conserverie, etc.) étaient « recyclés » dans la filière de l'alimentation animale, d'autres ne tardèrent pas à suivre…

Quand inertie chimique ne rime pas avec innocuité : les PCB

Les polychlorobiphényles (PCB), dont le plus connu est le pyralène, une molécule commercialisée par la tristement célèbre firme Monsanto, désignent une famille chimique comprenant plus de 200 composés aromatiques organochlorés dérivés du biphényle. Certains PCB sont apparentés chimiquement aux dioxines et possèdent un profil toxicologique similaire. Ces composés de synthèse se présentent sous la forme de liquides plus ou moins visqueux, insolubles dans l'eau, incolores à jaunâtres et fortement aromatiques. Ils ont la particularité d'être inertes chimiquement et presque ininflammables, supportant sans problème des températures jusqu'à 1 000°C. C'est ce qui explique leur utilisation massive comme isolant électrique entre les années 1930 et les années 1970, notamment dans les transformateurs et condensateurs électriques, les isolateurs pour la très haute tension (en mélange avec d'autres composés toxiques, les chlorobenzènes), les fours à micro-ondes, mais aussi comme lubrifiants (certains moteurs, pompes, turbines, etc.) ou comme additifs (huiles minérales, produits de soudure, certains adhésifs, encres, peintures ou papiers autocopiants).

Ces propriétés expliquent aussi leur grande stabilité dans l'environnement, puisque la demi-vie de ces molécules varie entre une centaine de jours et près de... 3 000 ans ! C'est pourquoi ils sont qualifiés de Polluants organiques persistants ou POP, au même titre que les dioxines et que certains pesticides, dont le DDT, auxquels ils sont chimiquement apparentés[1]. Leur très faible biodégradabilité et leur très forte liposolubilité en font des contaminants redoutables de la chaîne alimentaire, le long de laquelle ils sont bioaccumulés, en particulier dans les tissus gras et le lait (y compris le lait maternel). Ceci a conduit à l'interdiction des PCB en France, à partir de 1987.

Mais entre-temps, ils ont largement contaminé l'environnement. En 1994, on estimait à 200 000 tonnes la quantité de PCB à détruire en provenance des seuls transformateurs et condensateurs, dont 45 000 tonnes en France. Depuis l'interdiction des PCB pour de nombreux usages, l'exposition des populations humaines a considérablement diminué en

1. Cf. Chapitre VI.

Europe, mais les PCB restent des polluants encore fréquemment trouvés dans l'environnement, notamment à proximité des lieux de production et d'élimination, et sur les lieux d'accidents, où ils s'accumulent dans les sédiments. En 2007, soit vingt ans après leur interdiction, une étude révélait une pollution chronique par les PCB de la Seine aval, du Rhin, de la Loire, de l'Allier, de la Moselle, et des canaux de l'Artois et de la Picardie, particulièrement préoccupante en aval des sites industriels. D'une manière générale, le nord et l'est de la France et la vallée de la Seine sont les plus touchés. Par exemple, entre 1990 et 2000, l'usine de retraitement de déchets Trédi, située à Saint-Vulbas dans l'Ain, a rejeté d'importantes quantités de PCB dans le Rhône, entraînant la contamination du fleuve en aval sur plus de 300 km jusqu'à l'estuaire de la Camargue. Les lacs alpins ne sont pas épargnés, puisqu'en 2008, la consommation de l'omble chevalier pêché dans les lacs du Bourget, Léman et d'Annecy a dû être interdite.

Les poissons marins et d'eau douce (en particulier les poissons gras, comme l'anguille, qui se nourrissent dans les sédiments, les saumons, les espadons, les thons, etc.) et leurs prédateurs (loutres, phoques, cétacés, dauphins, oiseaux piscivores) sont parmi les espèces les plus contaminées. Certains de ces animaux étant de grands migrateurs, ils sont capables de transporter les PCB sur de très longues distances, contribuant à les propager à l'ensemble de la planète. Paradoxalement, les animaux sauvages sont plus contaminés que leurs congénères d'élevage. Ainsi le saumon sauvage contient davantage de PCB que les saumons d'élevage (lorsque ceux-ci ne sont pas nourris avec des aliments contaminés ou des déchets d'usine d'incinération !) ; les œufs de poules élevées en batterie en contiennent moins que les œufs de poules élevées en plein air !

Les poissons gras pêchés en mer Baltique présentent des taux de contamination particulièrement élevés et ce, depuis les années 1960. La mer Baltique est en effet une des mers les plus polluées de la planète, puisque les usines installées sur les littoraux des pays riverains y déversent allègrement leurs déchets. Plusieurs poissons gras de la Baltique sont devenus impropres à la consommation humaine. Qu'à cela ne tienne, ils sont toujours assez bons pour nourrir les animaux. Sauf que l'on oublie un peu vite que ces animaux nourriront l'homme... C'est ainsi qu'éclata en 2006 le « scandale des saumons d'élevage norvégiens », suite à la découverte d'un très grand nombre de molécules toxiques dans la chair de ce poisson emblématique des repas festifs. Parmi ces molécules, on retrouvait logiquement les antibiotiques et pesticides utilisés massivement en aquaculture intensive[2], mais le plus surprenant fut de découvrir d'importantes concentrations de PCB et de dioxines, ainsi que de nombreux autres produits chimiques et médicaments. La source de cette contamination fut facile à trouver : les granulés servant à nourrir les poissons, fabriqués dans une usine norvégienne utilisant comme principale matière première des anguilles pêchées en mer Baltique... Et comme les saumons d'élevage contiennent entre 14 et 34 % de graisse, ils bioaccumulent beaucoup plus les xénobiotiques lipophiles que les saumons sauvages (qui contiennent entre 5 à 7 % de graisse), alors que, comme nous l'avons vu plus haut, ces derniers sont davantage exposés.

Mais le scandale ne s'arrête pas là : pour la fabrication des granulés, les poissons cuits donnent, d'une part une huile, d'autre part une poudre protéinée. À cette dernière est ajouté un antioxydant : l'éthoxyquine, qui est en fait... un pesticide, fabriqué par Monsanto depuis les années 1950 ! L'éthoxyquine est retrouvée dans la chair du saumon d'élevage à des concentrations 10 à 20 fois plus élevées que la norme autorisée dans l'alimentation dans l'Union européenne, mais voilà : cette norme ne s'applique pas aux poissons,

2. Cf. Chapitre V.

mais aux fruits et légumes sur lesquels est censé être utilisé ce pesticide, et à la viande. Le profil toxicologique de l'éthoxyquine est mal connu, mais les premiers éléments – restés très confidentiels – sont particulièrement inquiétants, puisque la molécule se concentrerait dans le cerveau et que, de surcroît, elle présente un métabolite génotoxique et mutagène. Il n'en fallut pas plus à l'Union européenne pour suspendre l'autorisation d'utiliser cette molécule dans les aliments pour animaux à partir de 2018.

La consommation d'animaux contaminés et de leurs produits (œufs, produits laitiers) semble être la principale voie de contamination pour l'homme, en dehors de certains contextes professionnels ou d'incendies, où la contamination par voie transcutanée ou respiratoire est possible. Dans plusieurs régions, des arrêtés préfectoraux imposent des restrictions sur la pêche et la consommation de poissons pêchés en rivière. En France, une étude réalisée en 2006-2007 révélait de fortes teneurs en PCB dans le sang de plus de 3 000 Français, 4 à 5 fois plus élevées que celles retrouvées chez des Américains. Les concentrations dans le tissu adipeux étaient en moyenne de 8 milligrammes par kilo de tissu adipeux (contre 1 milligramme par kilo au Canada). Chez les femmes en âge de procréer, 3,6 % présentaient des concentrations supérieures au seuil de 700 nanogrammes par gramme de lipides défini par l'Agence française de sécurité sanitaire des aliments (AFSSA). Selon l'Institut de veille sanitaire, 1 % de la population française serait exposé à des taux de PCB supérieurs aux seuils toxiques (1,8 microgramme par gramme de lipide). D'après l'ANSES, c'est la consommation de poisson qui serait à l'origine de 20 à 40 % des apports de PCB à l'organisme.

Une étude conduite en 2008 par l'Association santé environnement France (ASEF) et le WWF chez des consommateurs de poissons pêchés dans le Rhône, la Seine et la Somme a montré des concentrations sanguines en PCB quatre à cinq fois supérieures à celles de la population non exposée, ce qui a conduit à l'interdiction de consommer les poissons pêchés dans ces rivières et bien d'autres.

Une étude prospective (cohorte ELFE) en cours, qui suit plus de 18 000 enfants de leur naissance jusqu'à leurs 20 ans, montrait en 2016 que les niveaux d'imprégnation aux PCB mesurés chez des nouveau-nés étaient en nette diminution, bien que toujours supérieurs aux taux enregistrés en Amérique du Nord.

La toxicité des PCB est incontestable et connue de longue date, même s'il a fallu attendre le procès « Abernathy contre Monsanto » de février 2002, pour que les données toxicologiques en possession de la firme Monsanto depuis 1937 soient révélées au grand jour. Lors d'intoxications accidentelles à de hautes doses, les symptômes comprennent des réactions cutanées (éruption, acné, hyperpigmentation, kératose, hypersudation), des troubles digestifs et oculaires (œdème des paupières, larmoiements), une asthénie, une anorexie, un amaigrissement, des atteintes hépatique et bronchique, des neuropathies périphériques...

Après avoir été classés comme « cancérogènes probables » (groupe 2A du CIRC), les PCB sont, depuis 2016, considérés comme cancérogènes certains pour l'homme (groupe 1). Ils sont notamment impliqués dans la survenue de mélanomes malins, de lymphomes non hodgkiniens, de cancers du sein, du foie, des voies biliaires et du pancréas. Les PCB sont des perturbateurs endocriniens à action féminisante, capables d'induire des malformations génitales et divers dysfonctionnements endocriniens. Les PCB ont des effets reprotoxiques et transgénérationnels (contamination transplacentaire mère-enfant) : la contamination des femmes enceintes via l'alimentation expose le fœtus *in utero* à un risque accru d'anomalies congénitales de la peau, des muqueuses et des phanères, mais aussi à des retards du développement physique (taille et poids réduits), cérébral et intellectuel (faible Quotient intellectuel, déficit de l'attention, troubles du langage et de la mémorisation) des jeunes enfants. L'exposition des nourrissons via le lait maternel, est particulièrement préoccupante, responsable de déficits cognitifs et de troubles de la croissance. Ces troubles peuvent persister à l'âge scolaire, en perturbant notamment l'apprentissage de la lecture et de l'arithmétique. Ils ont de surcroît des propriétés immuno-suppressives. Chez le sujet âgé, les PCB induisent un vieillissement cognitif prématuré (d'environ 9 ans) et un risque accru d'athérosclérose.

Suffit-il d'incinérer ses déchets pour s'en débarrasser ? Les dioxines

En juillet 1976, une épidémie d'acné survient brutalement chez les habitants de plusieurs communes de Lombardie, à une vingtaine de kilomètres au nord de Milan. Le lien avec un « nuage » qui s'est formé à la suite d'un incident survenu quatre jours plus tôt, dans le site industriel Icmesa de la ville de Meda, est rapidement établi. C'est la surchauffe d'un réacteur de production de composés chimiques aromatiques et chlorés qui en est à l'origine. Des quatre communes touchées, celle de Seveso paie le plus lourd tribut. Neuf jours après l'incident, qui devait rapidement devenir la « catastrophe de Seveso », les laboratoires Hoffmann-Laroche, propriétaires-exploitants du site, communiquent la nature du nuage : le 2,3,7,8-tétrachlorodibenzo-*p*-dioxine ou TCDD, plus connu sous son surnom de « dioxine de Seveso ». Dans les jours qui suivent, la population est évacuée, la destruction des maisons et l'enterrement de l'usine sont décidés.

À cette époque, la toxicité de « la » dioxine est encore quasi inconnue ; on sait simplement qu'elle est un des ingrédients du terrible « Agent orange » (un produit Monsanto !), utilisé comme défoliant par l'armée américaine pendant la guerre du Vietnam, entre 1961 et 1971[3]. Effectivement, dans

3. Voir aussi le 2,4-D au chapitre VI.

les suites immédiates de l'accident, les feuilles des arbres jaunissent et tombent ; plus de 3 000 animaux domestiques meurent, 80 000 têtes de bétail sont abattues et près de 200 personnes, essentiellement des enfants, sont victimes de « l'acné chlorique » (ou chloracné), une forme d'acné typique de l'intoxication à la dioxine. Aucun mort n'est à déplorer, mais, des années plus tard, la survenue anormalement élevée de troubles thyroïdiens et d'autres fonctions endocriniennes sera observée. La quantité de dioxine libérée dans l'atmosphère lors de l'accident a été estimée… entre 1 à 5 kilos de TCDD… quantité *a priori* dérisoire, ce qui en dit long sur la toxicité du produit !

Cette catastrophe environnementale et sanitaire révéla les risques des activités industrielles chimiques en milieu urbain. La ville de Seveso donnera d'ailleurs son nom à la directive encadrant les industries « à risque » (environ 1 250 sites sont concernés en France). Quant au nom de « dioxine », il est depuis connu du grand public.

Lors de tout processus de combustion portant simultanément du carbone, de l'oxygène et du chlore à une température n'excédant pas 850 °C, sont produits deux familles chimiques d'hydrocarbures aromatiques polycycliques chlorés (ou HAPC) : les furanes (polychlorodibenzofuranes ou PCDF) et les dioxines (polychlorodibenzodioxines ou PCDD). Ces dernières comprennent plus de 200 composés qui ont en commun d'être des molécules hétérocycliques chlorées comprenant deux atomes d'oxygène dans un cycle aromatique[4]. Il ne faut donc pas parler de « la » dioxine, mais « des » dioxines, même si, sur les 210 composés connus,

4. Chimiquement, un cycle aromatique est une structure cyclique plane, composée d'atomes de carbone reliés par des doubles-liaisons, qui lui confèrent une très grande stabilité. Le benzène est le composé le plus simple. Quand le cycle est constitué d'autres éléments que le carbone (par exemple un atome d'oxygène ou d'azote), on parle d'hétérocycle aromatique.

17 présentent véritablement un danger avéré, le TCDD, ou « dioxine de Seveso », étant le plus redoutable. C'est d'ailleurs elle qui sert de référence pour quantifier la toxicité de toutes les autres (exprimée en Indicateur équivalent toxique ou I-TEQ). Comme les PCB, elles font partie des POP, car leur très grande stabilité chimique et leur très faible biodégradabilité les font s'accumuler dans l'environnement et le long de la chaîne alimentaire. Les dioxines sont peu volatiles, peu solubles dans l'eau, mais fortement lipophiles, ce qui leur confère une propension à être stockées dans les tissus gras de l'organisme pendant plusieurs années.

Les dioxines existent à l'état naturel ; elles sont produites au cours d'éruptions volcaniques et d'incendies de forêt. Mais elles sont très majoritairement des polluants émis dans l'air par les incinérateurs de déchets (ménagers et industriels), les fours de cimenterie, l'industrie métallurgique et sidérurgique, l'industrie papetière, plastique et phytosanitaire, l'écobuage de la végétation dans les zones contaminées par certains pesticides. Les dioxines sont aussi présentes dans les gaz d'échappement des voitures (vingt fois moins tout de même que lorsque l'essence au plomb était encore utilisée !), les fumées de combustion du charbon, du bois et... de cigarette. Puis il y a bien sûr les accidents industriels, comme Seveso ou, plus récemment, l'incendie de l'usine Lubrizol de Rouen[5]. Les teneurs en dioxines de l'air sont faibles en général ; les concentrations les plus élevées sont retrouvées dans les sols et dans l'alimentation (graisses animales, viandes, poissons et crustacés, œufs, certaines huiles,

5. L'incendie de l'usine d'additifs pour lubrifiants Lubrizol, classée Seveso seuil haut, s'est produit le 26 septembre 2019. Aucun mort ou blessé ne fut à déplorer, mais un panache de fumée noire s'est répandu sur les régions du nord de la France et de Wallonie, à l'origine des dépôts noirs. La fumée était notamment composée de monoxyde de carbone et de dioxyde de soufre, mais aussi de dioxines et de furanes à des concentrations quatre fois plus élevées que la normale. Les conséquences à long terme restent à évaluer.

lait et produits laitiers). C'est d'ailleurs l'alimentation qui constitue 90 % des sources d'exposition humaine.

Depuis l'interdiction des PCB dans l'Union européenne en 1987 (une source importante de dioxines) et l'entrée en vigueur en 2002 de normes plus strictes pour les incinérateurs de déchets et les industries polluantes, la quantité de dioxines émises dans l'environnement a considérablement diminué. Rien qu'entre 1985 et 1996, les émissions ont été réduites de moitié et les concentrations sanguines des populations sont passées de 20 à 10 picogrammes par gramme de lipides en quelques années. Entre 1995 et 2006, les émissions de dioxines par les incinérateurs ont été divisées par 100 (passant de 1 090 grammes par an à 8,5 grammes par an), malgré l'augmentation constante des quantités de déchets à traiter, si bien que les premières sources d'émission sont aujourd'hui l'industrie manufacturière et le chauffage résidentiel. Et puis il y a les « scandales », souvent liés à des filières illégales d'élimination de déchets...

Le « scandale des poulets belges à la dioxine », en janvier 1999, éclata suite à la découverte de concentrations élevées en dioxines dans des volailles et des œufs en Belgique : les animaux avaient été nourris avec des aliments contaminés par de l'huile industrielle usagée contenant des PCB et des dioxines. De manière « accidentelle » ou criminelle, des huiles usagées venant de transformateurs électriques et contenant 40 à 50 kilos de PCB et 1 gramme de dioxines avaient été incorporées à un lot de graisse animale venant d'abattoirs, et avaient servi à la fabrication de 500 tonnes d'aliments pour animaux distribués dans 1 500 fermes, en Belgique et dans les pays voisins. Le coût de ce scandale a été estimé à 2 milliards d'euros.

Quelques années plus tard, en 2008, l'Irlande dut retirer du marché plusieurs dizaines de tonnes de viande de porc et de produits dérivés, après y avoir découvert des quantités de dioxines jusqu'à 200 fois plus élevées que la limite de sécurité, encore une fois à cause d'une contamination des aliments animaux utilisés.

Les dioxines présentent une toxicité aiguë et une toxicité chronique. Une exposition ponctuelle à de fortes concentrations (>1 milligramme par kilo de masse corporelle par jour), provoque de graves lésions cutanées comme la chloracné ou l'apparition de taches sombres, et des troubles hépatiques. La toxicité aiguë des dioxines a été illustrée lors de la tentative d'empoisonnement du premier ministre ukrainien Victor Iouchtchenko lors des élections de 2004, l'homme d'État étant de plus en plus défiguré par une chloracné au fur et à mesure de ses passages à la télévision.

Une exposition prolongée à de petites doses entraîne des dysfonctionnements immunitaires, des neuropathies, des troubles endocriniens et de la reproduction, des maladies hépatiques et cardiovasculaires. Les dioxines sont toxiques pour le fœtus, entraînant des malformations (surtout rénales) et des troubles du développement de l'enfant.

La cancérogénicité des dioxines est très mal connue, excepté pour la dioxine de Seveso, classée comme « cancérogène certain pour l'homme » (classe 1 du CIRC). Plusieurs études épidémiologiques montrent une augmentation du risque de cancer, tous types confondus, chez les personnes travaillant dans les usines d'incinération de déchets d'ancienne génération et dans les populations habitant à proximité de ces incinérateurs. Le risque accru est particulièrement significatif pour les cancers du poumon, le lymphome non hodgkinien et le sarcome des tissus mous et, chez la femme, pour le cancer du sein. Certaines études retrouvent également un risque accru de cancer du foie et de cancer gastro-intestinal, même s'il existe toujours d'inévitables biais dans ces études épidémiologiques.

Le plastique, ce n'est pas si fantastique

L'homme croyait avoir découvert tous les continents ? Eh bien non… L'immensité de l'océan Pacifique réservait une surprise de taille au capitaine Charles J. Moore, lorsqu'il découvrit, en 1997, un septième continent, entièrement artificiel, d'une taille de 3,5 millions de km^2, soit 6 fois la France ou le tiers de l'Europe[6], composé à plus de 90 % de plastique, à raison de plus de 750 000 débris par km^2 ! Il ne lui manquait qu'un nom, que lui donna Moore : le *Great Pacific Garbage Patch* ou GPGP (littéralement : grande zone d'ordures du Pacifique). Et ce n'était qu'un début… Un continent de plastique similaire mais de plus petite taille a depuis été découvert dans l'Atlantique nord.

À défaut d'être virtuels, ces nouveaux continents sont presque invisibles ; en tout cas pour les satellites, puisque la masse de déchets translucides flotte immédiatement sous la surface de l'eau. Ces continents se sont formés dans des zones relativement calmes des océans, vers lesquelles le mouvement de rotation du vortex achemine les déchets flottants : la plupart sont biodégradables, mais pas les plastiques (en particulier le polyéthylène et le polypropylène, qui sont très résistants). Ceux-ci sont dégradés par les rayons solaires en fragments de plus en plus petits, qui mettent des centaines d'années à être métabolisés par des micro-organismes, si bien que le taux d'accumulation des déchets excède largement le taux de dégradation : il faut entre 100 et 400 ans, voire davantage, pour qu'un déchet de plastique disparaisse du milieu marin, alors que sa fabrication par l'industrie pétrochimique n'aura pris qu'une seconde ! Au passage, des métabolites particulièrement toxiques sont libérés dans le milieu marin et, surtout, les particules de plastique sont ingérées par les animaux marins (tortues, oiseaux, poissons,

6. Continent en pleine croissance… On estime que sept millions de tonnes de plastique se trouvent actuellement dans les océans de la planète, dont 269 000 tonnes environ de déchets flottants ; la masse de particules de plastiques serait six fois supérieure à la biomasse zooplanctonique.

méduses, etc.), qui les prennent pour de la nourriture mais qui ne peuvent les digérer[7].

L'exemple le plus connu concerne les tortues et les dauphins, qui confondent les sacs plastiques qui flottent à la surface des océans ou entre deux eaux avec les méduses dont ils sont si friands. Lorsqu'ils sont autopsiés, les tubes digestifs des tortues, dauphins, baleines, otaries, albatros et autres victimes collatérales offrent une vision synthétique de ce qu'est la poubelle des hommes, dominée par le plastique. L'autopsie d'un rorqual échoué sur une plage australienne retrouva pas moins de 6 m^2 de plastique dans ses intestins ! Mais les organismes marins sont loin d'être les seules victimes du plastique.

Les microparticules issues de la dégradation des plastiques (ou microplastiques) sont omniprésentes dans l'environnement : on en retrouve dans les abysses sous-marins, au sommet de l'Everest et au cœur de l'Antarctique. Elles contaminent tous les compartiments de l'environnement : les eaux, les sols et même l'air ! Une étude de 2021 montre que la circulation des microplastiques dans l'atmosphère est devenue planétaire et que l'homme les inhale en quantité importante. Les conséquences sur la santé sont encore quasi inconnues, mais les fibres de plastique qui se déposent dans les bronchioles et les alvéoles pulmonaires induisent des pneumopathies interstitielles – une forme particulière de pneumonie – et des inflammations chroniques, avec possibilité de fibrose ou de granulome, qui pourraient initier un cancer.

L'homme ne fait pas qu'inhaler des microplastiques, il les ingère aussi, les chaînes alimentaires étant contaminées partout dans le monde. Là encore, des réactions inflammatoires du tube digestif sont décrites : les personnes atteintes

---

7. Selon Greenpeace, environ un million d'oiseaux, cent mille tortues et cent mille mammifères marins meurent chaque année de l'ingestion de plastiques. Plus de 267 espèces marines seraient concernées (700 selon IFREMER).

d'une maladie inflammatoire chronique de l'intestin ou MICI présentent 50 % de microplastiques en plus dans leurs selles que des personnes indemnes ; une contamination qui pourrait être associée à la consommation quotidienne d'eau en bouteille et de plats à emporter. Ces microplastiques sont capables de passer dans le sang et même de traverser la barrière placentaire puisqu'on les retrouve chez le fœtus. Les selles de nourrissons contiennent encore plus de microplastiques que celles des adultes, probablement parce qu'ils sucent ou mâchonnent de nombreux jouets en plastique et sont nourris avec des biberons en plastique. Au-delà de l'effet pro-inflammatoire sur les muqueuses digestives et respiratoires des microplastiques, les effets systémiques une fois qu'ils sont passés dans le sang sont pour le moment inexplorés. De même que l'effet des nanoplastiques, ces particules encore plus petites issues de la fragmentation des microplastiques. Car en se désagrégeant, les particules de plastique libèrent de nombreux composés chimiques nocifs. Une étude néerlandaise publiée en 2022 retrouvait ainsi trois composants du plastique – le polytéréphtalate d'éthylène, du polystyrène et du polyéthylène – dans le sang de patients sains.

Ces composés chimiques peuvent être d'autres polluants de l'environnement adsorbés en surface des particules, en particulier des polluants organiques persistants (POP) comme les PCB et les pesticides (notamment le DDT !), mais aussi et surtout des constituants des plastiques eux-mêmes. Nous verrons que plusieurs ETM, comme le cadmium, l'antimoine ou le chrome, entrent dans la composition de certains d'entre eux[8] ; mais il y a aussi les agents dits « plastifiants », dont les plus médiatiques sont le bisphénol A et les phtalates.

8. Cf. Chapitre XIII.

Bisphénol A

Synthétisé pour la première fois en 1891, le bisphénol A (BPA) ou 4,4'-isopropylidènediphénol est d'abord destiné à être utilisé comme œstrogène de synthèse, mais le diéthylstilbestrol (ou DES), découvert dans les années 1930, vient le supplanter. Il trouve un nouveau débouché à partir des années 1960, avec l'explosion de l'industrie du plastique, comme agent plastifiant. Il est utilisé sous trois formes pour la confection de nombreux objets du quotidien :

– sous forme libre, pour recouvrir une face du papier thermique des terminaux d'impression (tickets de caisse et de péages, reçus de carte bancaire, etc.), même si cette utilisation a considérablement diminué depuis les années 2000 ;

– sous forme de polycarbonate, pour la fabrication du plastique rigide dans des applications très diverses : bouteilles, biberons, vaisselle, CD et DVD, verres de lunettes, vitrages, prises électriques, équipements médicaux, téléphones portables, ordinateurs, appareils électroménagers, récipients, etc. ;

– sous forme de résines époxy, comme revêtement de protection contre l'oxydation des objets qu'il recouvre : canalisations, cuves, fûts, boîtes de conserve et canettes, coques de navire, ouvrages métalliques de génie civil, revêtements de sols, amalgames dentaires, etc.

Le principal défaut du BPA est de migrer facilement du contenant vers le contenu, contaminant ainsi l'aliment ou la boisson. Pour cette raison, il a été interdit dans la fabrication des biberons en France à partir de 2010, puis de tous les contenants alimentaires en 2015. Mais il n'a pas pour autant complètement disparu de la composition de ces contenants et, pire, il a souvent été remplacé par le bisphénol B ou le bisphénol S, au moins aussi nocifs.

Ce n'est que dans les années 2010 que le BPA a été retrouvé dans l'environnement, essentiellement en milieu urbain, dans les eaux de ruissellement. Les principales sources sont les particules de pneus des véhicules et les lessivats des matériaux de construction et de mobilier urbain (plastiques, peintures...). En 2017, des tests montraient que l'eau extrayait entre 10 et 300 nanogrammes de BPA par gramme de matériaux aussi divers que du PVC, des carrosseries de voiture ou des pneumatiques. Le taux d'extraction est considérablement augmenté lors de l'utilisation conjointe de détergents (comme ceux utilisés pour le nettoyage du mobilier urbain!) ou de produits acides.

La contamination humaine se fait essentiellement par ingestion, mais peut également se faire par inhalation ou par contact cutané. Fortement lipophile, le BPA s'accumule ensuite dans les tissus adipeux. Par exemple, une hôtesse de caisse manipulant dix heures par jour des tickets de caisse (enduits en moyenne de 13,3 grammes de BPA par kilogramme de papier) est exposée à un passage transcutané de 71 microgrammes de BPA[9]. La contamination peut également se faire par voie transplacentaire chez la femme enceinte ou par le lait maternel de la mère à l'enfant.

Ses propriétés œstrogéno-mimétiques vont expliquer son profil toxicologique : le BPA est un perturbateur endocrinien impliqué dans la survenue de troubles de la reproduction (altération de la spermatogénèse et anomalies du développement testiculaire), d'obésité (en lien avec des troubles du métabolisme lipidique), de diabète, de maladies cardiovasculaires et de dysfonctionnements thyroïdiens, hépatiques et pancréatiques. Le risque de développer une de ces pathologies a été corrélé au taux urinaire de BPA. Le BPA est impliqué dans la survenue d'une pathologie de l'émail dentaire appelée *Molar Incisor Hypomineralization* ou MHI, apparue récemment et touchant les premières molaires et incisives

9. Si le bisphénol A a officiellement été interdit dans les tickets de caisse et les contenants alimentaires depuis le 1er janvier 2015, une étude menée en 2019 montrait qu'il était encore bien présent dans plus de 50 % des tickets de caisse!

permanentes qui deviennent plus exposées aux caries chez 18 % des enfants de 6 à 8 ans.

Chez l'animal, le BPA présente des effets délétères sur le développement cérébral, entraînant des troubles du comportement. Les cibles sont les régions de l'hypothalamus impliquées dans le dimorphisme sexuel et l'hippocampe (siège d'activités cognitives et de l'anxiété). Mais ces troubles n'ont pas été confirmés chez l'humain, tout comme les pathologies intestinales à type de troubles de l'immunité digestive et de maladie inflammatoire chronique.

Enfin, le BPA est très fortement soupçonné dans la survenue de cancers du sein et de la prostate. Une exposition prénatale ou périnatale au BPA entraînerait un risque accru de cancer du sein chez l'adulte. Bien que les tests effectués sur l'animal confirment des propriétés carcinogènes sur certaines cellules (notamment de la glande mammaire), la transposition à l'humain reste hasardeuse et les données épidémiologiques ne sont pas concluantes. Les données sur le cancer de la prostate sont plus convaincantes. D'autres résultats expérimentaux ont montré une plus grande résistance des cellules cancéreuses à la chimiothérapie en présence de BPA aux concentrations environnementales.

Bien que l'action œstrogénique du BPA soit environ 1 000 fois inférieure à celle de l'estradiol, l'œstrogène féminin naturel, son omniprésence dans l'environnement (la production mondiale de BPA atteindrait actuellement 4 millions de tonnes par an) pose question. Toutefois, la dose à laquelle l'homme est exposé via l'alimentation (0,04 milligramme par kilo et par jour) est inférieure à la dose journalière acceptable – mais très controversée ! – fixée à 0,05 milligramme par kilo de masse corporelle. L'exposition moyenne d'un adulte en France, en 2012, était de 0,04 microgramme par kilo, tandis que celle des nouveau-nés était estimée à des valeurs comprises entre 0,2 et 2 microgrammes par kilo. Cependant, de récentes études tendent à montrer que les phtalates, comme le cadmium[10], seraient plus toxiques à faibles doses qu'à fortes doses, ce qui met à mal le paradigme de la toxicologie édicté par Paracelse, selon lequel « la dose fait le poison » !

Phtalates

Comme les bisphénols, les phtalates sont des agents plastifiants utilisés pour la fabrication de plastiques comme le polychlorure de vinyle (PVC), auxquels ils apportent une certaine souplesse. Mais on les retrouve aussi dans un très grand nombre de produits du quotidien : parfums de synthèse, encres, peintures, produits ménagers, cosmétiques, médicaments, dispositifs médicaux (notamment les poches et tubulures de perfusion), emballages alimentaires, fournitures scolaires, revêtements de sols, câbles électriques, etc. Si bien qu'ils sont omniprésents dans l'environnement. On estime à 3 millions de tonnes la quantité de phtalates produite chaque année. La très grande diversité des phtalates rend difficile l'établissement d'un profil toxicologique unique et l'incrimination d'une molécule plutôt qu'une autre ou d'un mélange de molécules.

Les phtalates se présentent sous la forme de liquides visqueux incolores, peu volatils et hydrophobes, avec une forte affinité pour les graisses. Biodégradables, ils peuvent néanmoins persister plus longtemps dans le milieu aquatique où ils tendent à s'incorporer durablement dans les sédiments. L'accumulation dans l'environnement reste faible et les phtalates ne semblent pas s'accumuler le long de la chaîne alimentaire. La contamination de l'homme peut se faire par inhalation (par exemple de parfums ou de déodorants), par ingestion (d'une alimentation contaminée ou suite à la mise à la bouche d'objets en plastique par des enfants ou encore via le lait maternel), par passage intraveineux (lors d'une perfusion) ou par contact cutané (via les produits cosmétiques par exemple).

---

10. Cf. Chapitre XIII.

Certains phtalates sont des perturbateurs endocriniens avérés, classés dans la catégorie des substances présumées toxiques pour la reproduction humaine par l'Agence européenne des produits chimiques, ce qui leur a valu une interdiction partielle ou totale. Les effets observés lors de l'exposition d'animaux de laboratoire à de fortes doses de phtalates incluent une baisse de la fertilité, une atrophie testiculaire, une réduction du poids du fœtus, des malformations, une augmentation de la mortalité fœtale, des troubles rénaux et hépatiques. Chez l'homme, la toxicité des phtalates dépend de la masse corporelle, de l'âge et de la durée d'exposition. Ce sont surtout des troubles de la fertilité qui ont été rapportés, avec une bonne corrélation entre les taux de phtalates et de prolactine dans le sang, une concentration sanguine excessive de cette hormone favorisant l'infertilité.

Les phtalates induisent également des tumeurs hépatiques chez le rat et une prolifération cancéreuse sur des cellules mammaires et ovariennes, mais ce potentiel carcinogène n'a pas été confirmé chez l'homme. Des suspicions sur l'induction de cancers du testicule sont en revanche beaucoup plus fortes. L'exposition maternelle aux phtalates est particulièrement préoccupante ; elle pourrait entraîner un risque accru de certaines malformations génitales (cryptorchidie, micropénis), affecter le statut hormonal du fœtus et du nouveau-né, et perturber le développement neurocomportemental des nouveau-nés. Enfin, plusieurs études épidémiologiques évoquent une relation entre les phtalates et la survenue de diabète, de dysthyroïdies, de troubles immunitaires et d'asthme chez l'enfant (en lien avec les revêtements d'intérieur en PVC).

Le plastique est devenu l'un des plus importants fléaux planétaires du XXIe siècle. Avec 400 millions de tonnes produites annuellement, c'est le troisième matériau derrière le ciment et l'acier. En 2015, on estimait à 8,3 milliards de tonnes la quantité totale de plastiques produite depuis les débuts de leur fabrication, dont plus des trois quarts ont fini en déchets, recyclés pour seulement 9 %, le reste finissant incinéré (12 %) ou en décharge (79 %) ! La production mondiale continue de croître de 4 % par an, même si d'importantes mesures de limitation de la pollution par les plastiques ont été prises. Dans le sillage de l'Australie, depuis 2003, de nombreux pays ont restreint ou interdit l'usage des sacs en plastique. En France, les sacs en plastique non biodégradables à usage unique ont été interdits en caisse à partir de 2016, puis dans tous les commerces en 2017. Auparavant, le nombre de sacs distribués annuellement s'élevait à 17 milliards (dont 5 milliards aux caisses des supermarchés) ; en moyenne, un sac en plastique à usage unique ne servait que 20 minutes et un Français en consommait 300 par an... Dans le même temps, les 5 000 km de côtes françaises accumulaient plus de 120 millions de ces sacs.

Des tensioactifs qui ne font pas qu'homogénéiser la vinaigrette

Chacun a déjà confectionné une vinaigrette : lorsqu'on verse le vinaigre dans l'huile, même en mélangeant très fort, l'huile finit toujours par surnager au-dessus du vinaigre en formant une couche bien distincte. Ajoutez-y un tensioactif et le problème sera réglé : vous obtiendrez un liquide en apparence homogène de type « huile dans vinaigre » (ou l'inverse, « vinaigre dans huile », selon le tensioactif utilisé !).

Les agents tensioactifs sont pour beaucoup des dérivés du pétrole, qualifiés d'amphiphiles, car ce sont des molécules comportant à la fois une partie lipophile (qui peut se lier aux graisses) apolaire (sans charge électrique), et une partie hydrophile (qui peut se lier à l'eau) polaire (chargée électriquement). Cette propriété lui confère la capacité à s'agréger aux interfaces entre l'eau et d'autres substances peu solubles dans l'eau, en particulier les corps gras. Solubles dans l'eau, ces molécules permettent de solubiliser deux liquides normalement non miscibles – comme l'huile et le vinaigre –, c'est-à-dire de permettre qu'ils restent mélangés sous la forme d'une émulsion très fine.

Ces substances miraculeuses sont chimiquement de quatre types : les plus utilisées sont anioniques, comme le lauryl sulfate de sodium. Leurs propriétés détergentes et bactériostatiques (qui empêchent la prolifération des bactéries) font qu'on les retrouve en grande quantité dans les liquides vaisselles, les savons, les agents moussants, les humectants, dispersants et autres mouillants (d'où leur appellation de « bases lavantes », d'« agents de surface », ou de « surfactants »). Viennent ensuite les tensioactifs cationiques (essentiellement des ammoniums quaternaires), utilisés comme désinfectants ou adoucissants, les tensioactifs nonioniques (comme les esters de glycol) employés en cosmétique et dans l'industrie agroalimentaire, notamment comme émulsifiants, et les amphotères (comme les phospholipides) utilisés comme détergents et dans les produits cosmétiques et pharmaceutiques. Les tensioactifs d'origine végétale (coprah, colza, sucres, acides aminés…) sont beaucoup moins nocifs.

Peu biodégradables ou parfois même dégradés en des composés encore plus toxiques, ce sont des polluants importants de l'environnement. Une fois dans les océans, les tensioactifs sont toxiques vis-à-vis du plancton marin, des algues et des végétations littorales soumises aux embruns. Les poissons se nourrissant de plancton ou d'algues sont indirectement exposés. On connaît encore très mal leur toxicité chronique chez l'homme. Le lauryl sulfate de sodium et le laureth sulfate de sodium, très utilisés, posséderaient une toxicité hépatique. Ils peuvent altérer la peau en l'asséchant et en la rendant plus perméable à d'autres substances nocives. D'une manière générale, les tensioactifs de synthèse peuvent provoquer des irritations et des allergies de contact[11]. Certains tensioactifs non ioniques (alcools éthoxylés, alcanolamides,

11. Cf. Chapitre IV.

alkylphénols éthoxylés) sont soupçonnés d'être des perturbateurs endocriniens. Mais ils peuvent aussi potentialiser la toxicité d'autres polluants...

Noir c'est noir, mais il y a encore de l'espoir

Comme toujours, les pollutions accidentelles de survenue brutale ont un retentissement médiatique bien plus grand que des pollutions diffuses mais permanentes. Et pourtant, ces dernières sont souvent bien plus graves et aux conséquences écologiques et sanitaires beaucoup plus insidieuses. Tel est le cas, par exemple, du déversement permanent d'hydrocarbures dans les océans, dont personne ne parle, contrairement aux marées noires qui surviennent après le naufrage de pétroliers géants.

Le premier accident de ce genre survint en mars 1967, avec le naufrage du *Torrey Canyon* au large des îles britanniques et le déversement de 120 000 tonnes de pétrole brut dans la Manche ; c'est d'ailleurs à cette occasion qu'un journaliste breton inventa le terme de « marée noire » ! Depuis, d'autres catastrophes du même genre se sont succédé et les noms des navires – *Amoco Cadiz*, *Exxon Valdez*, *Erika*, *Prestige* – ne se sont toujours pas effacés des mémoires. Mais ces accidents, qui restent rares si l'on considère les 2,2 milliards de tonnes de pétrole qui voyagent chaque année à bord de plus de 11 000 pétroliers, ne représentent qu'une infime partie de la pollution des océans et des littoraux par les hydrocarbures liquides : à peine 6 % des 3 millions de tonnes qui se répandent en mer chaque année !

Plus de la moitié des rejets vient en effet des pollutions industrielles et domestiques du continent, le reste provenant des dégazages sauvages, des fuites des plates-formes de forage *off-shore*, et, pour 10 %, de fissures naturelles dans les fonds sous-marins. En 1991, le sabotage des installations pétrolières du Koweït par l'armée irakienne provoqua le déversement de 20 millions de tonnes de pétrole dans les sols et la mer ; à côté, aussi tragique fût-elle, la plus grande marée noire de l'histoire qui fit suite au naufrage de l'*Amoco Cadiz* en 1978, représentait à peine 230 000 tonnes. Les conséquences environnementales sont dramatiques : c'est tout l'écosystème marin qui est durablement bouleversé et les hydrocarbures incorporent facilement le réseau trophique. Des travaux récents menés chez le cabillaud ont mis en évidence de nombreuses mutations, affectant la fertilité, le système immunitaire, le métabolisme des acides gras, la coagulation sanguine, la résorption osseuse et bien d'autres fonctions vitales.

Et chez l'homme ? Les conséquences de cette pollution pour la santé humaine sont mal évaluées. Une étude menée entre 2004 et 2005 chez des personnes ayant aidé au nettoyage des côtes souillées par le fioul échappé du *Prestige* en 2002 a révélé une fréquence élevée de troubles respiratoires, surtout chez celles qui ne portaient pas de masque au moment du nettoyage, mais aussi, de manière plus inquiétante, des altérations chromosomiques des lymphocytes. On sait par ailleurs que parmi les nombreux composés du pétrole, il y a les tristement célèbres hydrocarbures aromatiques polycycliques ou HAP. De nature hydrophobes, ils ne persistent normalement pas dans l'eau, sauf en présence de tensioactifs ! Ils peuvent également être adsorbés sur des particules en suspension, sur des biofilms[12] ou dans les sédiments marins et, donc, incorporer la chaîne alimentaire. Certes, la proportion des HAP présents dans notre environnement qui provient des pollutions liquides est certainement faible en regard de celle d'origine pyrolytique (feux de forêt, éruptions

12. Un biofilm est une communauté microbienne complexe, associant bactéries, champignons, algues, virus et/ou protozoaires, qui se développe naturellement sur un support immergé, grâce à la sécrétion d'une matrice adhésive et protectrice. La plaque dentaire fut le premier biofilm à être découvert, en 1683.

volcaniques, industries, chauffage, transports, etc.), mais elle contribue à l'exposition de l'homme, dont la principale source de contamination (chez le non-fumeur) est l'eau et les aliments. La plupart des HAP sont des carcinogènes avérés, en particulier le benzo[a]pyrène qui est aussi le plus répandu dans l'environnement. Ils sont impliqués dans la survenue de cancers du poumon et de la peau.

Peur sur la ville : les microparticules attaquent !

Dans l'air que nous respirons, se trouvent naturellement des particules fines, tels les pollens que nous avons déjà évoqués[13]. Mais la grande majorité de ces microparticules est émise par les activités humaines. C'est particulièrement vrai en milieu urbain, à cause de la densité du trafic routier, où la combustion incomplète du gazole dans les moteurs diesel constitue la principale source. Les particules diesel représenteraient en effet jusqu'à près de 90 % des émissions de particules par les véhicules, la plupart ayant une taille inférieure à 10 micromètres (on les dénomme PM10) et restant en suspension dans l'air avant de se déposer. Et d'être éventuellement entraînées par les pluies. Les plus fines de ces particules, d'un diamètre inférieur à 2,5 voire 1 micromètres (PM2,5 et PM1, respectivement) peuvent rester en suspension beaucoup plus longtemps, jusqu'à plusieurs semaines, et donc être transportées sur de longues distances tout en subissant des transformations physico-chimiques. Ces microparticules peuvent avoir des compositions chimiques très variables, mais sont toujours très riches en carbone. L'homme est donc davantage exposé en milieu urbain, où l'air qu'il respire est particulièrement chargé en PM10. Leurs très faibles dimensions permettent aux PM10 de pénétrer profondément dans le système respiratoire ; l'organisme se

13. Cf. Chapitre III.

défend en déclenchant une réaction inflammatoire locale à l'origine de crises d'asthme, de bronchites et de bronchiolites. Les particules ultrafines, de moins de 0,1 µm, qui constituent entre 50 à 90 % des PM10 émises par les moteurs diesel peuvent même passer à travers la paroi des vaisseaux sanguins et, une fois dans le sang, atteindre les autres organes du corps humain.

Toutes les études épidémiologiques convergent pour démontrer un risque accru de pathologies cardiovasculaires (accidents vasculaires cérébraux, infarctus du myocarde) et respiratoires (cancer du poumon, asthme, bronchite chronique) chez la population exposée, à l'origine d'une surmortalité, surtout au-delà de 65 ans. Chaque année en France, les seules PM2,5 sont à l'origine d'au moins 40 000 cancers du poumon, selon un mécanisme qui vient d'être mis en évidence en 2022 : une réaction inflammatoire qui, lorsqu'elle touche des cellules présentant une certaine mutation (du gène EGF ou du gène Kras), va provoquer leur prolifération anarchique. Le risque de cancer augmente ainsi de 16 % à chaque microgramme supplémentaire de PM2,5 dans l'air inspiré.

Cela concerne bien sûr les habitants des grandes villes, mais aussi les personnes utilisant des moteurs diesel en milieu confiné (souterrains, garages, chantiers, etc.). L'incidence de l'asthme est entre 15 et 30 % plus élevée chez les enfants habitant près d'artères routières fréquentées. Une relation significative a également été trouvée avec la survenue de leucémies chez l'enfant. Dans les études portant sur l'exposition professionnelle, on retrouve aussi une plus forte prévalence des cancers du col de l'utérus, de la vessie, de l'ovaire, de l'œsophage, de l'estomac et du rein. Les PM10 sont classées comme carcinogènes avérés (groupe 1 du CIRC).

Deux études épidémiologiques récentes (2022) mettent en évidence une corrélation spatiale très élevée entre, d'une part, pollution aux PM2,5 et dioxyde d'azote (NO_2[14]), et, d'autre part, la survenue de démences, notamment de type Alzheimer, et de cancers du sein. La première étude suggère que 40 % des démences seraient évitables par la suppression de cette pollution composite, qui implique aussi les suies. La seconde estime que la réduction de la seule pollution au NO_2 empêcherait 9 % des cas de cancer du sein.

Les particules fines augmentent par ailleurs la réponse allergique aux pollens, d'une part en fragilisant la paroi du grain de pollen, ce qui facilite la libération des allergènes protéiques mais aussi la fragmentation des grains, leur permettant de pénétrer plus profondément dans l'arbre respiratoire ; d'autre part en induisant la libération de médiateurs impliqués dans la réaction immunitaire, ce qui altère les muqueuses et abaisse le seuil de tolérance. Enfin, certains grains de pollen peuvent se fixer aux particules diesel et agir en synergie pour aggraver la réponse immunitaire[15]. C'est ce qui explique que, paradoxalement, les aéropollinoses tendent à être plus fréquentes en ville qu'à la campagne !

Les progrès technologiques ont conduit à la synthèse de composés organiques totalement inédits qui continuent de nous rendre d'innombrables services, parfois au détriment de la santé humaine lorsque ces mêmes xénobiotiques deviennent des polluants de notre environnement, capables d'incorporer les réseaux trophiques auxquels nous sommes « branchés ». Parmi ces composés, il en est qui ont pourtant été élaborés pour soigner nos maladies, mais qui, paradoxalement, nous exposent à d'autres maux.

---

14. Cf. Chapitre XII.
15. Cf. Chapitre III.

Chapitre VIII

L'homme malade des médicaments ?

« Que ta nourriture soit ton médicament
et ton médicament ta nourriture. »

Hippocrate

Quand il arriva en Australie en 1951, l'entomologiste hongrois Bornemissza fut surpris de constater que les prairies pâturées par les troupeaux de bovins étaient couvertes de bouses et que rapidement leur capacité fourragère déclinait. Près de 2 000 km² de pâturages étaient stérilisés de la sorte chaque année (soit plus d'un million d'hectares au total), où proliféraient mouches du bétail et vers parasites en tout genre. Il s'avérait que les bovins étaient là depuis peu, introduits par les colons européens dans les années 1880, et qu'aucune faune coprophage locale – celle qui se nourrit des excréments – n'avait co-évolué avec de tels animaux. Il existait bien plus de 500 espèces indigènes de bousiers, mais aucune ne s'intéressait aux bouses de vache : leur spécialité à elles, c'étaient les crottes de kangourou et autres marsupiaux.

Bornemissza eut alors l'idée d'importer des espèces de bousiers vivant dans les régions dont étaient originaires les bovidés : Afrique du Sud et bassin méditerranéen. Le « *Dung Beetle Project* » fut lancé : 55 espèces de bousiers furent introduites en Australie de 1967 à 1982. Une petite moitié s'acclimata. Le projet, qui coûta la bagatelle de plusieurs millions de dollars aux éleveurs, fut un succès : la fertilité des sols fut restaurée et même améliorée, les pâturages reverdirent, mouches et vers régressèrent et la productivité des élevages progressa considérablement.

Mais tous ces efforts faillirent être anéantis dès le début des années 1980... À nouveau les bouses n'étaient plus décomposées et les pâturages dépérissaient : les bousiers se mouraient. Le coupable fut rapidement identifié : l'ivermectine, un antiparasitaire administré aux bovins pour combattre vers intestinaux et arthropodes ectoparasites, qu'ils éliminaient sous forme inchangée dans leurs fèces avec une durée de vie pouvant atteindre 150 jours. Or les bousiers sont des arthropodes et ils se repaissent des excréments : ces mêmes éleveurs qui les avaient appelés à la rescousse étaient en train de les empoisonner ! Heureusement, des restrictions d'utilisation de cet antiparasitaire furent prises, ainsi qu'un certain nombre de précautions pour préserver les précieux bousiers. La leçon de cette histoire, c'est qu'un médicament utilisé pour soigner finit par être rejeté dans l'environnement, où il peut provoquer une cascade d'effets inattendus et nocifs pour au moins une partie de l'écosystème.

À l'origine des médicaments dans l'environnement

L'homme cherche à se soigner depuis probablement aussi longtemps qu'il cherche à se nourrir. C'est dans la nature, en particulier dans le monde végétal, qu'il a puisé pendant très longtemps ses médicaments. À partir de la fin du XIXe siècle, avec les progrès de la chimie, les premiers médicaments de synthèse virent le jour. Ils n'étaient qu'une douzaine au début du XXe siècle ; ils sont aujourd'hui plusieurs centaines. Le corollaire est évident : chaque année, ce sont des millions de tonnes de substances pharmacologiquement actives qui sont utilisées, éliminées, puis, finalement, rejetées dans notre environnement. Et les chiffres continuent de croître puisque notre arsenal thérapeutique s'enrichit en permanence. L'alerte fut lancée pour la première fois en 1976 : des chercheurs retrouvaient de l'aspirine et de l'acide clofibrique (un médicament utilisé contre l'excès de cholestérol) dans les eaux rejetées par une station d'épuration de Kansas City, démontrant que l'épuration était imparfaite. Depuis, les études se sont multipliées et retrouvent à chaque fois des médicaments dans l'eau et les sols, parfois en quantité relativement importante.

D'où viennent ces médicaments ? La principale source est évidemment nos excréments (urine, fèces) et ceux des animaux domestiques. Les élevages industriels sont aussi une source importante par leurs effluents, qui peuvent le cas échéant être épandus dans les champs[1]. Dans les piscicultures, les médicaments sont introduits dans l'eau. En élevage extensif, les animaux traités rejettent directement les résidus de médicaments dans l'environnement. Or, certains médicaments ne sont pas métabolisés par l'organisme ou seulement en partie, et sont donc excrétés tels que ; d'autres sont métabolisés, mais les métabolites restent actifs. Les stations d'épuration sont peu ou pas efficaces sur un certain nombre de molécules, qui, de ce fait, sont éliminées avec les effluents. C'est le cas en particulier de certains anti-épileptiques, hypolipémiants, anti-inflammatoires[2] nonstéroïdiens et anticancéreux. D'autres sources de contamination de l'environnement existent : les médicaments non utilisés et non recyclés qui sont jetés à la

1. Cf. Chapitre V.

2. Les anti-inflammatoires sont classiquement divisés en stéroïdiens (plus connus sous le nom de corticostéroïdes ou, tout simplement, corticoïdes) ; et en non stéroïdiens (le plus connu étant l'acide acétylsalycilique ou aspirine), ceux-ci étant plus diversifiés sur le plan chimique. Cette distinction correspond à une réalité chimique et pharmacologique, même si les deux classes partagent les mêmes propriétés anti-inflammatoires.

poubelle (près de 30 % des médicaments vendus !), les effluents des hôpitaux et des industries chimiques et pharmaceutiques.

Les sols sont surtout contaminés par les épandages (boues de station d'épuration, fumier, purin, lisier, etc.) et les déjections d'animaux domestiques. Les polluants peuvent ensuite être entraînés par la pluie dans les nappes phréatiques ou les eaux de surface, où de nombreuses études ont chaque fois retrouvé des résidus de multiples médicaments. Les rivières reçoivent en plus les effluents de station d'épuration. Une vaste étude publiée en 2022 portant sur l'eau de 258 rivières dans 104 pays des cinq continents – ce qui représente l'exposition de 471,4 millions de personnes – a révélé un risque sanitaire réel lié à la présence de médicaments dans le quart des cas. Les principes actifs les plus fréquemment retrouvés étaient la carbamazépine, la metformine, la caféine, la gabapentine, le triméthoprime, le sulfaméthoxazole, la nicotine, le paracétamol, la lidocaïne et le métronidazole. Les rivières les plus polluées étaient celles d'Afrique subsaharienne, d'Asie du Sud et d'Amérique du Sud. Dans les cours et plans d'eau, comme dans les océans, les molécules actives peuvent se déposer et être stockées dans les sédiments. À tous les niveaux, elles sont susceptibles d'incorporer le réseau trophique et, donc, de se retrouver dans l'alimentation humaine.

Beaucoup de ces médicaments ont une durée de vie relativement courte dans l'environnement, mais le fait qu'ils soient rejetés en continu fait qu'ils y sont présents en permanence. On les retrouve en concentrations importantes dans certains fleuves et leur estuaire, mais aussi dans les mers. Par exemple, en mer du Nord on a mesuré des concentrations d'acide clofibrique (un médicament contre le cholestérol très utilisé en Scandinavie) de 1 à 2 nanogrammes par litre, ce qui signifie que la molécule est détectable dans un verre d'eau ! Peu de données sont disponibles pour l'eau du robinet en France, bien que l'étude en soit aisée. En Allemagne, les analyses d'eau ont fréquemment retrouvé des concentrations significatives d'anticancéreux, d'hypolipémiants et d'anti-inflammatoires non stéroïdiens[3]. Les études portant sur les aliments sont encore plus rares.

Les données concernant le risque pour l'homme sont, quant à elles, quasi inexistantes. Théoriquement, les populations les plus à risque sont les femmes enceintes et les enfants en bas âge. Avant leur mise sur le marché, les médicaments font uniquement l'objet d'investigations de leur toxicité aiguë (suite à l'administration de doses élevées) et, à l'aide de tests *in vitro* et chez l'animal, de leur génotoxicité et cancérogénicité. Leur toxicité chronique n'est que partiellement documentée par la pharmacovigilance, qui suit les médicaments tout au long de leur vie commerciale, mais elle ne concerne que les doses utilisées en thérapeutique, et pas leur vie ultérieure. Les risques associés à l'absorption de petites doses de résidus de médicaments tout au long de la vie sont totalement inconnus, *a fortiori* lorsqu'ils se trouvent en mélange. Cependant, les experts estiment qu'à de rares exceptions près, l'ingestion quotidienne de 2 litres d'eau du robinet pendant toute une vie, apporterait à peine la quantité d'une dose unique du médicament correspondant. Mais cet apport vient se cumuler à d'autres, notamment alimentaires (et donc ayant éventuellement subi une bioconcentration préalable), pour lesquelles les données ne sont pas disponibles. Les niveaux réels d'exposition de l'homme sont donc inconnus. En revanche, les effets sur les écosystèmes commencent à être documentés pour un certain nombre de classes de médicaments.

---

3. Cette contamination de l'eau potable est retrouvée malgré un réseau développé et performant de stations d'épuration, contrairement à beaucoup de pays où les eaux sont peu ou pas traitées. Par ailleurs, les Allemands sont de moins gros consommateurs de médicaments que les Français !

Encore et toujours les antibiotiques !

L'emploi massif d'antibiotiques, tant chez l'homme que chez les animaux, fait qu'on les retrouve partout dans l'environnement. Certaines tétracyclines et fluoroquinolones sont éliminées sous forme inchangée et peuvent facilement entrer dans la chaîne alimentaire et s'y bioaccumuler. Une molécule comme l'érythromycine (un antibiotique de la famille des macrolides) a une très forte propension à la bioaccumulation.

Dans l'environnement, les antibiotiques peuvent détruire une partie de la flore microbienne des sols et des eaux, modifiant leurs capacités épuratrices naturelles. Le même phénomène peut d'ailleurs se produire dans les stations d'épuration.

La principale préoccupation concerne la sélection de souches bactériennes résistantes, voire multi-résistantes, transmissibles à l'homme, un risque que nous avons déjà évoqué[4]. On retrouve ainsi un plus grand nombre de *Salmonella* et de *Campylobacter* résistants à proximité des élevages industriels et sur les sites d'épandage de boues de stations d'épuration. Des études réalisées chez les personnes travaillant dans des élevages intensifs ont montré qu'ils étaient particulièrement exposés, plus de 30 % d'entre eux étant porteurs de souches résistantes d'*Escherichia coli*. Une étude similaire a révélé que les personnes vivant à côté de champs recevant du fumier de porc avaient un risque plus élevé d'infection par les staphylocoques dorés résistants à la méticilline (SARM).

Ces résistances concernent surtout les tétracyclines, les quinolones et les glycopeptides, trois familles d'antibiotiques utilisées en thérapeutique humaine. Pour cette raison, les quinolones ont été interdites en aquaculture, d'autant plus que leur très faible biodégradabilité fait qu'elles s'accumulent durablement dans les sédiments. L'homme peut ingérer les

4. Cf. Chapitre V.

résidus d'antibiotiques présents dans l'alimentation ou dans l'eau, avec les mêmes conséquences potentielles que celles évoquées lors de l'ingestion de viande contaminée[5]. Un risque non confirmé pour l'homme est la consommation de poissons et de fruits de mer qui ont pu bioaccumuler les résidus d'antibiotiques présents dans l'eau, ce qui pourrait théoriquement perturber la flore microbienne du tube digestif, provoquant notamment des diarrhées, et augmenter le risque de sélection de bactéries antibiorésistantes[6]. Un risque accru d'allergie a aussi été évoqué.

Les moules, un contraceptif bio ?

Historiquement, les hormones ont été les premiers médicaments à être retrouvés dans l'environnement dans les années 1970, rejetés avec les effluents de stations d'épuration. L'estrone, un œstrogène, était alors retrouvée dans différents organismes aquatiques, végétaux et animaux, à des concentrations 228 fois plus élevées que celle de l'eau. Or les hormones agissent à très faible dose sur l'organisme ; les concentrations environnementales sont donc susceptibles d'affecter les systèmes hormonaux de nombreux organismes : ce sont des perturbateurs endocriniens par excellence.

On a par exemple retrouvé de nombreux poissons hermaphrodites à proximité des exutoires d'eaux usées, en particulier avec une féminisation des poissons mâles qui les rend stériles. L'analyse de leurs tissus a révélé de très fortes concentrations en œstrogènes et en vitellogénine, une protéine normalement synthétisée par le poisson femelle dont la synthèse est induite par les œstrogènes. Cette féminisation a pu être reproduite expérimentalement chez de nombreuses

5. Cf. Chapitre V.
6. Cf. Chapitre XIV.

espèces de poissons, d'eau douce ou marine, notamment chez la truite arc-en-ciel.

L'éthinylestradiol est l'œstrogène de synthèse présent dans presque toutes les pilules contraceptives, dans lesquelles il est associé à un progestatif de synthèse mimant les effets de la progestérone. Même s'il est retenu à plus de 70 % dans les stations d'épuration actuelles, les quantités utilisées sont telles que la concentration présente dans les effluents reste élevée. Sa puissance estrogénique est beaucoup plus importante que celle de l'estrone. Chez le poisson, c'est non seulement un puissant féminisant, mais il agit également sur le rein et le cerveau des jeunes, avec des effets sur la descendance à type d'anomalies sexuelles, de baisse de l'immunité et de tumeurs. Les amphibiens, les reptiles et les oiseaux sont également touchés. L'effet de ces hormones viendrait s'ajouter à celui d'autres perturbateurs endocriniens présents dans l'environnement, comme les PCB, le bisphénol A, ou les phtalates, qui agissent sur les mêmes récepteurs[7] ; mais encore une fois, l'« effet cocktail » de ces molécules relève du domaine de l'inconnu.

Les effets chez l'homme sont bien moins documentés. Il a été suggéré qu'une exposition de l'embryon et du fœtus aux œstrogènes pouvait induire une féminisation chez le garçon et altérer les organes sexuels chez la fille, jusqu'à provoquer une fibrose utérine ou une endométriose. Cependant, les estimations les plus pessimistes d'ingestion journalière d'éthynilestradiol ne représenteraient que 5 % des quantités naturellement produites par l'organisme humain, les deux sexes confondus, si bien qu'il est peu probable que cette ingestion ait effectivement un effet nocif chez l'humain. Toutefois, une étude publiée en 2009 a montré que 300 g de moules pêchées dans l'estuaire de la Seine contenaient l'équivalent en œstrogènes d'une pilule contraceptive ! Cette étude, et

7. Cf. Chapitre VII.

d'autres depuis, laissent penser que si le risque moyen est faible, il pourrait localement être beaucoup plus important, notamment lors de la consommation de poissons et de fruits de mer provenant d'estuaires, qui sont de véritables exutoires pour de nombreux polluants. Le risque pourrait aussi être plus important dans certaines régions du monde. Quand on sait que 50 % des médicaments princeps (80 % pour les médicaments génériques) sont fabriqués en Chine et en Inde, où les normes d'épuration des effluents d'usine sont quasi inexistantes, on peut penser que le degré d'exposition des populations riveraines n'est pas négligeable…

De nombreux médicaments dans la nature mais pas naturels

Le devenir des médicaments dans l'environnement dépend étroitement de leurs propriétés physico-chimiques, qui sont évidemment très variables. Aussi il est impossible ici de traiter de manière générique de l'impact des médicaments présents dans l'environnement, pas plus qu'il n'est possible d'aborder chaque classe de médicament de façon exhaustive. Je me contente donc d'évoquer quelques classes pharmacologiques retrouvées dans l'environnement pour lesquelles il existe quelques éléments de connaissance.

Les anticancéreux, utilisés majoritairement en milieu hospitalier, sont paradoxalement carcinogènes, mais aussi mutagènes et toxiques pour la reproduction. Leur présence dans l'environnement est donc particulièrement préoccupante, d'autant plus qu'ils sont non ou peu biodégradables et, par conséquent, très persistants. On a par exemple retrouvé de fortes concentrations de cyclophosphamide, de platine, d'ifosfamide et de tamoxifène dans des effluents hospitaliers et de stations d'épuration. Aucune étude n'est disponible sur les risques sanitaires associés à ces résidus, en dehors d'estimations à partir de modèles cinétiques qui sont plutôt rassurantes.

Médicaments parmi les plus utilisés, notamment en automédication, les anti-inflammatoires non stéroïdiens (AINS), en particulier le diclofénac, l'ibuprofène et les métabolites de l'aspirine, sont fréquemment retrouvés dans les eaux usées urbaines, parfois à des concentrations élevées. Les AINS se sont avérés toxiques pour les bactéries et les invertébrés en milieu aquatique. Dans les années 1990, le diclofénac a été rendu responsable du déclin des populations de plusieurs espèces d'oiseau en Inde et au Pakistan : 95 % des effectifs des trois espèces de vautour périrent, victimes de défaillance rénale suite à l'ingestion du foie des cadavres de bovins – les fameuses vaches sacrées, dont les cadavres sont abandonnés aux rapaces nécrophages – traités par cet AINS, qui se concentre dans le foie. Cet effondrement des populations de vautours entraîna une accumulation des cadavres de bovins et, par suite, une prolifération des chiens errants, réservoirs du virus de la rage. Il s'ensuivit une épidémie de rage dans la population, qui tua 30 000 personnes par an entre 1996 et 2016, avant que le diclofénac ne soit interdit.

Parmi les hypolipémiants, tant qu'il était le médicament anti-cholestérol le plus utilisé, l'acide clofibrique était aussi le plus fréquemment retrouvé dans les effluents des stations d'épuration, les lacs et certaines mers « fermées » comme la Baltique ou la mer du Nord. Ses effets toxiques sur les bactéries et les poissons sont bien documentés, mais rien n'a été rapporté chez l'homme. Les statines, qui ont souvent remplacé les fibrates, ne sont absolument pas documentées.

La carbamazépine est un des antiépileptiques les plus utilisés et aussi le plus préoccupant, compte tenu de la forte bioconcentration qu'il subit chez les organismes aquatiques. Il est très toxique vis-à-vis des bactéries et des invertébrés.

En résumé, aucun effet notable n'a pour l'instant été scientifiquement prouvé chez l'homme. Si les faibles concentrations de médicaments rencontrées dans l'environnement sont plutôt rassurantes, des effets nocifs à long terme restent possibles du fait de la chronicité de l'exposition, de la bioaccumulation le long de la chaîne alimentaire et d'un possible « effet cocktail », auxquels la femme enceinte et le jeune enfant seraient plus vulnérables. Mais certains médicaments, notamment antibiotiques, pourraient bien contribuer à altérer la biodiversité, déjà bien malmenée par ailleurs[8].

Avec les médicaments s'achève la deuxième partie de cet ouvrage, consacrée à la contamination des chaînes alimentaires par des composés chimiques rejetés par l'homme dans l'environnement. Il est une toute autre catégorie de maladies environnementales qui, au lieu des composés chimiques de synthèse, impliquent des éléments naturels – encore que dans certains cas ils ne le soient plus tout à fait –, mais dont le cycle spontané est perturbé par les activités humaines. C'est ce que je vous propose de découvrir dans la troisième partie.

---

8. Cf. Chapitre XIV.

Troisième partie

Quand les cycles ne tournent plus rond

« Car tu es né poussière, tu retourneras à la poussière. »
Genèse 3,19

Contrairement à l'énergie qui s'écoule de manière irréversible en un flux univoque le long des chaînes alimentaires, le destin de la matière s'apparente à un éternel recommencement. Les échanges entre la Terre et le reste de l'univers sont négligeables. Les météorites qui viennent régulièrement s'écraser sur notre planète et la masse, certes grandissante, de sondes, satellites et autres stations spatiales que nous envoyons dans l'espace, représentent à peu près les seules marchandises soumises à l'import-export entre la Terre et le reste de l'univers. Même la comète qui s'écrasa sur la péninsule du Yucatan il y a 66 millions d'années, probablement responsable de l'extinction des dinosaures, ne faisait que 10 km de diamètre, soit 0,07 % de celui de la Terre ! Par conséquent, la matière est cantonnée à la planète sur laquelle elle se trouve, la Terre pour ce qui nous concerne. Mais cela ne l'empêche pas de « circuler » au sein de la biosphère, changeant éventuellement d'état physique au cours de ses pérégrinations (tantôt solide, tantôt gazeuse ou liquide) : c'est le principe des cycles dits « biogéochimiques », au cours desquels plus de 25 éléments simples constituant la matière vivante, comme le carbone, l'oxygène, l'azote, le soufre ou le phosphore passent successivement du milieu organique vivant (bio) au milieu minéral inerte (géo) grâce à des réactions (chimiques).

La Terre est en quelque sorte une immense machinerie qui fait transiter tout élément à travers les grands compartiments que sont l'atmosphère, la lithosphère, l'hydrosphère et, surtout, la biosphère. Au sein de cette dernière, c'est comme on l'a vu la complémentarité des régimes alimentaires entre organismes producteurs, consommateurs et décomposeurs qui permet la circulation cyclique de la matière et le recyclage permanent des principaux éléments indispensables aux êtres vivants. Ces éléments sont d'abord assimilés sous forme d'ions inorganiques par les organismes autotrophes, pour être convertis en matière organique (glucides, lipides, protéines), avant d'être dégradés par les organismes hétérotrophes, qui assurent la minéralisation de cette matière organique en composés inorganiques. Les cycles biogéochimiques assurent ainsi la maintenance de taux constants des différents éléments au sein de la biosphère, lui conférant un maximum d'homéostasie[1].

En tant qu'habitant de la Terre, l'homme est inévitablement partie prenante dans les cycles biogéochimiques qui le maintiennent en vie. Mais par certaines de ses activités, il perturbe l'un ou l'autre de ces cycles, voire en crée de nouveaux, complètement artificiels, par l'introduction dans l'environnement d'éléments synthétiques qu'il a fabriqués. Il altère également les interactions entre les cycles et, donc, les ratios entre éléments chimiques dans l'environnement et dans les tissus vivants. Ces modifications peuvent avoir un retentissement important sur sa santé : c'est ce que je vous propose de découvrir dans les chapitres qui suivent.

---

1. L'homéostasie est un phénomène par lequel un paramètre clé (par exemple, la composition chimique de l'air que l'on respire) est maintenu autour d'une valeur optimale pour le système considéré grâce à des processus de régulation. À l'échelle globale, le « bon » fonctionnement des grands cycles biogéochimiques assure l'homéostasie de la biosphère.

Chapitre IX

Libérer ce qui est piégé n'est pas toujours une bonne idée

« Il y aura des signes dans le soleil,
dans la lune et dans les étoiles.
Et sur la Terre,
il y aura de l'angoisse chez les nations
qui ne sauront que faire,
au bruit de la mer et des flots,
les hommes rendant l'âme de terreur dans l'attente
de ce qui surviendra pour la Terre ;
car les puissances des cieux seront ébranlées. »

Mathieu 24,29-30

En 1824, quarante ans après les travaux pionniers de Saussure, Joseph Fourier décrivait ce qui allait être baptisé beaucoup plus tard (et à tort) l'« effet de serre » : « La température du sol est augmentée par l'interposition de l'atmosphère, parce que la chaleur solaire trouve moins d'obstacles pour pénétrer l'air, étant à l'état de lumière, qu'elle n'en trouve pour repasser dans l'air lorsqu'elle est convertie en chaleur obscure. » Les gaz responsables de ce phénomène allaient être identifiés dès 1861 par Tyndall : la vapeur d'eau et le dioxyde de carbone. Suite à cette découverte, à la fin du

XIXe siècle, Arrhenius n'hésita pas à promouvoir l'utilisation du charbon, gros pourvoyeur de CO_2, pour favoriser la rétention du rayonnement infrarouge dans l'atmosphère et ainsi prévenir la prochaine ère glaciaire !

Un effet de serre bien mal nommé mais salvateur

Ce n'est qu'en 1980, lorsque les climatologues lancent l'alerte sur le réchauffement de l'atmosphère, que les médias utiliseront l'expression « effet de serre » pour vulgariser le terme scientifique de « forçage radiatif » utilisé par les experts du Groupe international d'experts du climat (GIEC), terme qui devint vite populaire, au point d'être consacré dans le rapport Brundtland (1987). Pourquoi cette métaphore ?

La Terre, comme les autres planètes du système solaire, reçoit son énergie thermique du soleil. L'atmosphère terrestre absorbe et réfléchit une partie du rayonnement solaire, isolant la biosphère du vide spatial comme la vitre d'une serre isole la végétation du milieu extérieur. Ce terme d'« effet de serre » est en fait impropre puisqu'on sait, depuis les expériences de Wood en 1909, que la montée de la température dans une serre n'est pas liée à l'arrêt du rayonnement infrarouge par la vitre, mais au blocage des échanges thermiques entre l'air intérieur et l'air extérieur.

Environ la moitié du rayonnement solaire est absorbée par la surface du sol. Une partie est restituée à l'atmosphère sous forme de rayons infrarouges : au contact du sol chauffé par le soleil, l'air frais se réchauffe et se charge en eau, avant de monter dans l'atmosphère où la vapeur d'eau libère sa chaleur latente lorsqu'elle se condense en nuages. Les infrarouges libérés vont alors être absorbés par les gaz à effet de serre (par ordre d'importance quantitative : vapeur d'eau H_2O, dioxyde de carbone CO_2, ozone O_3, méthane CH_4 et protoxyde d'azote N_2O), ce qui va réchauffer l'atmosphère, avant qu'ils ne soient ré-émis, notamment en direction de la surface terrestre, s'opposant ainsi à son refroidissement. Cet « effet de serre » est donc un phénomène parfaitement naturel et même vital puisque s'il n'existait pas, l'ensemble de la Terre serait couvert de glace et la température moyenne ne dépasserait pas –50 °C. Il peut aussi être fatal : sur la planète Vénus, certes plus proche du soleil, dont l'atmosphère contient 96 % de CO_2, il porte la température à plus de 460 °C !

Avant l'apparition de la vie sur Terre, l'atmosphère était constituée à 30 % de dioxyde de carbone, principalement issu du dégazage d'origine volcanique (qui reste une source importante de CO_2 en émettant environ 0,1 gigatonne chaque année). Ce n'est qu'avec l'apparition des premiers organismes chlorophylliens, il y a environ 3 milliards d'années, que ceux-ci ont commencé à faire chuter la teneur atmosphérique en CO_2. Le plancton marin, qui absorbe le CO_2 pour former les coquilles de carbonate de calcium ($CaCO_3$) et les premières forêts qui recouvrirent la planète à l'ère primaire furent de formidables « puits de carbone » : en fixant des millions de tonnes de CO_2, ils en abaissèrent progressivement la teneur atmosphérique sous les 0,03 %. Ce taux, bien que fluctuant sur des périodes de 120 000 ans, est resté globalement stable jusqu'au milieu du XXe siècle, témoignant de la grande efficacité du cycle naturel du carbone. Actuellement, on estime que les êtres vivants échangent 60 gigatonnes de carbone par an avec l'atmosphère, avec un certain équilibre entre émission de CO_2 par les processus de respiration (en présence d'air) et de fermentation (en l'absence d'air), et assimilation de CO_2 par la photosynthèse des plantes et des cyanobactéries. Mais les activités humaines sont venues perturber le cycle naturel du carbone, si bien que l'effet de serre n'est plus tout à fait naturel…

La part de l'homme dans l'effet de serre

En effet, si la plupart des gaz à effet de serre (GES) sont d'origine naturelle, leur concentration actuelle dans l'atmosphère ne l'est pas, les activités humaines l'ayant fortement augmentée. De surcroît, certains GES sont entièrement d'origine synthétique, comme les halocarbones lourds (dont les fluorocarbones chlorés incluant les CFC, les molécules de HCFC-22 comme le fréon et le perfluorométhane) et l'hexafluorure de soufre (SF_6)[2]. Ce dernier, par exemple, est à l'origine d'un effet de serre 2 000 fois plus important que le CO_2 et possède une durée de vie 500 fois plus longue (50 000 ans).

La principale source anthropique de CO_2 est l'utilisation des combustibles fossiles, auparavant piégés dans les sédiments et donc soustraits au cycle naturel du carbone : charbon, lignite, pétrole et gaz naturel (méthane), à l'origine du rejet de grandes quantités de CO_2 dans l'atmosphère. Pour bien comprendre, il faut se souvenir que le carbone représente le principal constituant de la matière vivante. Lorsqu'ils meurent, les êtres vivants peuvent se retrouver piégés dans des sédiments avant que leur décomposition – c'est-à-dire leur minéralisation – ne soit achevée : ils vont alors se fossiliser, selon un processus qui s'étale sur plusieurs millions d'années et qui aboutit aux différentes formes de « carbone fossile ». Celui-ci ne se trouvant pas dans les roches superficielles, il ne participe plus au cycle du carbone dans les conditions naturelles : il y est soustrait. C'est l'exploitation de ces gisements comme source de combustibles qui est à l'origine de rejets anthropiques importants de CO_2. Alors que la teneur de l'atmosphère en CO_2 était relativement stable à 0,028 % avant la révolution industrielle, elle croît de +1,5 parties par

2. Les halocarbones ont été surtout utilisés comme gaz réfrigérant et comme gaz propulseur ; et l'hexafluorure de soufre dans la construction électrique.

million (soit 0,00015 %) par an en moyenne depuis 1980 et dépasse aujourd'hui 0,04 %, ce qui n'était plus arrivé au cours des 4 derniers millions d'années : même les Australopithèques n'ont pas connu cela !

Les principaux émetteurs de GES sont, par ordre d'importance, les transports (environ 26 %, mais les émissions sont en constante augmentation), l'industrie (20 %), l'agriculture, le chauffage des bâtiments (19 %), le secteur énergétique (production et transformation : 13 %) et le traitement des déchets. Arrêtons-nous un instant sur l'agriculture. L'élevage bovin en particulier produit de grandes quantités de méthane, par les déjections mais aussi et surtout lors de la rumination, les bactéries de l'estomac des ruminants digérant par fermentation la cellulose de l'herbe consommée. Une vache émet quotidiennement entre 400 et 500 grammes de méthane, selon sa race et son régime alimentaire. Près de 5 % des GES sont ainsi émis par les bovins, ce qui certes reste bien inférieur aux 26 % des transports et aux 20 % de l'industrie, mais l'effet de réchauffement du méthane est jusqu'à 25 fois plus élevé que celui du CO_2. Le même cheptel émet bien plus de GES en élevage hors sol qu'en élevage herbager ; ce dernier devrait donc être privilégié, d'autant plus qu'il garantit le maintien des prairies, qui sont de formidables puits de carbone ! Côté cultures, ce sont surtout les rizières qui sont montrées du doigt : à l'échelle mondiale, elles produiraient autant de GES que 200 centrales à charbon, principalement du méthane CH_4 et du protoxyde d'azote N_2O, ce dernier ayant un pouvoir chauffant 300 fois supérieur à celui du CO_2 (en plus de dégrader la couche d'ozone[3]), pour une durée de vie dans l'atmosphère de 120 ans. La pratique culturale consistant en une inondation par intermittence réduit les émissions de méthane, mais augmente celles de

3. Cf. Chapitre X.

N_2O d'un facteur 30 à 45 par rapport à des rizières inondées en permanence.

L'effet de serre « global » est aggravé par la déforestation, qui détruit les « puits » de carbone que sont les arbres et les sols forestiers et, donc, une partie de la capacité de la biosphère à piéger le CO_2 excédentaire. Ainsi, 20 % des émissions globales sont imputables à la déforestation, qui sévit majoritairement en Amazonie, en Indonésie et dans le bassin du Congo. Le retournement des prairies en champs cultivés et le drainage des zones humides, non seulement libèrent un surcroît de CO_2, mais réduisent un peu plus les capacités de piégeage du carbone des écosystèmes, même si la quantité stockée est bien moindre comparée à celle dissoute dans les océans[4]. La végétation représente la majeure partie du réservoir continental de carbone organique, avec une biomasse actuelle estimée à 700 milliards de tonnes (contre 1 100 milliards de tonnes au début du Néolithique, avant la déforestation entreprise par l'homme).

Où il ne fait pas si bon d'être sous serre

La principale conséquence de l'effet de serre d'origine anthropique est l'augmentation des températures, tant au niveau de l'atmosphère (réchauffement climatique) que de l'hydrosphère (échauffement des océans, mais aussi des cours et plans d'eau douce). Nous sommes désormais habitués aux rapports alarmants

4. Comme le dioxyde de carbone est très fortement soluble dans l'eau, les océans en stockent une quantité considérable (environ 39 000 gigatonnes) dans les cent premiers mètres de profondeur, essentiellement sous forme d'ions bicarbonates et carbonates, qui eux-mêmes sont captés par le plancton et les coquillages pour fabriquer leur coquille après précipitation en carbonate de calcium, celui-là même qui est à l'origine des roches et sédiments calcaires (cette transformation prenant plusieurs centaines de millions d'années, mais représentant 50 millions de gigatonnes de carbone soustraites au cycle). Le stock océanique est cent quatre-vingt fois plus important que le réservoir atmosphérique.

du GIEC, groupe d'experts mis en place par l'ONU en 1988, qui attribue sans ambiguïté le dérèglement climatique actuel aux émissions anthropiques de GES, quoi qu'en disent les « climato-sceptiques » ou, devrais-je plutôt dire, les « marchands de doute[5] ». Quant au lien avec les émissions de GES et, en particulier de CO_2, il ne fait guère de doute tant les indices convergent. L'un des plus spectaculaires vient de l'analyse de la composition isotopique de l'oxygène piégé dans les glaces antarctiques. Une carotte de glace prélevée à plus de 3 500 mètres de profondeur a permis de reconstituer le climat des 800 000 dernières années : elle révèle une augmentation de la teneur atmosphérique en CO_2 de 30 % durant le xxe siècle, alors qu'elle était à peu près stable auparavant, malgré plusieurs cycles de glaciation et de réchauffement.

Les températures moyennes ont déjà considérablement augmenté : rien que sur la période 1956-2006, l'élévation moyenne de la température a été de 0,65 °C ; la Terre s'est réchauffée de 1,1 °C depuis 1880 et la surface des océans de 0,6 °C depuis 1960. Dans le même temps, les précipitations ont diminué au sud et augmenté au nord. La banquise et les glaciers ont continué de régresser : dans les Alpes, les glaciers ont perdu près des deux tiers de leur masse entre 1850 et 2010 ; le Groenland a perdu 250 milliards de tonnes de glace par an entre 2005 et 2009 ; la banquise à la fin de l'été est passée de 8,5 à 5,5 millions de km^2 entre 1975 et 2010. Le pergélisol (les sols gelés en permanence, *permafrost* en anglais) s'est réchauffé et le manteau neigeux a diminué. L'action combinée de la dilatation thermique des masses

5. Dans leur ouvrage de 2010 *Les marchands de doute*, Oreskes et Conway démontrent comment les controverses sur le réchauffement climatique (et sur bien d'autres sujets environnementaux) sont largement biaisées par la contribution disproportionnée de scientifiques à contre-courant, souvent en quête de reconnaissance ou de réhabilitation, financés par des firmes privées et des *think tanks*. La stratégie vise à instiller le doute et la confusion après qu'un consensus scientifique s'est établi, alimentant ainsi les théories complotistes.

océaniques, de la fonte des glaces continentales et du flux des eaux continentales vers les océans provoque une élévation du niveau moyen des mers.

Mais le pire reste peut-être à venir… La fonte des calottes glaciaires et le dégel du pergélisol des toundras arctiques risquent de libérer les énormes quantités de méthane contenues dans les glaces, provoquant un emballement de l'effet de serre. Le dégagement de méthane est de l'ordre de 14 à 35 millions de tonnes par an dans la zone arctique. Cela pourrait encore s'accélérer si l'hypothèse du fusil à clathrates (*clathrate gun hypothesis*) se vérifiait. Cette hypothèse considère en effet que le réchauffement des océans pourrait provoquer la libération soudaine de méthane à partir des clathrates (hydrates de méthane) qui se trouvent dans le plancher océanique. Sachant que le méthane est un GES 21 fois plus puissant que le CO_2, on comprend pourquoi il y aurait emballement. C'est peut-être ce qui s'est déjà passé il y a 55 millions d'années, lors d'un épisode de réchauffement brutal de la planète[6]. Mais cette hypothèse est controversée, les clathrates étant très stables et le méthane du pergélisol ayant peu de chance de s'en échapper ; de plus, le méthane a une durée de vie plus courte que le CO_2 (12 ans contre 100 ans).

Selon les scénarios, le GIEC prévoit une augmentation des températures entre 1,1 et 6,4 °C au cours du XXIe siècle, si les émissions de GES continuent au même rythme que dans la période 1990-2010 (puisqu'elles sont restées inchangées depuis la signature du protocole de Kyoto par la plupart des pays en 1997 et que même un utopique arrêt total et

6. Le *Paleocene-Eocene thermal maximum* ou PETM est l'évènement paléoclimatique le plus similaire au réchauffement climatique actuel. Il est survenu brutalement en quelques milliers d'années et a duré environ 150 000 ans. La température moyenne globale de l'air s'est élevée à 32°C (avec des moyennes maximales de 50°C sur certains continents), celle des océans à plus de 30°C.

immédiat des émissions n'aurait pas d'effet à court terme, compte tenu de la durée de vie de ces GES).

L'OMS estime que les changements climatiques sont déjà responsables d'au moins 150 000 décès par an. Ce chiffre devrait doubler d'ici à 2030 et passer à 250 000 morts supplémentaires par an entre 2030 et 2050. Les causes majeures de ces décès sont la sous-alimentation des enfants (38 %), le paludisme (24 %), les diarrhées (19 %) et les épisodes de canicule (15 %).

Petit changement climatique, grands bouleversements météorologiques

Le dérèglement climatique général induit par le réchauffement se traduit notamment par des événements météorologiques extrêmes, comme les pics et vagues de chaleur, les inondations, les sécheresses (et les incendies de forêt qu'elles facilitent), les tempêtes, ouragans, tornades et autres cyclones, qui sont de plus en plus fréquents, dévastateurs et coûteux dans le monde. Le nombre des catastrophes « naturelles » liées aux événements météorologiques extrêmes a plus que triplé depuis les années 1960, provoquant chaque année le décès de plus de 60 000 personnes, principalement dans les pays pauvres. Le nombre de cyclones d'intensité 4 et 5 a quasiment doublé entre 1970 et 2004. Et comble du cynisme, ce sont les pays qui ont le moins contribué au réchauffement climatique qui sont les plus exposés : les habitants des pays en voie de développement, mais aussi des îles, des zones littorales, des régions polaires et des régions montagneuses.

L'effet de serre affecte le cycle de l'eau à l'échelle globale. Le réchauffement en surface favorise l'évaporation depuis les océans et les zones humides continentales, tandis que dans l'atmosphère le contenu maximal de vapeur d'eau augmente, ce qui représente des volumes d'eau disponibles beaucoup plus importants lors des épisodes de précipitations. Dès lors, la fréquence, l'intensité et le volume des précipitations peuvent augmenter très fortement localement, notamment en Europe et en Amérique du Nord. En France, la multiplication ces dernières années des épisodes « cévenols » illustre ce phénomène, dont les conséquences sont souvent aggravées par une urbanisation et un aménagement du territoire irraisonnés. Cyclones (tropicaux), ouragans (atlantiques) et typhons (pacifiques) ne semblent pas augmenter en fréquence, mais en intensité, avec des vents plus forts et des pluies plus abondantes. Par exemple, rien que dans l'année 2017, les neuvième (Harvey, de catégorie 4, en août) et dixième (Irma, de catégorie 5, en septembre) ouragans qu'a connus le golfe du Mexique ont été particulièrement dévastateurs (190 et 68 milliards de dollars de dégâts, respectivement) et meurtriers (134 et 90 morts). En 2021, les dix plus importantes catastrophes météorologiques ont généré plus de 170 milliards de dollars de dégâts, dont 65 milliards pour le seul ouragan Ida. Dans les décennies à venir, les cyclones ne devraient plus se cantonner aux régions tropicales, mais toucher des régions situées à plus haute latitude.

Au contraire, d'autres régions sont soumises à des épisodes de sécheresse récurrents, par défaut de précipitation, comme au Sahel ou en Californie, ce qui favorise la désertification et les incendies, respectivement. Les régions méditerranéennes du globe (bassin méditerranéen, Australie, Californie, Afrique du Sud) sont déjà très touchées par l'aridification. On estime qu'une augmentation des températures de 1,5 °C entraînerait une hausse de 40 % des surfaces forestières détruites par le feu et, par conséquent, une augmentation majeure des émissions de CO_2 et d'autres polluants (particules fines, mercure, dioxines...). Les terribles feux de forêt qui touchent la Californie de manière récurrente (près de 4 400 km^2 dévastés en 2018 avec plus d'une centaine de morts, près de 8 000 km^2 détruits en 2020) ne démentent pas cette prévision ; selon une récente étude, cet État américain connaît depuis 2000 sa pire sécheresse depuis 1 200 ans ! En Europe, c'est la péninsule ibérique qui paie le plus lourd tribut. Comme en Californie, les dérèglements climatiques sont une cause majeure de l'augmentation de la fréquence et de l'ampleur des feux de forêt, mais la majorité des incendies restent d'origine criminelle et certains facteurs anthropiques viennent aggraver l'intensité des feux. En premier lieu la déprise agricole (les forêts secondaires se développant spontanément sur d'anciens terrains cultivés ou pâturés possèdent un sous-bois touffu qui fournit un excellent combustible), mais aussi le remplacement des forêts indigènes par des monocultures d'essences exotiques parfois très inflammables, comme les eucalyptus ou certaines espèces de pin. Comble de l'ironie, ces essences sont parfois promues par les pouvoirs publics pour « adapter » la forêt aux changements climatiques, comme en France, notamment dans les régions méditerranéennes les plus à risque d'incendie ! La France a d'ailleurs été touchée comme jamais au cours de l'été 2022 : fin août, plus de 62 000 hectares avaient déjà été dévastés, principalement des plantations de pins dans les Landes, mais également des massifs forestiers plus septentrionaux. Cette surface reste toutefois nettement inférieure à celle qui a brûlé dans le même temps en Espagne (283 000 hectares) ou au Portugal (86 600 hectares). L'altération du cycle de l'eau est parfois résumée par la formule lapidaire des Anglais : « *wet get wetter, dry get drier* », les régions arrosées le seront encore plus, les régions arides seront toujours plus arides ; mais dans les deux cas, avec des conséquences sanitaires majeures.

Les vagues de chaleur, plus fréquentes et plus longues, font des dizaines de milliers de morts. La canicule qui a touché toute l'Europe de juin à août 2003 aurait fait plus de 70 000 morts, dont 14 802 en France (soit une surmortalité de +55 %), principalement par maladies cardiovasculaires ou respiratoires chez les personnes âgées, plus sensibles à la déshydratation et à la pollution par l'ozone et autres polluants atmosphériques. Les personnes ayant des problèmes cardiaques sont en effet plus vulnérables, car le refroidissement du corps (thermorégulation) réclame beaucoup d'énergie pour maintenir la température corporelle à 37 °C et, par conséquent sollicite davantage le système cardiovasculaire, comme le moteur d'un réfrigérateur fonctionne davantage par temps chaud que par temps frais.

Certaines pathologies devraient voir leur fréquence augmenter, au moins dans certaines régions : les coliques néphrétiques provoquées par les calculs rénaux, du fait de la concentration des urines ; les cancers de la peau, du fait de la plus forte insolation annuelle. En contrepartie, la mortalité liée aux pathologies hivernales (notamment chez les « sans domicile fixe ») devrait diminuer, en raison de la plus grande rareté des épisodes de grand froid. L'augmentation des concentrations d'ozone fragilise le tissu pulmonaire et peut causer des complications mortelles chez les sujets asthmatiques ou insuffisants respiratoires. Les enfants et les personnes âgées sont aussi très vulnérables[7]. On estime actuellement que près d'un individu sur trois dans le monde serait exposé à des vagues de chaleur potentiellement mortelles ; cette proportion pourrait s'élever à trois sur quatre d'ici la fin du XXIe siècle, si les émissions de GES se poursuivent au rythme actuel. L'été 2003 pourrait ainsi devenir la norme dans les années 2040. Selon le dernier rapport du GIEC (2022), il faut s'attendre à 30 000 morts par an en Europe d'ici 2050 dans un scénario à +1,5 °C (trois fois plus dans le scénario à +3 °C).

Depuis le début du XXe siècle, le niveau de la mer a augmenté de 1,5 à 3 millimètres par an, soit un rythme jusqu'à 5 fois supérieur à celui des derniers millénaires. Cette élévation s'accélère : de 1,7 mm par an entre 1901 et 2011, elle est passée à 3,3 mm par an entre 1993 et

7. Cf. Chapitre X.

2014. Selon les scénarios du GIEC, le niveau des océans devrait grimper de 26 à 82 cm d'ici 2100, de 1 à 3 m d'ici 2300. Il faut donc s'attendre (et se préparer) à une submersion marine, à une érosion des plages sableuses et des falaises crayeuses, à des intrusions salines dans les nappes d'eau douce et les champs cultivés. Plus de la moitié de la population mondiale vivant à moins de 60 km de la mer, elle est directement exposée à la montée du niveau des océans et devra se déplacer, ce qui aura inévitablement des conséquences sanitaires.

L'épisode de submersion marine de février 2010 au cours de la tempête Xynthia en Vendée et en Charente-Maritime a donné un exemple « en miniature » des conséquences possibles : 47 morts, plus de 500 000 personnes sinistrées, recul du trait de côte jusqu'à 20 m en certains points, destruction d'habitations et de voies de communication à hauteur de plus d'un milliard d'euros, 57 000 ha de terres agricoles inondées d'eau salée. Et que dire du stress psychologique post-traumatique… Toujours selon le GIEC, d'ici 2050, c'est un milliard d'habitants des régions côtières qui seront menacés par la submersion marine.

La fonte des calottes glaciaires et des glaciers, combinée à l'alourdissement des masses océaniques suite à la montée du niveau de la mer, pourraient avoir des conséquences géophysiques globales réactivant certaines failles et systèmes volcaniques. Le dégel des pergélisols s'accompagne d'une déstabilisation des sols qui, en montagne, se traduit par des effondrements de blocs rocheux. Rien qu'en 2015, 150 écroulements ont été recensés dans le massif du Mont-Blanc, pour la plupart entre 3 100 et 3 500 mètres d'altitude. En juillet 2022, plusieurs glaciers se sont effondrés, dont le glacier de Marmolada en Italie qui a fait 11 victimes.

Chaleur et humidité : les microbes ne demandent pas mieux !

La hausse des températures favorise la prolifération des micro-organismes, avides de chaleur et d'humidité[8] et vient amplifier les conséquences de l'eutrophisation – le fait que l'eau contienne beaucoup plus d'éléments nutritifs que la normale[9]. La modification de la répartition des précipitations (plus fréquentes au nord, plus rares, aléatoires et brutales au sud) a d'importantes conséquences sanitaires. Les sécheresses compromettent l'approvisionnement en eau douce salubre de certaines régions du globe, comme le Sahel ou le Proche Orient, entraînant des problèmes d'hygiène et les pathologies associées, dont les diarrhées, qui tuent chaque année près de 600 000 enfants de moins de 5 ans. Plus généralement, l'eau contaminée par des micro-organismes tue chaque année plus de 5 millions de personnes, bien plus que le SIDA !

Les inondations, toujours plus fréquentes et intenses, impactent directement et indirectement la santé humaine. Directement, en provoquant noyades et traumatismes ; indirectement en contaminant les eaux potables, ce qui augmente le risque de maladies infectieuses transmises par l'eau (comme le choléra) ou par les insectes dont le cycle de développement comporte un stade larvaire aquatique (comme le paludisme transmis par les moustiques anophèles). La conservation des récoltes posera certainement des problèmes croissants, avec un risque accru de développement de moisissures lors de l'étape de stockage des denrées et, donc, un risque accru de mycotoxicose alimentaire chez l'homme[10]. De plus, les déplacements de population induits par les inondations facilitent la promiscuité et la transmission des agents infectieux.

8. Cf. Chapitre XVII.

9. Cf. Chapitre XI.

10. Cf. Chapitre II.

Les hantaviroses, un type particulier de maladie virale, connaissent une extension sans précédent, en lien avec les épisodes de pluviosité extrême ; elles sont responsables de fièvre hémorragique avec syndrome rénal (en Asie et en Europe) et d'une maladie cardiopulmonaire (en Amérique du Nord). Même l'Europe tempérée est touchée : depuis les années 2000, le Royaume-Uni (mais aussi la France) a enregistré un nombre croissant de cas de maladie des légionnaires, une infection pulmonaire due à une bactérie qui adore l'eau chaude, *Legionella pertussis*. L'augmentation de la fréquence des inondations induites par El Niño[11] coïncide avec une augmentation de l'incidence des diarrhées infectieuses, en particulier du choléra, et des gastroentérites à norovirus. Le choléra est réapparu au Pérou depuis 1991 ; on pense que la bactérie a voyagé depuis le Bangladesh fixée au plancton marin transporté passivement par El Niño. Celui-ci aurait aussi participé à l'émergence du redoutable virus Nipah (un agent de fièvres hémorragiques, mortelles dans 70 % des cas) en Malaisie, au début des années 2000, transmis à l'humain par des chauves-souris. El Niño est rendu responsable des grandes épidémies de choléra et de fièvre de la vallée du Rift qui touchent l'Afrique de l'Est, de paludisme en Amérique du Sud et dans le sud de l'Asie, d'hantavirose pulmonaire dans le sud-ouest des États-Unis.

Une autre situation provoquée par le réchauffement climatique est la fonte des glaces et le dégel du pergélisol

11. Désignant initialement le courant côtier chaud qui longe la cordillère des Andes (qui est un peu à l'hémisphère sud ce qu'est le *gulf stream* à l'hémisphère nord), le terme est désormais associé aux températures anormalement élevées de l'eau dans la partie est de l'océan Pacifique Sud, extension vers l'Antarctique du courant côtier initial qui oscille d'est en ouest baptisée ENSO (pour *El Niño-Southern Oscillation*). El Niño est la conséquence australe des anomalies dans la circulation des masses d'air induites par le réchauffement climatique. Il provoque le déplacement des précipitations vers l'est, dévie la trajectoire des cyclones tropicaux et empêche la remontée d'eau froide (et de nutriments !) le long de la côte ouest de l'Amérique du Sud.

à proximité des zones polaires, qui pourraient libérer des micro-organismes pathogènes qui y sont piégés. C'est ce qu'ont suggéré des scientifiques américains après la découverte depuis 2003 de quatre virus géants libérés des glaces antarctiques qui les retenaient prisonniers depuis la Préhistoire. Ces quatre virus se sont avérés inoffensifs, mais les chercheurs craignent que des virus dangereux et potentiellement pandémiques puissent connaître le même destin dans les années à venir... Cette hypothèse est loin d'être farfelue puisqu'elle expliquerait l'épidémie d'anthrax qui se déclencha en Sibérie occidentale en août 2016, une maladie mortelle due à la bactérie *Bacillus anthracis*, qui n'avait pas été revue depuis 75 ans. Le dégel du sol aurait permis aux spores de la bactérie (sa forme de résistance en milieu hostile) d'être libérées à partir d'un charnier de rennes ; une épidémie avait en effet entraîné la mort de 1,5 million de rennes trois quarts de siècle plus tôt. Les spécialistes redoutent que d'autres micro-organismes puissent ainsi s'évader de leur prison de glace, notamment les agents de la brucellose, de la leptospirose, de la rage et d'hantaviroses.

Le retour du spectre : pénuries alimentaires et d'eau potable

L'augmentation des températures et la diminution des précipitations risquent de modifier les rendements agricoles : plus importants au nord, plus faibles au sud, notamment dans la zone intertropicale où la malnutrition et les famines font déjà 3,1 millions de morts par an. Le GIEC et l'OMS évaluent à 50 % la baisse de la productivité vivrière dans certains pays africains d'ici 2050 et estiment qu'entre 75 et 250 millions de personnes vivant en Afrique n'auront plus accès à l'eau potable et connaîtront une pénurie alimentaire. Cette dernière pourrait affecter 130 millions de personnes en Asie dans le même temps.

Cela a (et aura) un impact très fort sur les populations les plus pauvres, pour qui l'achat de denrées alimentaires devient alors très difficile, entraînant des privations, voire des « émeutes de la faim ». Les pays tempérés sont touchés dans une moindre mesure ; par exemple, en France, lors de la canicule de 2003, les rendements agricoles avaient enregistré une baisse de 20 %. On estime que 8 % des terres actuellement cultivables ne le seront plus d'ici 2100. Le GIEC a clairement mis en relation les épisodes d'augmentation très rapide du prix des produits alimentaires et des céréales avec la survenue d'événements climatiques extrêmes (tempêtes, inondations, sécheresses, etc.). Une étude avait par exemple montré une corrélation entre les épisodes de canicule et les épisodes d'émeute et de guerres civile dans la zone subsaharienne entre 1981 et 2002. Cette inégalité supplémentaire entre pays du Sahel ou de la zone intertropicale et pays tempérés contribue à renforcer les flux migratoires des premiers vers les seconds, avec son lot de conséquences socio-économiques, politiques et sanitaires. Rien qu'entre 2014 et 2020, ce sont plus de 20 000 migrants qui ont péri en Méditerranée en tentant de rallier l'Italie depuis la Lybie.

Plus inattendus que ces répercussions sur la productivité agricole sont les effets de l'élévation des concentrations atmosphériques de CO_2 sur la qualité nutritive des denrées alimentaires. Comme la concentration de la plupart des autres éléments chimiques reste stable – comme celle des oligoéléments, de l'azote et du phosphore par exemple –, un déséquilibre nutritionnel s'installe chez les plantes, qui se traduit par une plus faible teneur en oligoéléments (notamment en sélénium, en fer et en zinc) et un défaut de synthèse de protéines et de vitamines. Pour compenser ces déficits, il faut donc consommer davantage de biomasse végétale, que l'on soit un homme se nourrissant de cultures vivrières ou un animal consommant des plantes sauvages (ou cultivées !). D'où une ration calorique qui augmente pour une même quantité de nutriments essentiels, ce qui participe à l'épidémie de diabète et d'obésité.

D'autre part, le déséquilibre nutritionnel chez les plantes rend celles-ci plus vulnérables aux attaques de ravageurs ou de parasites – qui ont donc besoin de consommer davantage pour satisfaire leurs propres besoins nutritionnels ! –, ce qui accroît encore un peu plus les baisses de rendement et, dans une implacable logique de spirale infernale, motive l'utilisation de davantage de pesticides et d'engrais. D'autant plus que les changements climatiques, comme nous le verrons plus loin dans ce chapitre, entraînent une redistribution du vivant et, notamment, de certains agents de maladie des plantes cultivées ou de ravageurs. La protection des cultures nécessitera vraisemblablement un renforcement de l'usage des pesticides, entraînant un risque accru de pollution des eaux et des sols, et de présence de résidus toxiques dans les aliments[12].

Les sécheresses évoquées plus haut, dont la fréquence et la durée devraient être multipliées par 2 et 6 respectivement d'ici la fin du siècle, tout en concernant de nouveaux territoires, vont inévitablement avoir un impact sur l'approvisionnement en eau douce et sur la production agricole. La désertification et la salinisation des sols progressant, la disponibilité des terres cultivables va être réduite. C'est ce qui pousserait les populations à se tourner vers d'autres ressources alimentaires, avec de nouvelles répercussions sanitaires… c'est peut-être ce qui se cache derrière les nouvelles pandémies de virus mortels.

Ce sont bien les épidémies et les pandémies qui sont nouvelles, rarement les virus ! Ainsi la grande épidémie d'Ebola[13]

---

12. Cf. Chapitre XI.

13. La maladie Ebola se caractérise par un syndrome grippal d'apparition brutale, suivi par une diarrhée sanglante, des vomissements, des éruptions cutanées, une insuffisance rénale et hépatique, des hémorragies internes et externes, se soldant par le décès en 6 à 16 jours dans 50 à 90 % des cas. En cas de survie, les séquelles neurologiques, hépatiques ou oculaires sont fréquentes. La contamination inter-humaine est possible.

de 2014 qui toucha surtout l'Afrique de l'Ouest et fit plus de 11 000 morts (10 000 victimes ont survécu avec des séquelles) était-elle due au virus Ebola, connu depuis 1976 du nord de l'actuelle République démocratique du Congo. La déforestation pour créer de nouvelles terres arables conduit l'homme au plus près des animaux de la forêt, qui deviennent accessoirement une nouvelle source de nourriture. Ces nouveaux contacts engendrent de nouvelles interactions microbiennes qui pourraient contribuer à la diffusion d'« anciens » virus, voire à l'apparition de nouveaux virus par transfert de gènes. Dans le cas du virus Ebola, les hôtes naturels sont des chauves-souris frugivores forestières, qui pouvaient contaminer les grands singes (Ebola est la deuxième cause de mortalité chez les gorilles après le braconnage). Chauve-souris et singes sont consommés par l'homme comme « viande de brousse » ; c'est bien la manipulation de cadavres de singes et la consommation de viande contaminée qui semble être à l'origine des épidémies humaines.

Moins dramatique dans ses conséquences mais similaire dans ses causes est le cas du virus Nipah. La première épidémie se déclara en 1998 en Malaisie et toucha d'abord les porcs, puis les éleveurs de porcs (et même les bouchers qui avaient abattu les porcs) qui s'étaient installés dans les clairières de la forêt tropicale ; elle fit plus de 2 600 victimes humaines dont 115 morts et plus d'un million chez les porcs[14]. Encore une fois, le réservoir de virus était constitué par des chauves-souris frugivores qui, suite à la destruction de leur habitat (la forêt tropicale, incendiée volontairement pour lui substituer des cultures de palmiers à huile) et de leurs ressources alimentaires sauvages, venaient se nourrir sur les manguiers plantés près des fermes, infectant du même coup les porcs par leur salive (laissée sur les fruits donnés aux porcs) et leurs excréments. La déforestation est ainsi le premier facteur favorisant

14. Chez l'homme, le virus provoque une encéphalite et une pneumonie ; cette dernière est responsable de la contamination inter-humaine.

l'émergence de nouvelles maladies infectieuses. Les animaux domestiques jouent souvent le rôle de pont épidémiologique entre la faune sauvage et les hommes, et même d'amplificateur quand ils sont élevés de manière concentrationnaire. Il a de plus été montré que la déforestation et le réchauffement climatique, combinés aux autres pressions anthropiques sur les forêts naturelles, provoquaient un stress chez les mammifères comme la chauve-souris, qui affaiblit leur système immunitaire et favorise l'excrétion virale et les mutations des virus, ces derniers pouvant plus facilement « sauter » à un autre hôte.

Enfin, comment ne pas évoquer le cas du SIDA, provoqué par le virus de l'immuno-déficience humaine ou VIH. L'infection par le VIH concerne plus de 30 millions de personnes dans le monde et a déjà fait plus de 25 millions de morts depuis 1981. Même s'il reste des zones d'ombre sur les origines de l'épidémie, on sait aujourd'hui que c'est la consommation de viande de chimpanzé contaminée qui en a été le point de départ. Encore une fois, la pratique n'était pas nouvelle ; des cas isolés de SIDA diagnostiqués rétrospectivement remontent jusqu'en 1910. C'est bien la demande croissante de nourriture (et de ressources minières) qui favorise la déforestation au profit de clairières culturales et la consommation croissante de viande de brousse qui ont favorisé l'émergence de l'épidémie. La circulation des personnes à l'heure de la mondialisation a ensuite assuré son succès planétaire. Le VIH ne serait autre qu'un mutant du VIS, le virus de l'immuno-déficience simienne découvert en 1989, qui touche au moins 18 espèces de singe. Le VIH serait apparu à plusieurs reprises, indépendantes les unes des autres, dans différentes régions d'Afrique tropicale, sous deux formes différentes génétiquement : le VIH-1 et le VIH-2. Le VIH-1 serait passé quatre fois du singe à l'humain, deux fois d'un chimpanzé (dont le VIH-1 du groupe M, apparu au sud-est du Cameroun, qui est responsable de la pandémie mondiale), deux fois d'un gorille, probablement à la faveur de morsures ou de contacts sanguins lors de la préparation de la viande de brousse. Le VIH-2 viendrait lui d'un VIS du mangabey couronné et/ou du singe vert, deux espèces proches du genre *Cercocebus* vivant en Afrique de l'Ouest.

Jusqu'à récemment les pandémies virales impliquant l'infection de l'homme par un virus « animal » avaient surtout comme point de départ l'élevage concentrationnaire, de poulets pour le virus de la grippe A H5N1 ou grippe « aviaire[15] », ou de porcs pour le virus de la grippe A H1N1 (baptisé à tort « grippe porcine ») impliqué dans la pandémie de 2009[16]. Mais l'aggravation de l'insécurité alimentaire et de la pauvreté induite par les changements climatiques pourrait accroître considérablement ces risques de transfert d'agents infectieux animaux à l'homme. Les exemples récents ne manquent pas : VIH, Ebola et Nipah bien sûr, mais aussi des virus à vecteur arthropode comme les virus West Nile, Chikungunya, Zika, etc. présents initialement chez les rats, les oiseaux ou les chauves-souris[17].

Sur les 335 nouvelles maladies découvertes entre 1940 et 2004, 60 % sont des zoonoses, c'est-à-dire des maladies qui ne touchaient que l'animal. Ce pourcentage continue de croître puisque les contacts entre les populations humaines et les animaux sauvages ne cessent de se multiplier ; mécaniquement, le

15. L'épidémie de grippe H5N1 a débuté à Honk-Kong en 1997. Elle était causée par un virus provenant de canards sauvages migrateurs qui avaient été capturés et maintenus en captivité avec des canards domestiques et des poulets.

16. Si le virus H1N1 a déclenché un vent de panique en 2009, c'est parce que son ancêtre fut à l'origine de la pandémie de « grippe espagnole » de 1918, qui toucha 40 % de la population mondiale et fit 50 millions de morts selon l'OMS, soit beaucoup plus que la pandémie de peste noire du XIVe siècle, dont 400 000 en France. C'est un virus aviaire qui a d'abord sauté chez le porc avant de sauter chez l'homme.

17. Les chauves-souris paraissent fréquemment impliquées dans l'émergence de zoonoses transmissibles à l'homme, ce qui les fait parfois considérer comme des animaux nuisibles à éradiquer. Une mauvaise réputation injustifiée, non seulement parce que ce sont, au contraire, des animaux utiles qui rendent de nombreux services à l'agriculture (pollinisation, prédation de ravageurs, etc.), mais aussi parce qu'elles représentent 1 600 des 6 500 espèces de mammifères connues, ce qui, statistiquement, augmente la probabilité de leur implication !

risque de transmission à l'homme d'un agent infectieux animal augmente lui aussi. La Covid-19 ne fait pas exception, puisque le coronavirus SARS-Cov-2 qui en est responsable trouve son origine chez une chauve-souris chinoise (*Rhinolophus affinis*), sans que l'on sache encore si son adaptation à l'homme est spontanée ou provoquée[18]. Depuis 2015, l'OMS établit une « liste des maladies prioritaires » qui, depuis 2018, comporte la « maladie X », future pandémie mondiale hypothétique provoquée par un virus encore inconnu. Ce mystérieux virus sera-t-il parmi les 15 000 « sauts » d'un hôte animal à un autre prévus dans les cinquante prochaines années si la planète se réchauffe de 2 °C, comme le suggère une étude publiée dans la célèbre revue *Nature* en 2022 ? Dernier épisode en date de la série : à partir de mai 2022, plusieurs centaines d'humains étaient infectés par un variant du virus de la variole du singe (*monkeypox*)… Et comme à chaque épidémie, on observe un pic de consommation de médicaments et, donc, un pic de la quantité de médicaments rejetés dans l'environnement[19].

Tous ces phénomènes directement induits par le réchauffement climatique (submersions marines, inondations,

---

18. L'enquête épidémiologique sur l'origine du SARS-Cov-2 est toujours en cours. Si l'analyse du génome montre que le virus partage 96 % de son génome avec le coronavirus de *Rhinolophus affinis*, c'est encore trop peu pour envisager un passage direct de la chauve-souris à l'humain, d'autant plus que ces chauves-souris ne vivent pas à proximité de la ville de Wuhan en Chine, d'où est partie l'épidémie en novembre 2019. En l'état actuel des connaissances, soit il existe un hôte intermédiaire, nécessairement un mammifère (le pangolin qui avait été initialement suspecté a depuis été innocenté, les recherches s'orientant vers la civette), soit le virus a été modifié dans un laboratoire (peut-être réarrangé avec le coronavirus du pangolin de Java) avant de s'en échapper accidentellement. En 2020, le SARS-Cov-2 est passé de l'humain au vison d'élevage, ce qui montre ses très hautes capacités d'adaptation à de nouveaux hôtes. Depuis cette date, le virus a été retrouvé sous différents variants chez des animaux domestiques (furet, hamster, chat) et sauvages mais en captivité (félins, castor, gorille) ; le cerf de Virginie est également porteur en milieu naturel.

19. Cf. Chapitre VIII.

sécheresses, pénuries d'eau et d'aliments, maladies émergentes…) vont inexorablement conduire à une augmentation du nombre de « réfugiés climatiques[20] » ; en 2018, l'ONU prévoyait qu'ils seraient 250 millions dans le monde avant 2050. On pense aujourd'hui que ce chiffre est sous-estimé. Toujours est-il que les hommes ne seront pas les seuls à se redistribuer sur Terre, c'est tout le vivant qui est concerné !

Nouvelle donne climatique : on redistribue le vivant

Les effets du réchauffement climatique sur le vivant sont déjà bien visibles, notamment sur la flore et sur la faune. La hausse des températures modifie la phénologie des espèces végétales, c'est-à-dire la date et la durée des floraisons. Dans les années 2010 la durée de floraison des plantes excédait de 10 jours celle mesurée dans les années 1960. Une conséquence directe est une présence prolongée de pollen dans l'air, ce qui expose directement les personnes allergiques[21].

Le réchauffement climatique induit une véritable redistribution du vivant sur terre et dans les océans, les espèces migrant de manière complexe et hétérogène. Dans les plaines où les habitats semi-naturels comme les bois, les pelouses, les marais et autres landes sont très fragmentés par suite de l'extension des terres agricoles, de l'urbanisation et de la multiplication des voies de communication, la migration des espèces est très difficile, voire impossible pour certaines, ce qui les expose à un risque important d'extinction. Le réchauffement climatique contribue dans ce cas à l'érosion

---

20. Le terme de « réfugié climatique » ou, plus largement, de « réfugié écologique » ou « éco-réfugié » désigne une personne forcée de quitter, souvent définitivement, son lieu de vie habituel en raison d'une dégradation d'origine climatique (ou, plus largement, environnementale) qui met en péril son existence ou altère gravement ses conditions de vie.

21. Cf. Chapitre III.

de la biodiversité et à ses conséquences sanitaires[22]. D'autres espèces, aux capacités de dispersion souvent spectaculaires, profitent au contraire de ce réchauffement climatique pour étendre leur aire de répartition et, avec la complicité de l'homme – et souvent à son insu –, passent allégrement d'un continent à l'autre, colonisant de nouvelles régions où elles deviennent parfois envahissantes, provoquant là aussi des problèmes de santé publique[23]. La biodiversité des océans est également menacée, non seulement par le réchauffement des eaux, mais aussi par leur acidification puisqu'ils absorbent près du tiers du CO_2 rejeté dans l'atmosphère. Le blanchiment des coraux illustre de manière dramatique ces changements dans le monde du silence, où des écosystèmes parmi les plus riches de la planète sont en train de s'effondrer dans la quasi-indifférence.

Des espèces végétales et animales autrefois cantonnées aux régions tropicales ou méditerranéennes migrent vers les pôles ou les sommets des montagnes, incluant des ravageurs, comme la chenille processionnaire du pin, ou des arthropodes vecteurs de maladies, comme les moustiques ou les tiques, ce qui modifie du même coup la distribution géographique de nombreuses maladies infectieuses. Encore une fois les conséquences météorologiques du réchauffement jouent un rôle essentiel : la hausse des températures hivernales modifie le cycle de développement des arthropodes en allongeant la période d'activité, tandis que les inondations qui multiplient les points d'eau temporaires ou les sécheresses qui incitent l'homme à multiplier les réservoirs d'eau, augmentent le nombre de sites de ponte et de développement des stades larvaires. Ainsi le paludisme progresse-t-il en même temps que les moustiques du genre *Anopheles* depuis la zone intertropicale vers les régions plus tempérées. Il est réapparu dans

---

22. Cf. Chapitre XIV.

23. Cf. Chapitre XV.

l'Europe du Sud et même en Russie. Plusieurs épidémies se sont déclarées au sud des États-Unis (Californie, Texas, Floride) depuis les années 1990. Au Kenya, des épidémies ont été observées à plus de 2 000 m d'altitude, touchant des populations qui n'y avaient jamais été exposées auparavant, c'est-à-dire dont le système immunitaire n'y était pas préparé. Le paludisme tue aujourd'hui 800 000 personnes par an, principalement des enfants africains de moins de 5 ans.

La dengue progresse également de manière conjointe avec l'aire de répartition des moustiques tigres du genre *Aedes*. Actuellement, 2,5 milliards de personnes sont exposées à cette arbovirose mortelle, mais l'OMS estime que d'ici 2080, 3 milliards de personnes de plus vivront en zone d'endémie. En attendant, le nombre d'épidémies de dengue ne cesse de croître dans les régions tropicales d'Amérique, d'Afrique et d'Asie, de même que le nombre de cas sporadiques en Europe : 50 millions de cas de dengue et 500 000 cas de dengue hémorragique sont enregistrés chaque année[24]. Entre juillet et septembre 2022, la France a enregistré près de 40 cas de dengue contractée localement, principalement sur le pourtour méditerranéen, soit plus que le total des cas déclarés depuis le premier cas français en 2010. Son vecteur, le moustique tigre, est arrivé en France par Menton en 2004 ; il a depuis colonisé la quasi totalité du territoire métropolitain. On connaît 250 espèces de moustiques tigres, toutes vectrices de nombreux arbovirus (pour ar*thropod* bo*rne* viruses). En dehors de la dengue, ce sont les agents de

24. La dengue peut être asymptomatique. Dans le cas contraire, elle se traduit classiquement par des symptômes grippaux sévères et des douleurs intenses, qui disparaissent spontanément avant que la fièvre ne réapparaisse quelques jours plus tard, cette fois accompagnée d'une éruption cutanée spectaculaire faisant évoquer une scarlatine ou une rougeole. La guérison est ensuite spontanée et sans séquelle. Mais dans 1 à 10 % des cas, la dengue est hémorragique et/ou accompagnée d'un état de choc, pouvant aboutir au décès, surtout chez l'enfant. D'autres complications peuvent survenir, comme des méningo-encéphalites, des hépatites, des myocardites ou des ruptures de rate.

maladies connues sous le nom de fièvre jaune[25], de *West Nile virus*, de Chikungunya[26], de Zika[27], de fièvre de la vallée du Rift et bien d'autres. Le moustique tigre *Aedes albopictus* est une espèce asiatique qui se révèle invasive sur de nombreux continents ; 80 pays, dont la France, sont touchés par cette invasion biologique potentiellement redoutable[28].

Le virus du Nil occidental ou *West Nile virus*[29] est aussi et surtout transmis par les moustiques du genre *Culex*, majoritairement représentés dans les régions tempérées, dont la France. Ce virus touche avant tout les oiseaux (notamment les pigeons et les canards), qui sont des hôtes « amplificateurs », c'est-à-dire dans le sang desquels le virus se multiplie très activement. Mais il peut aussi infecter de nombreux

25. La fièvre jaune est une arbovirose des singes de la forêt équatoriale transmise accidentellement à l'homme par des espèces forestières d'*Aedes* ; l'homme se comporte alors en hôte et peut « ramener » le virus dans les centres urbains où l'espèce *Aedes aegypti* remplace son cousin forestier dans la transmission du virus, à l'origine d'épidémies de fièvres hémorragiques. Ce fut longtemps le principal obstacle à la colonisation de l'Amérique du Sud et de l'Afrique, où elle fait toujours de nos jours entre 29 000 à 60 000 morts par an.

26. Le Chikungunya, ou « maladie de l'homme courbé » en français, provoque de très fortes douleurs articulaires et une raideur du corps, ce qui donne aux sujets infectés une attitude courbée typique de cette infection virale. Initialement, c'est une maladie du singe touchant accidentellement l'homme, localisée en Afrique et en Asie du Sud-Est ; sa diffusion à de nombreuses régions du monde, notamment à l'Europe et à l'Amérique, ne daterait que des années 2000.

27. Le virus Zika, du nom de la forêt d'Ouganda où il fut isolé pour la première fois en 1947, est transmis par les moustiques *Aedes*, mais aussi directement par voie sexuelle. Il ne fait parler de lui que depuis les années 2010, où les épidémies se multiplient. L'infection est le plus souvent asymptomatique, mais peut provoquer des fièvres et des douleurs spontanément résolutives. L'infection de la femme enceinte est beaucoup plus grave, car elle provoque des microcéphalies et des troubles neurologiques chez le nouveau-né. L'épidémie de 2015 a fait plus de 1,5 million de victimes, rien qu'au Brésil.

28. Cf. Chapitre XV.

29. Son nom vient du fait qu'il ait été isolé pour la première fois en Ouganda, sur la rive ouest du Nil, en 1937.

mammifères sauvages ou domestiques, dont les chiens, les chats et les lapins, et bien sûr l'humain.

L'infection est heureusement le plus souvent asymptomatique : un peu plus de 20 % des sujets infectés présentent une fièvre spontanément résolutive et moins de 1 % une méningo-encéphalite potentiellement mortelle. Certains chercheurs pensent, d'après la description faite par Plutarque, que c'est ce qui aurait tué Alexandre le Grand, mort à 32 ans à Babylone en 323 avant J.-C. Cette maladie tropicale est apparue aux États-Unis en 1999, où elle évolue sous forme d'épidémies qui ont touché depuis près d'un million de personnes et fait plus de 1 550 morts. Le virus y serait arrivé par des oiseaux migrateurs infectés, que les *Culex* locaux ont vraisemblablement piqués avant de piquer les oiseaux indigènes, puis l'homme. L'arrivée d'oiseaux migrateurs d'Afrique n'étant pas nouvelle, on suppose un rôle important du réchauffement climatique dans la récente acclimatation du virus aux régions tempérées. L'Europe est pour le moment relativement épargnée, car ce n'est pas la même espèce de *Culex* qui pique les oiseaux et l'humain, contrairement à l'Amérique du Nord ; les cas européens seraient donc surtout le fait du moustique tigre, notamment pour les 7 cas diagnostiqués dans le Var en 2003, voire de tiques.

Les moustiques *Culex* sont aussi le vecteur principal de la Fièvre de la Vallée du Rift, une maladie des ruminants domestiques accidentellement transmise à l'humain, surtout en cas de promiscuité avec les animaux. Cette maladie originaire du Kenya s'est propagée à tout le continent africain et s'étend maintenant vers le nord, notamment au Proche-Orient depuis les années 2000. C'est une fièvre accompagnée de douleurs et de fatigue qui peut se compliquer, dans 1 à 3 % des cas, d'hémorragies, d'hépatite, de méningo-encéphalite et de rétinite ; elle est potentiellement mortelle. Le taux de mortalité est beaucoup plus élevé dans les troupeaux de ruminants. L'OMS considère que la Fièvre de la Vallée du

Rift devrait bientôt atteindre les régions tempérées en raison du réchauffement climatique et de la présence de vecteurs (encore le moustique tigre !).

Un autre arthropode vecteur de maladies infectieuses dont l'aire de répartition est aussi très fortement influencée par les changements climatiques en cours est la tique. Contrairement aux moustiques qui sont des insectes dont seul l'adulte femelle se nourrit de sang, les tiques sont des acariens dont les deux sexes sont hématophages à tous les stades de leur développement !

La plus connue des maladies transmises par une tique est évidemment la maladie de Lyme, puisqu'elle est en constante expansion au point de devenir la plus fréquente des maladies vectorielles transmises à l'homme dans l'hémisphère Nord. Ce sont les bactéries *Borrelia burgdorferi*[30], des proches parentes de celle responsable de la syphilis, qui provoquent cette maladie évoluant en trois phases en l'absence de traitement antibiotique efficace : une phase primaire précoce consistant en une lésion cutanée rouge en anneau à proximité du site de morsure de la tique (l'érythème chronique migrant) ; une phase secondaire avec des douleurs articulaires, des troubles neurologiques (paralysie faciale, douleurs neuropathiques), voire une méningite, une encéphalite, des troubles du rythme cardiaque ; et une phase tertiaire, tardive, au cours de laquelle les symptômes précédents deviennent chroniques et peuvent s'accompagner d'une acrodermatite chronique atrophiante, une atteinte cutanée grave.

La maladie de Lyme tire son nom de la ville américaine où elle a été mise en évidence pour la première fois, en

30. Ce nom d'espèce regroupe en réalité un complexe d'une trentaine d'espèces que les progrès de la biologie moléculaire ont permis de distinguer, mais qui ont longtemps été confondues en une seule espèce. Si en Amérique du Nord, seule la véritable espèce *Borrelia burgdorferi* semble être impliquée dans la maladie de Lyme, en Europe, plusieurs espèces du groupe le sont, d'où le nom de « borréliose de Lyme ».

1977. La maladie n'est pourtant pas nouvelle, puisque Ötzi, l'homme momifié âgé de 4 550 ans retrouvé dans un glacier italien en 1991, en était atteint ! En réalité, elle était déjà bien connue en Europe depuis la première moitié du XXe siècle, mais sans avoir été nommée, et le premier cas américain avait été décrit en 1969. L'homme n'est qu'un hôte accidentel de la tique (et une impasse !). Les hôtes principaux en Europe sont surtout des petits rongeurs et, en fin de cycle, d'autres mammifères (y compris les animaux domestiques) et des oiseaux, voire des reptiles. En Amérique du Nord, c'est surtout la souris à pattes blanches et le cerf de Virginie. En Europe, le nombre de cas de maladie de Lyme chez l'homme semble en très nette augmentation depuis les années 1970, avec actuellement environ 65 000 cas avérés par an (mais un grand nombre de cas n'est certainement pas diagnostiqué).

Autre maladie transmise par des tiques *Ixodes* : l'« encéphalite à tiques » ou méningo-encéphalite verno-estivale, provoquée par un arbovirus (encore eux !) proche de l'agent de la fièvre jaune. Ce virus est connu de toute l'Eurasie, depuis l'Allemagne jusqu'au Japon, de la Sibérie à la Suisse. Ces dernières décennies, il s'est étendu vers l'ouest et a atteint la France. La maladie commence par un syndrome grippal, suivi de troubles neurologiques : paresthésies des mains, paralysie des nerfs crâniens, méningite ou méningo-encéphalite potentiellement mortelle chez le sujet âgé.

L'augmentation de la fréquence de la maladie de Lyme et de l'encéphalite à tiques a probablement de multiples causes, mais le réchauffement climatique semble jouer un rôle majeur, par l'extension de l'aire de répartition et l'allongement de la période d'activité des tiques (hivers plus tardifs et plus doux, printemps plus précoces). D'autres facteurs entrent en jeu, comme la fragmentation forestière et les altérations de la biodiversité[31], la prolifération d'espèces-hôtes invasives[32] et, à un titre moindre, un meilleur diagnostic des maladies. Les tiques sont des vecteurs pour bien d'autres maladies qu'il serait trop long d'évoquer ici (fièvre Q, fièvre boutonneuse méditerranéenne, typhus de Sibérie, ehrlichiose, différentes fièvres hémorragiques d'origine virale, babésiose, etc.) ; si le succès des tiques se confirme, il y a fort à parier qu'une proportion croissante de la population sera exposée à ces maladies.

Ainsi, on le voit d'après les multiples conséquences sanitaires des rejets de CO_2 dans l'atmosphère, libérer ce qui est piégé n'est pas forcément une bonne idée… Mais nous allons voir qu'introduire dans l'atmosphère des composés de synthèse peut venir aggraver un peu plus ces effets…

31. Cf. Chapitre XIV.

32. Cf. Chapitre XV.

Chapitre X

L'ozone : Dr Jekyll et Mr Hyde de l'atmosphère

« Nous ne devons pas renoncer à la technologie mais la manier avec sagesse comme le ferait le docteur Jekyll en conservant à l'esprit la santé de la Terre et non celle des hommes. C'est la raison pour laquelle il est beaucoup trop tard pour le "développement durable" ; nous devons opter au contraire pour un repli durable. »

James Lovelock (*La revanche de Gaïa*, 2007)

En 1840, Schönbein, physicien allemand professeur à l'université de Bâle, fit pour la première fois le lien entre trois odeurs : celle qui suit la foudre, celle qui se dégage lors de l'électrolyse de l'eau et celle qui embaume son laboratoire lorsqu'il conduit des expériences sur l'électricité. Il baptise cette odeur « ozone », mais ne la rapprochera de l'oxygène que seize ans plus tard. En 1890, Hartley, chimiste britannique, émet l'hypothèse que l'absorption du rayonnement ultraviolet du soleil dans l'atmosphère terrestre, qui a été mis en évidence un an plus tôt par l'astronome français Cornu, est due à l'ozone, qui formerait donc une « couche » protectrice dans la haute atmosphère. La même année sont découvertes les propriétés bactéricides de l'ozone, ce qui inaugure une nouvelle méthode de désinfection de l'eau, l'ozonation, qui tombera en désuétude après la Première Guerre mondiale, avec l'avènement du chlore, meilleur marché et devant trouver un débouché autre que celui des gaz de combat. Les méfaits de l'ozone sont observés pour la première fois en 1945, près de Los Angeles, à travers l'impact de la pollution sur la production agricole. Quel étrange cas : le « bon » ozone de la haute atmosphère (ou stratosphère) a donc un double maléfique dans la basse atmosphère (ou troposphère), le « mauvais » ozone.

Aux origines de l'ozone

Chimiquement, l'oxygène est un élément très réactif, c'est-à-dire qu'il peut se combiner à de nombreuses molécules, y compris avec lui-même. L'ozone est une molécule formée de trois atomes d'oxygène, que les chimistes écrivent O_3, alors que le « dioxygène » que l'on respire n'en compte que deux et s'écrit donc O_2. Ce dioxygène O_2 est entièrement d'origine biologique : c'est un déchet de la photosynthèse oxygénique[1] qui, par conséquent, était absent de l'atmosphère terrestre avant l'apparition des premiers organismes vivants chlorophylliens il y a environ 2,45 milliards d'années[2]. C'est à partir de cet événement que la couche d'ozone stratosphérique commença à se former : dans la haute atmosphère, le rayonnement UV du soleil provoque une dissociation du

1. La photosynthèse permet aux organismes qui en sont doués, de synthétiser de la matière organique en utilisant l'énergie lumineuse. Elle est apparue il y a plus de 3,7 milliards d'années chez des bactéries sulfato-réductrices, mais se faisait sans libération de dioxygène. La photosynthèse oxygénique, qui produit du dioxygène, est donc apparue près d'un milliard d'années plus tard, chez les Cyanobactéries.

2. En réalité « quasi » absent, car les UV sont capables de décomposer des molécules d'eau H_2O et de dioxyde de carbone CO_2 pour en produire, mais en quantité négligeable.

dioxygène, qui donne deux radicaux libres d'oxygène très instables, qui se recombinent avec d'autres molécules de dioxygène pour former de l'ozone O_3. Celui-ci peut à son tour être dissocié par les UV, pour redonner une molécule de dioxygène et un atome libre d'oxygène, qui peut entrer en collision avec une autre molécule d'ozone pour reformer deux molécules de dioxygène.

La « couche d'ozone » est donc en perpétuel remaniement grâce à cet ensemble de réactions appelé « cycle de Chapman ». Elle forme en quelque sorte notre écran solaire : elle absorbe complètement les rayons UV C, très carcinogènes et mutagènes, et 95 % des UV B, un peu moins nocifs. Sans elle, toute vie émergée sur Terre serait probablement impossible. C'est grâce à elle que les organismes chlorophylliens ont pu proliférer dans les eaux superficielles et accroître considérablement la production d'oxygène, jusqu'à atteindre la concentration actuelle de 21 % dans l'air que l'on respire.

Puisque l'air ambiant contient du dioxygène – celui que nous respirons – et qu'une fraction du rayonnement UV solaire nous parvient, les réactions chimiques du cycle de Chapman se produisent aussi dans la basse atmosphère. En conditions naturelles, l'ozone est surtout produit en hiver, quand le rayonnement UV est limité, et détruit en été sous l'effet des rayons UV plus intenses, les deux phénomènes se compensant. Aux pôles, la nuit hivernale (pôle Nord) ou estivale (pôle Sud) est responsable d'une forte production d'ozone, qui est entièrement détruit l'été (pôle Nord) ou l'hiver (pôle Sud) suivant, lorsque le jour est permanent. La réaction des UV sur l'ozone est exothermique, c'est-à-dire qu'elle produit de la chaleur et participe ainsi à réchauffer l'atmosphère. De l'ozone est aussi naturellement produit au niveau des forêts, en particulier de conifères, par action des UV sur les composés organiques volatiles (COV) que les plantes fabriquent pour s'en protéger en cas de forte insolation, notamment dans les montagnes. Cette réaction donne une teinte bleutée à la couche d'air séparant la canopée du ciel, un phénomène à l'origine de la « ligne bleue des Vosges » chère à Jules Ferry.

Au chevet du Dr Jekyll : la couche d'ozone stratosphérique en danger

Certains phénomènes naturels perturbent le cycle de Chapman et altèrent la couche d'ozone : les taches solaires et les vents stratosphériques, et les éruptions volcaniques qui émettent de grandes quantités de chlore et de dioxyde de soufre directement dans la stratosphère. La destruction de la couche d'ozone n'est alors que temporaire, car l'ozone peut se régénérer. Mais à partir des années 1950, on constate que la couche d'ozone, déjà naturellement plus fine au niveau des pôles, commence à disparaître saisonnièrement sur une superficie de plus en plus importante : la production d'ozone stratosphérique n'est plus suffisante pour compenser la destruction.

En 1974, Mario Molina (futur prix Nobel pour ses travaux sur le « trou » dans la couche d'ozone) et ses collaborateurs suggèrent pour la première fois que des composés halogénés entièrement artificiels appelés Chloro-Fluoro-Carbones (ou CFC, synthétisés pour la première fois en 1938) et utilisés comme gaz propulseurs pourraient détruire la couche d'ozone. Cette hypothèse est étayée dès 1985, quand des chercheurs britanniques travaillant dans l'Antarctique observent effectivement qu'au début du printemps austral (octobre), la couche d'ozone s'est amincie de 40 % par rapport aux années 1960 : c'est le fameux « trou » de la couche d'ozone. Les composés halogénés, principalement bromés et chlorés, seraient responsables de 90 % de la destruction de la couche d'ozone. Ils sont d'une grande diversité et regroupés sous le vocable de « Substances appauvrissant la couche d'ozone » ou SAO : outre les CFC, elles incluent les halons (ou bromofluorocarbures), les hydrochlorofluorocarbures (HCFC), le bromure de méthyle (qui est aussi un gaz à effet de serre !), le méthylchloroforme et le tétrachlorure de carbone. Ces SAO sont utilisés comme réfrigérants, pour la production d'air conditionné, dans la protection contre les incendies, dans les solvants, les mousses synthétiques, et les gaz propulseurs des bombes aérosols.

Les SAO ont une durée de vie variant entre 60 et 100 ans du fait de leur très grande stabilité chimique, ce qui permet leur accumulation dans la basse atmosphère. La circulation des masses d'air dans l'atmosphère finit par les amener – au bout de 25 ans en moyenne – dans la stratosphère. Là, sous l'action des UV, ils sont dissociés, libérant un atome de chlore (ou de brome), capable de réagir avec une molécule d'ozone pour former du monoxyde de chlore ClO et une molécule de dioxygène O_2, détruisant du même coup l'ozone stratosphérique. C'est en fait une destruction en chaîne qui se met en place, puisque le monoxyde de chlore va à son tour réagir avec un atome libre d'oxygène pour libérer une nouvelle molécule de dioxygène O_2 et, surtout, l'atome de chlore initial va pouvoir réagir avec une autre molécule d'ozone selon la même réaction que précédemment, et ainsi de suite. Un seul atome de chlore pourrait ainsi détruire plus de 100 000 molécules d'ozone avant que la réaction en chaîne ne se tarisse. Les basses températures stratosphériques enregistrées naturellement au niveau des pôles en hiver aggravent les effets estivaux des CFC en favorisant l'accumulation de composés chlorés stables. Paradoxalement, le réchauffement climatique induit par l'effet de serre aggrave lui aussi la destruction de l'ozone, car seule la basse atmosphère se réchauffe, tandis que les hautes couches atmosphériques, privées de la radiation infrarouge (chaleur) en provenance de la surface terrestre[3], se refroidissent et intensifient la destruction de l'ozone.

---

3. Cf. Chapitre IX.

Devant ce constat, la communauté scientifique réussit à convaincre les décideurs politiques d'interdire progressivement les CFC (protocole de Montréal, 1987), malgré la puissante influence des lobbys économiques. D'autres études viennent confirmer l'agrandissement du trou les années suivantes et incriminent les autres composés chimiques halogénés évoqués plus haut. À partir de la fin des années 1990, on constate une lente amélioration, malgré d'importantes fluctuations, surtout liées aux variations climatiques (un hiver froid favorisant la déplétion d'ozone) : le trou est considéré comme stable à partir de 2008. En 2016, une étude publiée dans la célèbre revue américaine *Science* estimait que le trou était en train de se résorber, principalement en raison de la diminution des concentrations en CFC dans l'atmosphère ; toutefois, les concentrations en HCFC et en halon-1301 continuaient à augmenter et les composés de substitution des CFC (hydrofluorocarbures – HFC et perfluorocarbures – PFC) et les oxydes d'azote (NOx), issus des combustibles fossiles, participent également à la destruction de l'ozone stratosphérique.

Les effets sanitaires de la destruction de la couche d'ozone sont liés à l'augmentation de la quantité de rayons UV qui atteignent la surface terrestre et, donc, les êtres vivants. Chez l'homme, la principale conséquence est l'augmentation de la fréquence des cancers de la peau (mélanome malin, carcinome basocellulaire, cancer épidermoïde) et des maladies oculaires (cataracte, photokératite). Des effets immuno-dépresseurs (baisse des défenses immunitaires) ont également été rapportés. Enfin, en altérant le collagène, les UV accélèrent le vieillissement de la peau. Ce sont les habitants des régions australes qui sont les plus touchés, comme au sud du Chili et de l'Argentine ou en Australie.

Par ailleurs, la destruction de la couche d'ozone participe au réchauffement climatique, pas tant parce qu'elle permet au rayonnement UV d'arriver plus massivement au sol, que parce qu'en absorbant moins d'UV, elle induit un refroidissement local de la stratosphère, qui modifie la circulation des masses d'air. Au niveau du sol, l'afflux de rayons UV favorise la production du smog photochimique[4], qui génère lui-même de l'ozone, mais cette fois au niveau de la basse atmosphère, ce qui est particulièrement nocif pour l'homme...

Le réveil de Mr Hyde : l'ozone troposphérique, une arme de destruction massive

L'ozone est aussi un polluant redoutable lorsqu'il se trouve dans l'air que l'on respire. C'est un gaz produit par l'effet du rayonnement UV évoqué plus haut sur des polluants « précurseurs » primaires, c'est-à-dire directement émis par les activités humaines, comme les oxydes d'azote (NOx) et les Composés organiques volatils (COV). Les principales sources de NOx sont les gaz d'échappement, les fumées des cheminées et des incendies, les lignes à haute tension.

C'est en ville où la circulation automobile est intense par temps ensoleillé, été comme hiver, surtout en l'absence de vent, que les pics de pollution par l'ozone sont observés. En Europe, lorsque la teneur en ozone de l'air franchit le seuil de 240 microgrammes par mètre cube d'air, une alerte à la pollution est lancée. En effet, l'ozone est l'oxydant le plus puissant qui soit connu, toxique pour l'homme et les êtres vivants en général, car c'est un poison des muqueuses. C'est pour cette raison qu'il est utilisé dans certains procédés de stérilisation. Sa toxicité commence à 0,1 partie par million, qui est aussi le seuil de perception olfactive (une odeur métallique de soudure) : il provoque alors une sécheresse buccale, une irritation des yeux, une toux sèche, une hypersécrétion bronchique,

4. Cf. Chapitre XII.

des difficultés à respirer, des douleurs rétro-sternales et, de manière invisible, des anomalies des voies respiratoires supérieures. Entre 0,2 et 0,5 partie par million apparaissent une diminution de la vision nocturne et une mauvaise adaptabilité à la lumière, des troubles rénaux (néphrite aiguë) et neurologiques (vertiges, asthénie, altération du goût, trouble de la parole, mauvaise coordination du mouvement, etc.). À des concentrations plus élevées, apparaissent des crises d'asthme ou des maladies pulmonaires. Finalement, à 9 parties par million, c'est un risque d'œdème du poumon et de décès.

De nombreuses études épidémiologiques montrent qu'en zone polluée (notamment en milieu urbain), le nombre et la gravité des crises d'asthme sont beaucoup plus importants. Les pics de pollution sont associés à une surmortalité des personnes ayant une maladie respiratoire, comme un asthme ou une bronchopneumopathie chronique obstructive (BPCO). Les enfants sont particulièrement vulnérables.

L'ozone a ensuite des effets indirects sur la santé humaine via l'alimentation, puisque c'est un poison de la photosynthèse : dans les zones polluées, la productivité des écosystèmes et, donc, les rendements et la qualité des cultures vivrières, sont abaissés suite à la dégradation des épidermes foliaires.

L'ozone n'est d'ailleurs pas le seul agent corrosif auquel les épidermes doivent faire face, comme nous allons le voir dans les chapitres suivants…

Chapitre XI

Des dangers d'une trop forte productivité

« C'est la dose qui fait le poison. »

Paracelse

Qui pourrait imaginer, en marchant au bord de l'eau bleue cristalline du lac d'Annecy, qualifié aujourd'hui de « lac le plus propre d'Europe », que quelques décennies plus tôt on ne se serait même pas approché de ce qui était un cloaque nauséabond, véritable bouillon de culture auquel n'avaient pas survécu plantes et animaux aquatiques ? Car entre les années 1950 et 1970, les grands lacs alpins se meurent : le lac d'Annecy, le lac du Bourget, le lac de Nantua ou encore le lac Léman sont au bord de l'asphyxie !

Quand le lac-sentinelle d'Annecy lançait l'alerte

Que s'est-il passé ? L'eau d'un lac de montagne est normalement oligotrophe, c'est-à-dire pauvre en éléments nutritifs, notamment en azote et en phosphore, qui sont les facteurs limitant la productivité de l'écosystème lacustre. Autrement dit, il y a à manger pour un nombre limité de plantes, qui elles-mêmes ne pourront nourrir qu'un nombre limité d'herbivores, donc un nombre limité de proies pour les carnivores, etc. C'est ce que nous avons vu au début de la deuxième partie de cet ouvrage.

Pour bien comprendre, imaginez que vous voulez faire des crêpes. Pour préparer la pâte, il vous faudrait de la farine, du sucre, du lait et des œufs, mais aussi une petite quantité de beurre et de sel. C'est l'ingrédient dont vous disposez en plus petite quantité par rapport aux besoins de votre recette qui va décider de la quantité de pâte à crêpes que vous pouvez effectivement fabriquer (et donc de l'opulence de votre repas à venir !). Même si vous disposez de kilos de farine et de sucre, de litres de lait, s'il ne vous reste qu'un œuf, vous aurez du mal à faire plus de cinq crêpes ! Autrement dit, votre production est limitée.

C'est exactement la même chose avec les plantes et les cyanobactéries qui fabriquent de la matière organique par photosynthèse. Elles ont besoin de plusieurs ingrédients minéraux : carbone, hydrogène, oxygène et azote, et puis, en moins grande quantité, du soufre, du phosphore et des oligoéléments. Si l'un des ingrédients n'est disponible qu'en très petite quantité, c'est lui qui va conditionner la quantité totale de matière organique qui peut être produite. En écologie, c'est ce qu'on appelle un facteur limitant, sous-entendu « qui limite la production de matière organique ».

Dans le grand placard à ingrédients minéraux qu'est la nature, l'azote et le phosphore sont ceux se trouvant en plus faible quantité[1] : c'est donc l'un ou l'autre de ces éléments

1. En réalité, l'azote et le phosphore sont des éléments chimiques fréquents dans la nature, mais majoritairement sous des formes gazeuses (azote) ou sédimentaires (phosphore et azote) inutilisables par les plantes. Celles-ci ne peuvent se nourrir que des ions nitrates NO_3^- (ou éventuellement des ions ammoniums NH_4^+) et des ions phosphates PO_4^{3-} (ou éventuellement hydrogénophosphates HPO_4^{2-} et dihydrogénophosphates $H_2PO_4^-$). Les ions nitrates et ammoniums sont produits par les microbes vivant dans le sol ou en symbiose avec les racines. Les ions phosphates proviennent de l'altération superficielle des minéraux phosphatés par le vent ou l'eau.

qui limite la production de matière organique par les plantes et les cyanobactéries – appelées pour cette raison « producteurs ». Si on exprime cette quantité par unité de surface et de temps, on parle de productivité.

Les effluents urbains sont concentrés en divers composés azotés et phosphorés, notamment en nitrates et en orthophosphates. Dès lors, azote et phosphore ne jouent plus leur rôle de facteur limitant, puisqu'ils se retrouvent en excès : la quantité de nourriture pour les plantes devient presque illimitée ! Certaines d'entre elles, plus gourmandes que d'autres, vont venir se goinfrer, ce qui leur permet de produire une abondante descendance… À ce jeu, les plantes les plus primitives – les algues – et les cyanobactéries ont un avantage : celui d'être capables de se multiplier rapidement. C'est cette rapide multiplication des algues à la surface d'une eau eutrophe qui donne les phénomènes d'efflorescence ou « bloom », en particulier par temps ensoleillé (la température de l'eau rendant la photosynthèse optimale). Ces algues et bactéries sont peu consommées par les poissons et autres herbivores, si bien qu'il n'y a aucun frein à leur prolifération. À leur mort, elles coulent pour se déposer au fond du lac, mais leur descendance clonale occupe toujours la surface et perpétue la colonie.

C'est là que les organismes décomposeurs entrent en scène pour minéraliser toute cette matière organique morte, rôle dévolu principalement aux bactéries hétérotrophes qui consomment de l'oxygène dissous dans l'eau. Comme ce dernier est 30 fois plus dilué que dans l'air, c'est une ressource rare qui va être rapidement épuisée, d'autant plus que les plantes aquatiques fixées dans le fond ou flottant entre deux eaux sont privées de lumière par suite du développement de la couche d'algues en surface et de l'augmentation de la turbidité de l'eau. Ces plantes ne peuvent donc plus réaliser la photosynthèse et oxygéner l'eau ; elles finissent par mourir, augmentant du même coup la quantité de nourriture disponible pour les bactéries hétérotrophes, qui peuvent tranquillement continuer à proliférer et ce, d'autant plus qu'elles sont à l'abri de l'effet désinfectant des UV solaires. On comprend aisément l'emballement du système, la respiration des hétérotrophes l'emportant sur la photosynthèse des autotrophes, le CO_2 s'accumule tandis que l'O_2 disparaît : le milieu aquatique devient anoxique, favorisant les bactéries anaérobiques et les processus de fermentation, qui libèrent des gaz réducteurs comme l'hydrogène sulfuré H_2S et autres composés soufrés, et le méthane CH_4. En plus d'être asphyxique, le milieu lacustre est devenu toxique, au point que toute vie pluricellulaire finit par disparaître : c'est une « zone morte » ou, plus exactement, la mort de l'écosystème lacustre tel qu'on le conçoit habituellement, remplacé par un écosystème exclusivement microbien aux attraits bien moindres…

Comment en est-on arrivé là ? À cette époque, la capacité de dilution des lacs est axiomatique, si bien que plans d'eau, rivières et océans sont devenus les déversoirs des eaux usées des communes riveraines, qui s'étendent au rythme galopant de l'urbanisation. À Annecy, la première réaction viendra de certains riverains éclairés, qui refusèrent la fatalité d'une mort programmée de « leur » lac. Un collectif emmené par un médecin (qu'on qualifierait aujourd'hui de « lanceur d'alerte ») se lança dans une véritable croisade, en créant en 1957 le Syndicat intercommunal du lac d'Annecy ou SILA (qui existe toujours aujourd'hui et représente plus de 250 000 habitants). Le SILA est à l'origine de la construction d'un réseau d'assainissement acheminant les eaux usées vers une station d'épuration ; ce complexe comprend aujourd'hui près de 1 400 km de collecteurs d'eaux usées, 80 stations de pompage et 7 usines de dépollution. Les effets ne tardèrent pas à se manifester : les concentrations en nitrates et phosphates dans l'eau diminuèrent progressivement jusqu'à devenir quasiment nulles aujourd'hui, au point que le lac d'Annecy est désormais considéré comme le plus propre d'Europe[2] ! Son eau désormais potable coule du robinet des Annéciens. L'exemple du lac d'Annecy démontre qu'il n'y a pas de fatalité et que lorsque la volonté d'agir est présente, au prix de changements d'habitudes radicaux et de la prise de mesures drastiques, il est possible de restaurer des écosystèmes avec succès.

La grande bouffe

Cette mésaventure du lac d'Annecy révéla au grand public les conséquences des pollutions domestiques et urbaines sur les milieux aquatiques et les dangers d'une « nourriture » trop abondante dans des écosystèmes où elle est habituellement rare. C'est à cette occasion que fut introduit le terme eutrophisation (qui n'entra dans le dictionnaire français que plus de 15 ans plus tard) pour désigner l'augmentation du niveau trophique d'un milieu et la cascade d'effets qui en découle (du grec *eu* : bien, et *trophein* : engraisser, nourrir). Une notion importante à retenir, qui va être essentielle pour comprendre les bouleversements écologiques qui sont évoqués dans ce livre ! L'adjectif « trophique », on l'a vu, caractérise un paramètre relatif à l'alimentation. Ainsi le niveau trophique d'un sol ou d'une eau désigne sa teneur en éléments nutritifs et, donc, sa fertilité. Plus le niveau trophique d'un sol est élevé, plus le nombre d'individus qu'il peut nourrir, directement (producteurs) ou indirectement (consommateurs et décomposeurs), est important.

L'eutrophisation d'un habitat, terrestre ou aquatique, signifie simplement que l'alimentation y est surabondante.

---

2. Ce qui n'est pas tout à fait exact, puisque les lacs alpins connaissent aujourd'hui une nouvelle crise écologique et sanitaire, plus pernicieuse car invisible et silencieuse, suite à des épisodes de pollution par les PCB et les dioxines d'origine industrielle. Depuis avril 2008, la consommation de poisson a été plusieurs fois interdite ou réglementée (cf. Chapitre VII).

C'est un phénomène qui peut se produire naturellement. Une mare forestière laissée en évolution libre, par exemple, va naturellement s'eutrophiser par l'apport en nutriments des feuilles mortes qui y tombent et s'y décomposent. La mare, souvent recouverte d'un voile de lentilles d'eau (plusieurs espèces de la famille des Lemnacées, qui sont en fait de minuscules plantes à fleur), se comble progressivement : c'est le phénomène, parfaitement naturel, d'atterrissement. En l'absence de curage, la mare disparaît en quelques décennies ; il faudra en revanche plusieurs dizaines de milliers (ou millions) d'années pour qu'un lac naturel accomplisse la même trajectoire.

Là où le phénomène n'est plus tout à fait naturel, c'est quand l'augmentation du niveau trophique est artificielle et que les changements écologiques induits s'accélèrent. À l'échelle mondiale, on estime par exemple que les quantités d'azote et de phosphore parvenant aux océans ont doublé au cours du XXe siècle, passant de 34 à 64 millions et de 5 à 9 millions de tonnes par an, respectivement, plus de la moitié provenant de l'agriculture. La « révolution verte » est passée par là, l'augmentation des rendements agricoles reposant, entre autres, sur l'utilisation massive d'engrais chimiques.

L'eutrophisation devient un problème écologique (et éventuellement économique et sanitaire) quand se produit un déséquilibre entre l'apport (excessif) et la consommation des nutriments dans l'écosystème. Les nutriments concernés sont ceux qui limitent habituellement la productivité de l'écosystème, principalement le phosphore et l'azote, comme on vient de le voir. Ceux-ci se retrouvent en excès dans les sols et dans les eaux par suite des rejets issus des activités humaines. Pour le phosphore, les principales sources sont les engrais agricoles (phosphates) et les eaux usées. Pour l'azote, on retrouve les engrais (nitrates et ammonium), les effluents des élevages concentrationnaires, les gaz d'échappement et industriels (oxydes d'azote).

Azote et phosphore ont cependant des profils différents en matière de pollution. L'azote est volatil et très soluble dans l'eau ; il est en plus mal retenu au niveau des stations d'épuration, si bien que la pollution azotée est un phénomène global. Au contraire, le phosphore, peu volatil, peu soluble et bien retenu par les technologies d'épuration, donne des pollutions plus focales. Si la tendance générale est une augmentation du ratio N:P entre les concentrations en azote N et en phosphore P, dont la moyenne mondiale est passée de 19:1 dans les années 1980 à 30:1 en 2020, localement on peut assister à une baisse de ce ratio par excès de phosphore, ce qui promeut la prolifération des micro-organismes. Aucun écosystème n'est épargné par l'eutrophisation, mais ce sont surtout quand les milieux naturellement pauvres en éléments nutritifs sont touchés qu'elle devient un phénomène anormal aux conséquences délétères. L'eutrophisation des milieux aquatiques est souvent spectaculaire, tandis que celle des milieux terrestres passe plus facilement inaperçue.

Une marée verte loin d'être écologique !

Dans le cas des milieux aquatiques, l'eutrophisation est tantôt épisodique, tantôt chronique selon que l'eau est stagnante ou courante et qu'elle est enfermée dans un volume plus ou moins important.

Dans certaines régions, comme en Bretagne, les marées vertes apparaissent de manière quasi annuelle depuis la fin des années 1970, souvent dès les premiers beaux jours du printemps, quand les rayons du soleil viennent réchauffer les eaux littorales peu profondes et stimuler la photosynthèse des plantes. L'excédent de nutriments provient principalement des rejets de lisier des élevages porcins, particulièrement nombreux et intensifs dans cette région. Aux rejets directement effectués dans les cours d'eau, viennent s'ajouter les eaux de ruissellement, qui entraînent les épandages agricoles de fumier, lisier et engrais chimiques dans ces mêmes cours d'eau, avant d'être entraînés jusqu'à l'estuaire.

Là, par le jeu des courants marins et de la forme du trait de côte, les eaux douces surchargées en azote et en phosphore stagnent le long du littoral et s'accumulent dans les baies, les golfes et les estuaires, précisément là où l'eau, peu profonde, s'échauffe plus rapidement et où la productivité est déjà naturellement élevée. Les conditions sont réunies pour qu'une algue verte particulièrement gourmande, la laitue de mer (*Ulva lactuca*), prolifère de manière spectaculaire, à l'origine du phénomène baptisé par les médias « marée verte », qui peut aboutir à des « zones mortes[3] ». C'est la triste expérience que fait le personnage principal de notre prologue. Si l'on en parle tant dans les médias, c'est que l'impact sur le tourisme et, par conséquent, sur l'économie de la région, est énorme. Quel touriste prendrait plaisir à aller sur une plage recouverte de cadavres végétaux et animaux en décomposition ou à barboter dans un bain d'algues gluant et nauséabond (encore que le bain d'algues bouillonnant ait ses adeptes !) ? Chaque année depuis 2006, ce sont entre 50 000 à 70 000 m^3 d'algues vertes échouées qui sont ramassées sur les plages bretonnes, pour un coût annuel de 500 000 euros.

Quant aux impacts sanitaires, ils n'ont été évoqués pour la première fois qu'en 1999, quand un ouvrier en charge du ramassage des algues vertes échouées sur les plages bretonnes fut retrouvé inconscient au volant de son tracteur et passa quatre jours dans le coma, sans qu'aucune cause ait été retrouvée. L'hypothèse alors émise était que cet ouvrier aurait respiré de trop grandes quantités d'hydrogène sulfuré (H_2S), un gaz toxique, même à faible dose, pour les animaux et l'homme, issu ici de la putréfaction des algues.

---

3. La plus grande zone morte jamais décrite recouvrait 22 000 km^2 au niveau de l'estuaire du Mississipi, aux États-Unis en 2007. En 2010, on recensait près de 500 zones mortes au niveau mondial, pour une superficie totale de la moitié de la France métropolitaine.

Cette hypothèse initialement jugée farfelue (la putréfaction se produisant à l'air libre sur la plage, certains estimaient que la quantité d'H_2S respirable était trop faible pour être toxique) va être confortée lorsqu'à plusieurs reprises, on retrouva des animaux morts d'asphyxie sur des plages touchées par les marées vertes : deux chiens de 13 et 25 kilos meurent brutalement sur une plage de la baie de Saint-Brieuc en juillet 2008 ; un cheval qui s'est envasé meurt rapidement tandis que son cavalier perd connaissance en baie de Saint-Michel-en-Grève en juillet 2009 ; six sangliers sont découverts morts dans l'estuaire du Gouessant en juillet 2011, pour lesquels l'autopsie retrouvera le fameux H_2S dans les poumons de cinq d'entre eux. En septembre 2016, dans ce même estuaire, c'est un joggeur qui est retrouvé mort ; l'hydrogène sulfuré est fortement suspecté, comme il l'avait déjà été en 2009, après le décès inexpliqué d'un chauffeur de camion qui déchargeait des algues vertes dans une unité de compostage.

Une étude commandée à l'Institut national de l'environnement industriel et des risques (INERIS) en août 2009 révéla de très fortes concentrations dans l'air en H_2S (jusqu'à 1 000 parties par million en volume) et en ammoniac NH_3 (jusqu'à 200 parties par million en volume), bien que les plages eussent été nettoyées auparavant et que l'étude, de l'aveu même des opérateurs, s'était limitée aux zones les moins émissives pour éviter tout risque. De telles concentrations se rencontrent habituellement dans les égouts et peuvent causer la mort d'un homme en quelques minutes : c'est le « coup de plomb des vidangeurs », connu depuis 1700[4] ! Car l'hydrogène sulfuré est un gaz très toxique :

4. Dans son *Traité des maladies des artisans* (*De morbis artificum diatriba*) publié en 1700, Ramazzini décrivait une mort subite chez les ouvriers chargés de vidanger les fosses d'aisance, qui en inhalaient les « vapeurs méphitiques » ou « plomb », ce dernier nom venant du fait que l'asphyxie était ressentie comme un poids énorme qui s'abattait sur la poitrine. Le gaz responsable, l'hydrogène sulfuré, ne fut découvert qu'au XIXe siècle.

dès la concentration de 70 milligrammes par m^3 d'air survient une irritation des muqueuses respiratoires et oculaires ; à partir de 280 milligrammes par m^3, une exposition pendant plus de 10 minutes peut provoquer des vertiges, des maux de tête, une désorientation, des vomissements et une fatigue intense ; au-delà de 700 milligrammes par m^3, c'est le coma avec des troubles cardiovasculaires graves pouvant aller jusqu'à l'infarctus ; le « coup de plomb » fatal intervient à partir de 1 400 milligrammes par m^3.

Même en l'absence de marée verte, l'eutrophisation de l'eau le long des littoraux peut provoquer des dysfonctionnements écologiques, notamment en favorisant la prolifération de certaines algues planctoniques et cyanobactéries productrices de toxines.

Quand les algues microscopiques nous empoisonnent

1793. Alors qu'il explore la côte Pacifique de l'actuelle Colombie britannique, Georges Vancouver (1757-1798), officier de marine britannique de la *Royal Navy*, perd un homme de son équipage, mort après avoir mangé des moules pêchées à Poison Cove, tandis que quatre autres marins sont très malades. En 1798, juste avant sa mort, il décrira les symptômes de la première toxi-infection alimentaire impliquant des fruits de mer.

Aujourd'hui, plusieurs fois par an – voire par mois dans certains secteurs comme le bassin d'Arcachon –, des arrêtés préfectoraux sont pris dans les régions littorales, interdisant temporairement « la pêche maritime professionnelle, la commercialisation et la mise à la consommation humaine des coquillages en raison d'un taux de contamination supérieur au seuil réglementaire et susceptible d'entraîner un risque pour la santé des consommateurs en cas d'ingestion de coquillages ». Et invariablement, à chaque épisode, les ostréiculteurs et mytiliculteurs dénoncent un « abus de réglementation », une « escroquerie » et autre « mascarade », « intenables économiquement », qui s'appuient sur « des tests moyenâgeux et inadaptés » et qui visent une « mise à mort de la profession ». Mais quelle est l'origine de ce conflit chronique ? Le risque sanitaire est-il réel et pourquoi devient-il apparemment si fréquent ?

Il est de tradition de dire que les fruits de mer ne se consomment pas les mois sans « r » (c'est-à-dire de mai à août). Celle-ci nous vient en réalité d'un édit royal de 1759 interdisant la pêche, le colportage et la vente des huîtres du 1er avril au 31 octobre, suite à de nombreuses intoxications mortelles ayant touché la cour. À cette époque, la chaîne du froid était inexistante et les trajets trop lents pour permettre une bonne conservation, d'où des épidémies de toxi-infections alimentaires souvent mortelles[5]. Aujourd'hui, les huîtres (et les fruits de mer en général) se consomment toute l'année : elles ne sont plus récoltées dans la nature (d'où elles ont quasiment disparu) mais produites en « culture ». Et pourtant…

Les coquillages se nourrissent en filtrant l'eau de mer dans laquelle ils vivent. Si la base de leur alimentation est constituée du phytoplancton marin, ils ingèrent et concentrent également les polluants chimiques et les micro-organismes présents dans l'eau (c'est pourquoi on utilise souvent des coquillages comme « sentinelles » pour détecter précocement une pollution de l'eau !). Certaines espèces d'« algues » unicellulaires – donc microscopiques et invisibles à l'œil nu – qui composent le phytoplancton, en particulier des Dinoflagellés et des Diatomées, sont capables de fabriquer des toxines que vont ingérer leurs prédateurs, le zooplancton

5. Au-delà de réduire le risque sanitaire, l'édit royal visait à protéger les bancs d'huîtres mères pendant la période de reproduction, autrement dit à permettre une exploitation durable de la ressource et d'assurer l'approvisionnement de la cour.

et… les coquillages. Curieusement, ces algues se mettent parfois à proliférer soudainement, au point de former un voile visible à l'œil nu en atteignant plusieurs millions de cellules par litre d'eau : les efflorescences (*blooms* en anglais), relativement fréquentes le long des côtes au printemps et à l'automne. Les épisodes d'efflorescences sont de plus en plus fréquents, d'où la récurrence des interdictions de consommer des coquillages qui exaspèrent les producteurs. Si les circonstances dans lesquelles elles se produisent sont encore imparfaitement connues, l'eutrophisation des eaux apparaît comme un facteur favorisant, comme dans le cas des marées vertes, les algues phytoplanctoniques remplaçant la laitue de mer.

Ces blooms sont parfois responsables d'épisodes de mortalité massive chez les poissons, les oiseaux de mer, les tortues de mer et parfois même chez des mammifères marins : ce pourrait être une cause des échouages en masse de dauphins et de cétacés sur les plages[6]. Les animaux qui survivent gardent souvent des séquelles importantes, respiratoires, neurologiques ou immunologiques. Les intoxinations humaines sont majoritairement liées à la consommation de mollusques filtreurs contaminés (coquillages bivalves comme les moules, huîtres et coques ; escargots aquatiques comme les bulots et bigorneaux), plus rarement de poissons. Les toxi-infections alimentaires ne sont pas l'apanage des coquillages ; les poissons peuvent aussi en être à l'origine. La plus célèbre d'entre elles est certainement la *ciguatera* des régions tropicales, due aux cigatoxines et maïtotoxines d'un Dinoflagellé se développant sur le corail mort, *Gambierdiscus toxicus*, brouté par les poissons-perroquets qui, eux-mêmes, seront mangés

6. Par exemple, en 2004, plus d'une centaine de grands dauphins se sont échoués sur une plage de Floride dans les tissus desquels on a retrouvé des taux élevés de brévétoxine, une toxine impliquée par ailleurs dans la mortalité de plusieurs mammifères marins en voie de disparition, comme les lamantins, la baleine franche de l'Atlantique Nord, ou la tortue caouanne.

par des poissons carnivores. Les victimes de l'intoxination présentent des démangeaisons intenses (la « gratte »), une gastro-entérite et des paresthésies du visage. Notons que l'inhalation d'embruns marins peut être une autre voie de contamination humaine.

Les problèmes sanitaires induits chez l'homme sont liés à la production de plusieurs types de toxines par ces « algues ». Les plus importantes sont des toxines diarrhéiques, produites par deux genres de Dinoflagellés, *Dinophysis* et *Prorocentrum*, responsables de diarrhées et de vomissements, qui surviennent entre 30 minutes et 2 heures après l'ingestion des coquillages contaminés. Les pectenotoxines provoquent en plus des troubles hépatiques. Ce sont ces toxines que l'on détecte par un test biologique sur souris et qui conduisent à des interdictions de vente des coquillages « cultivés » sur le littoral français, surtout… les mois sans « r ». Les autres toxines ne posent pas de problème jusqu'ici en France. Il s'agit des toxines paralysantes, comme la saxitoxine, produites par plusieurs genres de Dinoflagellés (*Alexandrium*, *Gonyaulax*, *Gymnodinium* et *Pyrodinium*), qui induisent un engourdissement (paresthésie) du visage et des membres, 5 à 30 minutes après l'ingestion de coquillages contaminés, pouvant aller, dans les cas les plus graves, jusqu'à la paralysie respiratoire et au décès ; des toxines amnésiantes, comme l'acide domoïque, produites par les Diatomées du genre *Pseudonitzschia* et responsables d'une gastro-entérite sévère dans les heures suivant l'ingestion, puis de troubles neurologiques (maux de tête, confusion, désorientation, voire amnésie) pouvant aboutir au coma et à la mort ; et des toxines cutanées, comme la palytoxine, produites par le Dinoflagellé *Ostreopsis ovata*, capables de provoquer des irritations cutanées, de la fièvre et une gêne respiratoire après ingestion ou simple contact ou inhalation d'embruns d'efflorescences.

Mais il n'y a pas que les algues unicellulaires qui sont impliquées, des cyanobactéries aussi…

Des fleurs d'eau qu'il vaut mieux ne pas offrir

Mais pourquoi la mer Rouge au bleu-vert si intense a-t-elle été baptisée ainsi ? À cause des Grecs, qui l'appelaient déjà *Erythra Thalassa* ou des Hébreux qui la nommaient mer d'Édom (*Erythra* en grec, comme *Edom* en hébreu signifiant rouge)… mais pourquoi ? Peut-être parce qu'il arrive occasionnellement que cette mer intracontinentale se teinte de rougeâtre lors d'épisodes d'efflorescence de la cyanobactérie *Trichodesmium erythraeum*, qui synthétise en grande quantité un pigment rouge, la phycoérythrine… Un phénomène connu depuis la plus haute Antiquité, parfaitement naturel, qui survient dans les milieux riches en éléments nutritifs pendant la période estivale, lorsque les conditions anticycloniques limitent le brassage de l'eau.

Les phénomènes d'efflorescence ne concernent pas uniquement les mers. Ils se produisent aussi en eau douce, surtout stagnante, mais aussi courante, et impliquent alors des « algues » bleues, les cyanobactéries. Normalement invisibles, leur soudaine pullulation peut aller jusqu'à former une écume ou une mousse recouvrant la surface de l'eau, de couleur bleue ou vert clair, voire rouge ou brune, selon les pigments majoritaires de l'espèce en cause, avec des reflets irisés laissant penser à une pollution par de la peinture : c'est la « fleur d'eau ». Il s'agit, comme dans le cas de la mer Rouge, d'un phénomène naturel, mais qui est devenu très fréquent depuis les années 1970, surtout dans les plans d'eau stagnante fermés, très largement favorisé et amplifié par des pollutions d'origine terrestre, causes d'eutrophisation des eaux. Ce sont les pollutions par la matière organique, les nitrates et les phosphates qui sont en cause[7]. Elles font suite au lessivage de sols ayant reçu des engrais azotés et/ou phosphatés (terres agricoles bien sûr, mais aussi potagers,

7. Cf. Chapitre XVII.

jardins, terrains de golf, etc.), à des pollutions accidentelles, ou encore aux retombées atmosphériques d'azote[8].

Le carbone de la matière organique, tout comme les carbonates, pourrait favoriser les efflorescences en stimulant la photosynthèse en milieu aquatique. Lorsque l'eau est eutrophe, la pullulation est particulièrement intense (elle peut atteindre plusieurs millions de cellules par millilitre, avec une à deux espèces pouvant constituer jusqu'à 90 à 95 % de la biomasse !) et prolongée, allant jusqu'à créer des « zones mortes ». Celles-ci apparaissent suite à une réaction en chaîne : à leur mort, les cyanobactéries sont mangées par des bactéries et des champignons aquatiques, qui consomment énormément d'oxygène par la respiration cellulaire, ce qui conduit à l'appauvrissement progressif en oxygène de la colonne d'eau et à la libération massive de CO_2 et de méthane[9], d'hydrogène sulfuré H_2S toxique et d'hydrocarbures halogénés[10]. Le mercure est aussi plus facilement méthylé en méthyl-mercure, ce qui le rend beaucoup plus bioassimilable par tous les êtres vivants[11], et donc toxique. La conjonction de ces facteurs contribue à l'apparition des « zones mortes ».

Pire, certaines cyanobactéries (en particulier les genres *Anabaena, Aphanizomenon, Cylindrospermopsis, Gloeothrichia, Lyngbya, Microcystis, Nodularia, Nostoc, Oscillatoria et Planktothrix*) peuvent libérer des toxines potentiellement dangereuses pour l'homme et les animaux. La production de toxines est favorisée par certains déséquilibres nutritifs, comme un faible ratio carbone/azote, un faible ratio carbone/phosphore ou un ratio azote/phosphore élevé. Comme chez les Dinoflagellés, les toxines sont de plusieurs types : des

8. Cf. Chapitre XII.

9. Deux gaz à effet de serre ; cf. Chapitre IX.

10. Destructeurs de la couche d'ozone ; cf. Chapitre X.

11. Cf. Chapitre XIII.

hépatotoxines, qui s'attaquent au foie ; des dermatotoxines, qui irritent la peau et les muqueuses ; et, plus rarement, des neurotoxines, responsables de troubles neurologiques. En France, les premières intoxinations humaines avérées aux cyanotoxines remontent à 2003 dans le Tarn et le Jura.

Plusieurs cyanotoxines possèdent une toxicité aiguë majeure, comme les anatoxines et les microcystines. Une même cyanotoxine peut être produite par plusieurs genres. Par exemple, les genres *Microcystis* et *Anabaena* produisent tous les deux la microcystine. Une hypothèse très sérieuse émise en 2017 par le paléontologue Raymond Rogers relie la mort subite à l'époque tertiaire de milliers de dinosaures et d'autres animaux à un empoisonnement de masse par une cyanotoxine neurotoxique. Il existe en effet une très forte ressemblance avec les phénomènes actuels d'intoxication de vaches ayant bu de l'eau contaminée par des cyanobactéries ou d'oiseaux victimes de la myélinopathie vacuolaire aviaire (*Avian vacuolar myelinopathy* ou AVM). Cette maladie neurodégénérative touche principalement des oiseaux aquatiques comme les canards dans les Everglades (Floride), qui consomment une cyanobactérie se développant à la surface des feuilles de plantes aquatiques : ils deviennent léthargiques, incapables de se nourrir ou de voler, avant de mourir. Ce sont aussi des proies faciles pour leurs prédateurs, dont des rapaces, qui meurent des mêmes symptômes à leur tour, démontrant au passage la transmission de la toxine le long de la chaîne alimentaire (cf. Deuxième partie).

La toxicité aiguë des cyanotoxines a été confirmée expérimentalement pour plusieurs d'entre elles (car toutes ne sont pas connues !). L'anatoxine A, un alcaloïde spécifique des cyanobactéries, provoque chez différents mammifères une faiblesse musculaire, des hypersécrétions et des difficultés respiratoires qui entraînent la mort en quelques minutes à quelques heures. Son mécanisme d'action est implacable : non seulement c'est un agoniste des récepteurs à l'acétylcholine (au même titre que certains gaz de combat !), incapable d'être dégradé par l'acétylcholinestérase physiologique, mais elle est associée à une autre toxine encore plus redoutable, l'anatoxine A (S), qui inhibe l'acétylcholinestérase, si bien que même l'acétylcholine physiologique s'accumule chez le sujet intoxiné. La microcystine est un acide aminé qui entraîne une atteinte du foie, éventuellement hémorragique, une insuffisance cardiaque et des troubles rénaux, pulmonaires et intestinaux ; elle pourrait de surcroît potentialiser l'action d'agents cancérogènes hépatiques, en inhibant des enzymes cellulaires qui empêchent normalement la prolifération cellulaire et la formation de tumeurs au niveau du foie. Les enfants et les personnes âgées sont plus à risque que les adultes.

On l'a vu, certaines cyanotoxines sont très stables et peuvent dès lors présenter une toxicité chronique. En s'accumulant dans le cerveau, elles pourraient causer ou aggraver des maladies neurodégénératives, comme les maladies d'Alzheimer ou de Parkinson, voire conduire à la mort par neurotoxicité. La question d'une possible bioamplification dans la chaîne alimentaire a été posée dès les années 1990, lorsqu'a été reprise une enquête épidémiologique visant à expliquer le « syndrome de Guam », une maladie neurologique connue depuis 1952 (avec des cas identifiés rétrospectivement jusqu'en 1904), associant les symptômes d'une sclérose latérale amyotrophique et d'une démence parkinsonienne, dont la fréquence est 100 fois supérieure sur l'île de Guam qu'ailleurs dans le monde. L'agent neurotoxique, la bêta-méthylamino-L-alanine ou BMAA, provient d'un aliment local : les graines du *Cycas micronesica*. Cette espèce possède des cyanobactéries symbiontes dans ses tissus qui y libèrent leurs toxines. Sauf que la quantité réellement consommée par les autochtones était très inférieure à celle retrouvée dans le cerveau des malades. Dans les années 1990, on montra que les autochtones se nourrissaient aussi d'animaux qui, eux-mêmes, consommaient les graines du Cycas et, surtout, que ces animaux bioamplifiaient considérablement la cyanotoxine : la consommation d'une seule roussette (une chauve-souris locale) apportait la même quantité de BMAA que plus d'une tonne de farine de graines de Cycas ! Si bien que la dose létale était atteinte en environ trente ans après le début de la consommation d'aliments contenant de la BMMA[12]. La démonstration de l'étiologie cyanotoxique du syndrome de Guam a logiquement fait évoquer, depuis les années 2000, le rôle possible de la BMAA (ou d'autres cyanotoxines) dans la survenue de maladies neurodégénératives, d'autant plus que la BMAA – qui pourrait être retrouvé dans d'autres plantes que les Cycas – est retrouvé à fortes concentrations dans le cerveau d'individus nord-américains morts de maladie d'Alzheimer. L'hypothèse est même confortée par la découverte en 2021 d'une toxine chimiquement très proche chez le gyromitre, un champignon impliqué dans l'épidémie de maladie de Charcot survenue en Savoie entre 1990 et 2018[13].

Les toxines comme la BMAA, une fois libérées dans l'eau par certaines espèces de cyanobactéries, peuvent contaminer les nappes d'eau potable. Il a été avancé récemment que l'apport alimentaire de la BMAA pourrait induire des maladies neurodégénératives comme la maladie d'Alzheimer, la sclérose latérale amyotrophique ou la maladie de Parkinson chez des patients ayant une incapacité génétique à prévenir l'accumulation de protéines liées à la BMAA dans le cerveau. Depuis, les arguments expérimentaux se

---

12. C'était surtout le peuple autochtone des Chamorros qui était victime du syndrome de Guam, du fait d'une tradition de consommer des roussettes lors des repas festifs. La pathologie a quasiment disparu de l'île au XXe siècle, depuis que l'espèce de roussette s'est éteinte (par suite de la sur-chasse) et que l'espèce de Cycas est en voie de disparition.

13. Cf. Chapitre I.

multiplient : la BMAA possède non seulement une toxicité directe sur les neurones moteurs, mais se comporte aussi en agoniste des récepteurs au NMDA et à l'AMPA, et induit un stress oxydatif pouvant provoquer le mauvais repliement des protéines intraneuronales, et, par conséquent, une neurodégénérescence. Ce serait la même BMAA produite par des cyanobactéries se développant dans l'étang de Thau en France qui pourrait expliquer la forte prévalence de la maladie de Charcot dans la ville de Mèze. Compte tenu de la multiplication des épisodes de bloom cyanobactérien dans les eaux de surface, si la relation entre cyanotoxine et maladies neurodégénératives se confirmait, les conséquences en matière de santé publique seraient majeures.

Les cyanobactéries sont impliquées dans d'autres types de maladie. Des cyanotoxines ont été rendues responsables de cancers du foie et de maladies du foie non alcooliques, mais les preuves manquent.

Toujours est-il qu'une eau visiblement touchée par une efflorescence doit être considérée comme toxique et non seulement ne pas être consommée, mais aussi ne pas servir à abreuver des animaux ou irriguer des cultures. Le ramassage de coquillages ou la pêche de poissons se développant dans une telle eau doivent également être bannis. Même la baignade pourrait être dangereuse : des cas d'irritation de la peau, du nez, de la gorge, des yeux ont été rapportés et, en cas d'ingestion, des maux de tête et de ventre, des nausées, des diarrhées, des vomissements et des étourdissements. Les intoxinations chez des animaux domestiques (bétail, chien...) ou sauvages (oiseaux, amphibiens...) sont souvent un signal d'alerte permettant de prévenir une exposition humaine, car force est de constater que les dispositifs de surveillance et de détection des cyanobactéries et de leurs toxines dans l'eau sont quasi inexistants. Comme souvent, le législateur établit des normes, que ce soit pour l'eau potable ou les eaux récréatives. Depuis 1998, l'OMS a fixé la valeur de 1 microgramme de microcystine par litre d'eau comme seuil à ne pas dépasser.

À l'origine des proliférations d'algues et de cyanobactéries toxinogènes, l'eutrophisation des eaux représente une réelle menace pour la santé humaine ; mais est-on pour autant à l'abri sur la terre ferme ?

Quand les orties attaquent…

Les milieux terrestres n'échappent pas à l'eutrophisation, qui tend à devenir un phénomène planétaire, contribuant au changement global. L'agriculture intensive est devenue la règle dans les plaines des pays occidentaux en général et dans les plaines françaises en particulier. Aux épandages d'engrais chimiques, de fumier et de lisier, qui sont des concentrés de composés azotés et phosphorés, s'ajoutent les retombées atmosphériques d'azote, via le phénomène des pluies acides[14], qui ont notamment pour origine les émissions de gaz azotés oxydés NOx et réduits NHx par la circulation automobile et les fumées d'usine. Les pluies acides déposent cet azote sur les sols, provoquant ainsi l'augmentation de leur niveau trophique. L'enrichissement du sol en éléments nutritifs favorise l'installation de plantes gourmandes en azote et/ou en phosphore, dont la plus emblématique est certainement la grande ortie (*Urtica dioica*), dont nous avons déjà parlé au chapitre IV. Comme beaucoup d'espèces eutrophiques, l'ortie est une espèce probablement originaire des écosystèmes naturellement eutrophes, comme les zones inondables des vallées alluviales, régulièrement fertilisées par les crues. Ce n'est que secondairement qu'elle aurait colonisé des habitats plus secs, artificiellement enrichis par les activités humaines ; elle est dite « anthropophile » puisqu'elle suit l'homme et sa présence trahit parfois une

---

14. Cf. Chapitre XII.

ancienne occupation humaine, comme le savent bien les archéologues[15].

D'une manière générale les plantes eutrophiques sont de grande taille avec de larges feuilles, ce qui fait qu'une fois établies dans un site, elles procurent un ombrage néfaste aux autres espèces de plus faible stature, qui ont alors tendance à disparaître. C'est pourquoi l'eutrophisation est reconnue comme étant une des principales causes d'érosion de la biodiversité dans le monde ; et comme l'eutrophisation touche l'ensemble de la planète, cette érosion est généralisée, ce qui participe à l'homogénéisation biotique globale, c'est-à-dire au fait qu'un petit nombre d'espèces eutrophiques dominent sur tous les continents tandis qu'un grand nombre d'espèces endémiques, c'est-à-dire propres à une région géographique donnée, disparaissent.

Le surplus de nitrates dans les sols agricoles est à l'origine d'une pollution des nappes phréatiques souvent dénoncée, parce que les nitrates ont longtemps été montrés du doigt, considérés comme nocifs pour la santé humaine, avant d'être réhabilités ces dernières années. Plus que les nitrates eux-mêmes, ce sont leurs métabolites, les nitrites, qui représentent un danger potentiel. Les nitrites sont issus de la transformation microbiologique des nitrates. Ils sont surtout toxiques pour le nourrisson de moins de 6 mois, dont le système enzymatique est encore immature et chez qui ils peuvent théoriquement induire une méthémoglobinémie.

La méthémoglobinémie du nourrisson, ou « syndrome du bébé bleu », est liée à une incapacité de l'hémoglobine à transporter normalement l'oxygène, ce qui provoque d'abord un bleuissement des lèvres et des extrémités, puis des troubles respiratoires, des vomissements et des diarrhées, et, dans les

15. Les communautés de plantes eutrophiques sont parfois utilisées en prospection archéologique, car leur présence trahit un enrichissement local en nutriments lié à un artéfact anthropique ; par exemple, en milieu forestier, des taches de végétation eutrophique apparaissent à l'emplacement d'un ancien habitat gallo-romain, alors que la végétation environnante est plutôt mésotrophique et acidiphile.

cas extrêmes des convulsions, un coma qui peut évoluer vers le décès. La cause en est les nitrites (*a priori* davantage ceux ingérés directement que ceux issus des nitrates biotransformés dans le tube digestif), qui prennent la place de l'oxygène sur les molécules d'hémoglobine. La malnutrition, les affections de l'estomac (ulcère, gastrite) et l'infection seraient des facteurs de risque supplémentaires. Ainsi l'eau de boisson des nourrissons doit être pauvre en nitrates ; la mise en place de normes de potabilité a fait que la méthémoglobinémie a quasiment disparu dans les pays occidentaux. Elle se rencontre toujours dans les pays en voie de développement, en particulier quand l'eau de boisson vient de puits peu profonds en zone agricole.

Un autre risque lié aux nitrites vient de leur propension à se combiner chimiquement avec les amines pour former des nitrosamines, des composés notoirement carcinogènes. Le risque est d'abord théorique : puisque les nitrates sont transformés en nitrites par la flore microbienne de notre tube digestif, ne représentent-ils pas une source indirecte de nitrosamines ? Expérimentalement, on démontre effectivement que les nitrosamines (pas les nitrates !) induisent des tumeurs cancéreuses du foie, de l'œsophage, de l'appareil respiratoire et du rein chez le primate et de nombreux autres animaux. Le nombre anormalement élevé de cancers de l'estomac en Bretagne est parfois attribué à la consommation chronique d'une eau riche en nitrates, mais il existe de nombreux autres facteurs de risque (consommation d'aliments salés et fumés, alcoolisme, tabagisme, etc.). À ce jour, les études épidémiologiques cherchant à confirmer l'hypothèse d'un lien entre consommation de nitrates et cancer ont toutes conclu à l'absence de relation. D'ailleurs, la quantité de nitrosamines ingérée via l'alimentation ou inhalée via les fumées de tabac serait plus importante que celle néoformée dans le tube digestif à partir des nitrates. D'autre part, les légumes, qui sont riches en nitrates, ont un rôle protecteur contre les cancers digestifs.

Une autre pathologie où les nitrosamines ont été incriminées est le diabète de type 1, dit « insulino-dépendant », car il est lié à une destruction de certaines cellules du pancréas spécialisées dans la production d'insuline, notre principale hormone hypoglycémiante. Il s'agit d'une maladie auto-immune (la destruction des cellules est liée à la production d'anticorps dirigés contre nos propres tissus) qui est en partie génétique, mais pour laquelle des facteurs environnementaux interviennent. Le rôle de certains virus a été évoqué, mais également celui des nitrosamines, puisque ces dernières sont effectivement capables, *in vitro*, de détruire les cellules pancréatiques impliquées. Mais ici aussi, l'épidémiologie ne permet ni de confirmer ni d'infirmer le rôle exact des nitrosamines, des nitrites et des nitrates.

Plus récemment, les nitrosamines ont été incriminées dans la survenue de la maladie d'Alzheimer et de la maladie de Parkinson, partant du constat d'une augmentation parallèle du nombre de cas et de l'exposition aux nitrosamines. Nitrosamines, nitrites et nitrates peuvent effectivement endommager l'ADN et induire un stress oxydatif, mais leur implication dans la physiopathologie de ces maladies reste hypothétique.

Le phosphore et les phosphates présentent également une certaine toxicité pour l'homme lorsque l'apport alimentaire est excessif. Mais elle est encore mal documentée et surtout déduite des observations faites chez des patients atteints d'insuffisance rénale (ce qui entraîne un défaut d'élimination, donc une accumulation de phosphates). Outre des troubles de la minéralisation osseuse et une calcification des parois vasculaires, sont rapportés des troubles de la fertilité, un vieillissement prématuré, des dysfonctionnements rénaux et un rôle dans la prolifération tumorale au cours de cancers du poumon ou du colon.

En l'état actuel des connaissances, avant même d'être un problème de santé publique, l'eutrophisation est avant tout un problème écologique, social et économique. Il suffit pour s'en convaincre de regarder le coût exorbitant induit par les pollutions azotées, estimé en Europe entre 70 et 320 milliards d'euros par an, soit plus du double du bénéfice apporté à l'agriculture. Évidemment, ce coût n'inclut pas les pertes en matière d'aménités paysagères et de biodiversité. C'est dire l'urgence qu'il y a à combattre le mal à sa source : réduire les rejets de polluants azotés et phosphorés dans l'environnement en général et dans l'hydrosphère en particulier. Éliminer les seules conséquences (ramassage des algues vertes échouées) n'est qu'une inutile et coûteuse fuite en avant... L'expérience du lac d'Annecy est à cet égard exemplaire. Pas seulement pour ce qui touche le cycle de l'azote d'ailleurs, les lacs étant des écosystèmes « sentinelles » pour d'autres perturbations, comme pour les pluies acides...

Chapitre XII

Les gaz s'élèvent, les liquides tombent

> « N'est-ce pas la même pluie qui, en sol salin,
> fait pousser les ronces et les épines et,
> dans les jardins, éclore les fleurs ? »
>
> Ludwig van Beethoven

L'histoire des pluies acides pourrait commencer comme celle de l'eutrophisation : par une histoire de lac dans les années 1950-1960. Mais c'est cette fois une histoire scandinave...

Quand les pollués ne sont pas les pollueurs

Dans la Scandinavie des années 1950-1960, les lacs s'acidifient, faisant disparaître de nombreuses espèces animales, notamment les poissons et les crustacés. L'aluminium est alors incriminé, car une eau acide favorise la solubilisation de ce métal toxique. Mais les algues se sont mises à proliférer... En 1968, le Suédois Svante Odén conclut que cette acidification est due à des précipitations devenues plus acides du fait d'une augmentation des émissions de SO_2 par d'autres pays, comme l'Angleterre et l'Allemagne. On considère souvent que c'est la première fois qu'est mis en évidence le phénomène des « pluies acides ». Ce qui n'est pas tout à fait exact, puisque c'est à un chimiste écossais, Robert Angus Smith, que revient la paternité du terme et de ce qu'il recouvre. C'est lui, en effet, qui mit en évidence pour la première fois, en 1852, la présence d'acides dans l'eau de pluie, distinguant l'acide sulfurique, qui domine en ville (notamment à Manchester), de l'acide nitrique, qui se retrouve à la campagne. Il publia ses travaux en 1872, lançant le terme *acid rain* ou pluie acide, ce qui lui valut d'être baptisé « le père des pluies acides ». Ce que Svante Odén évoque pour la première fois, c'est que les pluies acides ne seraient plus un phénomène local, mais une « télé-pollution » dans le sens où le pays pollué n'est pas le pays pollueur. Aujourd'hui, le terme de « pluie acide » est utilisé lorsque le pH de l'eau est inférieur à 5 et inclut les retombées humides (pluie, neige, brouillard, smog...) et les retombées sèches (particules fines, gaz).

Les pays scandinaves firent pression sur l'Organisation de coopération et de développement économiques (OCDE) pour faire adopter en 1979 une convention sur la pollution atmosphérique transfrontière à longue distance, mais celle-ci n'eut guère de suite. Sauf qu'au début des années 1980, l'Allemagne entre en scène à son tour, quand elle se rend compte que le tiers de ses forêts est ravagé par les pluies acides et que les arbres meurent par milliers. D'autres pays européens sont touchés, dont la France, en particulier dans le massif vosgien, proche du bassin industriel de la Ruhr. L'Amérique du Nord n'est pas épargnée, notamment les forêts canadiennes, touchées par les pluies acides en provenance des États-Unis. Les médias s'en emparent et les pluies acides occupent le devant de la scène ; dans certains pays, comme l'Allemagne, une véritable psychose s'installe, entretenue par des médias anxiogènes qui annoncent la mort de la forêt européenne[1]... Et puis plus rien. À croire que les pluies acides ont disparu et ne sont plus que le lointain souvenir d'une crise écologique du XXe siècle. Il est vrai que depuis, l'eutrophisation, le trou dans la couche d'ozone et la pollution par l'ozone et l'effet de serre lui ont successivement volé la vedette...

Une histoire qui appartient au passé ?

Les pluies acides n'ont pas disparu, mais elles ont changé de nature et leurs effets sur les forêts sont plus complexes qu'il n'y paraissait au premier abord. Dans les années 1990, les émissions de gaz soufrés ont considérablement diminué en Europe et en Amérique du Nord, grâce aux pots catalytiques sur les voitures, à la désulfuration des carburants fossiles, au déclin de l'activité industrielle dans les pays de l'Est et au recul de l'utilisation du charbon. Ainsi, les pluies acides sont aujourd'hui davantage composées d'acide nitrique que d'acide sulfurique. Paradoxalement, la croissance des arbres forestiers a été plus importante dans les décennies 1970-1980-1990, ce qui est probablement le résultat de l'eutrophisation des sols – un autre effet des pluies acides puisque l'acide nitrique enrichit les sols en azote[2] – et de l'augmentation des teneurs atmosphériques en CO_2. De plus, le dépérissement forestier a été attribué à d'autres causes, comme le manque de magnésium et de potassium, imputé à la gestion forestière qui ne laissait plus assez de débris organiques au sol, ou à des événements météorologiques particuliers. Pourtant, le dépérissement forestier a fortement régressé depuis

---

1. Le même discours catastrophiste se retrouve aujourd'hui à propos du dépérissement forestier induit par les changements climatiques et, en maints endroits, sert d'argument pour remplacer les peuplements feuillus jugés « inadaptés au futur climat » par des monocultures de résineux à croissance rapide. Si le rôle des sécheresses récurrentes est incontestable, bien d'autres facteurs concourent à la vulnérabilité des forêts.

2. Cf. Chapitre VII.

les années 1990, en même temps que les émissions de gaz soufrés[3]. Ce qui est incontestable, c'est que le pH de l'eau de pluie a effectivement diminué à partir des années 1970, avec des effets délétères sur la santé, les bâtiments, les sols, les eaux de surface ; mais que les effets sur les forêts sont beaucoup plus incertains.

Par ailleurs, les pluies acides augmentent dans d'autres régions du globe qui connaissent une industrialisation galopante, notamment en Asie. On estime que depuis 2020 la capacité des sols à absorber les retombées acides est dépassée en Chine, dans la péninsule coréenne et au Japon ; le premier pays est émetteur, les deux autres principalement récepteurs. La Chine est en effet devenue le premier émetteur mondial de dioxyde de soufre, d'oxydes d'azote et de dioxyde de carbone du monde : en 2007, ses émissions étaient neuf fois supérieures à celles des pays développés.

Quand le soufre se fait complice de l'azote

On l'aura compris, les pluies acides sont la résultante d'une perturbation de deux grands cycles biogéochimiques : ceux du soufre et de l'azote. L'acidification de l'eau atmosphérique est en effet due à la présence dans l'atmosphère de gaz soufrés et azotés capables de se dissoudre dans l'eau. Il s'agit essentiellement des oxydes de soufre (SO_2 et SO_3) et d'azote (NO et NO_2) qui, une fois dissous, donnent de l'acide sulfureux H_2SO_3 et de l'acide nitrique HNO_3, respectivement. De manière marginale, d'autres acides peuvent participer, comme l'acide chlorhydrique issu de l'incinération des matières plastiques ou l'ammonium issu des engrais agricoles ammoniaqués.

3. La question du dépérissement forestier revient aujourd'hui sur le devant de la scène avec les sécheresses récurrentes associées aux dérèglements climatiques, mais touche cette fois aussi bien les résineux que les feuillus, en particulier sur les sols à faible réserve en eau, souvent fragilisés par des pratiques sylvicoles inadaptées.

Les gaz responsables de l'acidification des pluies peuvent être d'origine naturelle : éruptions volcaniques, marécages, embruns marins, foudre, feux de forêts... Mais pour une part importante, ils sont émis par différentes activités humaines utilisant les combustibles fossiles (charbon, pétrole, tourbe et gaz) : industries, circulation automobile, centrales thermiques, chauffages, etc. S'agissant de gaz, ils peuvent être transportés à des centaines, voire des milliers de kilomètres de leur source d'émission, ce qui explique le caractère planétaire – même si elles touchent essentiellement l'hémisphère Nord – des pluies acides. Cependant, l'essentiel des retombées atmosphériques de soufre et d'azote se produisent à proximité directe des sources d'émission. S'agissant d'une conséquence de l'utilisation des combustibles fossiles, ce sont les pays industrialisés qui furent historiquement les premiers touchés, et principalement dans les bassins miniers et industriels (Ruhr, Lombardie, nord et est de la France, grandes capitales européennes comme Londres et Paris, nord-est des États-Unis, etc.).

Comme on peut s'y attendre, le premier effet des pluies acides est d'acidifier les substrats sur lesquels elles tombent. L'effet est particulièrement marqué dans les écosystèmes aquatiques, avec une baisse observée du pH de certaines sources, des mares, étangs et lacs, des rivières et des océans. Cette acidité affecte le développement des organismes aquatiques ; par exemple, les plantes sont affaiblies et résistent moins bien aux maladies et au refroidissement hivernal des eaux ; les poissons et les crustacés disparaissent, et par là même la nourriture des animaux piscivores (loutre, balbuzard fluviatile, etc.). Le calcium devient beaucoup moins disponible en milieu acide, provoquant des carences chez les oiseaux et les mammifères, ce qui induit une fragilité des coquilles d'œufs et des squelettes fœtaux.

L'acidification des sols, plus modérée en général en raison de l'effet tampon exercé par les matières organiques, affecte surtout les sols déjà naturellement acides ; elle peut faciliter la dissolution de certains minéraux toxiques piégés dans les roches et les sédiments, comme l'aluminium ou les fluorures, qui sont des poisons pour les végétaux et qui peuvent se retrouver incorporés dans la chaîne alimentaire, contaminant les différents organismes consommateurs. Les vers de terre et les nématodes du sol semblent en être les premières victimes, ce qui peut gravement impacter la décomposition de la matière organique, donc réduire l'apport de nutriments assimilables aux végétaux, et finalement limiter la quantité de nourriture disponible pour les herbivores. Encore un bel exemple de réaction en chaîne au sein d'un réseau trophique...

En dehors de ces effets trophiques, les pluies acides peuvent avoir un effet direct sur les organismes, par corrosion de l'épiderme et des muqueuses[4]. Et l'homme n'est pas épargné...

Les effets nocifs de la pollution soufrée sont connus depuis longtemps. En 1661, l'écrivain anglais John Evelyn décrivait l'air de Londres en ces termes : « Alors que l'air est pur et serein dans tous les autres lieux, il est ici éclipsé par de tels nuages de soufre que le soleil lui-même, qui éclaire partout ailleurs, est à peine capable de le pénétrer et de le disperser... » Le même John Evelyn devait attirer l'attention quelques années plus tard sur l'effet corrosif de la pollution acide de Londres sur la chaux et le marbre. En France, la plus ancienne description concerne la ville de Lille en 1883 : « L'air que l'on respire à Lille laisse dans l'arrière-bouche le goût particulier [...] qui caractérise la présence de l'acide sulfureux », écrivait A. Ladureau, et

4. Il n'y a d'ailleurs pas que les épidermes auxquels s'attaquent les pluies acides : les roches calcaires y sont aussi particulièrement sensibles, si bien que nombre d'édifices de pierre et de nombreux monuments subissent une grave érosion sous l'action de ces précipitations.

d'enchaîner sur les conséquences sanitaires : « Il provoque des enrouements, des maladies de la gorge, des irritations locales et des bronchites. » Avec l'industrialisation galopante de l'Europe occidentale, la pollution soufrée devient un problème de santé publique chronique, avec quelques crises sanitaires majeures. Entre le 1er et le 5 décembre 1930, en raison de conditions météorologiques défavorables, un brouillard jaunâtre, constitué de composés sulfureux et sulfuriques, s'installe en vallée de la Meuse, provoquant des problèmes respiratoires chez plus de 1 000 personnes, dont une cinquantaine décédera. Mais l'épisode le plus dramatique est celui de décembre 1952 où, pendant cinq jours, le « smog[5] » s'installe sur la ville de Londres, suite à une période de grand froid pendant laquelle les chauffages à charbon avaient fonctionné à plein régime, émettant suies et dioxyde de soufre qui venaient s'ajouter aux fumées industrielles. Cet épisode provoqua officiellement la mort d'au moins 4 000 personnes (en réalité certainement de plus de 12 000 au total), essentiellement des enfants et des personnes âgées. D'autres épisodes se produisirent, en 1956 (plus de 1 000 morts), en 1957 (entre 700 et 1 000 morts) et en 1962 (750 morts).

En fait, le smog est une pollution dite « acido-particulaire », un brouillard humide qui se forme au niveau du sol par condensation de la vapeur d'eau atmosphérique sur les particules en suspension dans l'air (suies, particules diesel, etc.), les polluants gazeux comme le dioxyde de soufre SO_2 et les oxydes d'azote NOx venant s'y dissoudre, se transformant en acides sulfurique et nitrique, évidemment très corrosifs pour les muqueuses respiratoires. Ce cocktail peut aussi s'enrichir

5. *Smog* est un néologisme issu de la contraction des termes anglais *smoke* (fumée) et *fog* (brouillard), inventé par Henry Antoine Des Vœux en 1905 pour qualifier le brouillard suffocant s'installant de manière récurrente sur les grandes villes industrielles d'Europe.

d'ozone… L'absence de vent et le phénomène météorologique d'inversion atmosphérique[6] font stagner ce brouillard toxique, parfois durant plusieurs jours. L'homme pris dans le smog respire un air humide très acide et chargé en particules. Les premiers symptômes sont donc une irritation des yeux, du nez, de la gorge et des muqueuses respiratoires. Il peut être victime d'une crise d'asthme, d'une arythmie et/ou d'une insuffisance cardiaque, d'un infarctus ou d'un accident vasculaire cérébral. Mais d'autres complices peuvent rejoindre la bande pour accroître la toxicité du smog, en particulier en milieu urbain et à proximité des zones industrielles, notamment ceux que l'on a longtemps appelés les « métaux lourds »…

6. Phénomène correspondant à une couche d'air plus froide au niveau du sol qu'en altitude, où l'air chaud forme une couche d'inversion, qui se comporte comme un véritable couvercle emprisonnant l'humidité et les polluants au niveau du sol.

Chapitre XIII

La rareté nuisible

« Tout ce qui est or ne brille pas.
Le propre des métaux les plus nobles
est un rayonnement discret. »

Friedrich Nietzsche (*Humain, trop humain*, 1878)

En 1912, dans la préfecture de Toyama au Japon, commença à se répandre une étrange maladie des reins et des os, qui fut vite baptisée « *itaï-itaï* », ce qui, en japonais, veut dire « j'ai mal, j'ai mal ». Une fragilité et des déformations osseuses provoquaient des douleurs invalidantes dans la colonne vertébrale et dans les jambes, entraînant une démarche peu assurée. Les fractures étaient fréquentes. D'autres symptômes, la toux, l'anémie et l'insuffisance rénale, n'étaient pas rares, pouvant conduire au décès. Longtemps on a cru à une pathologie infectieuse, avant que l'on comprenne, en 1946, qu'il s'agissait d'une intoxication, d'abord imputée au plomb avant que le cadmium ne soit suspecté, à partir de 1955. Cette région possédait un long passé minier, avec l'extraction successive d'or, d'argent, de plomb, de cuivre et de zinc. L'activité minière s'était tellement intensifiée au cours de la Première, puis de la Seconde Guerre mondiale, pour les besoins de l'industrie d'armement, que ces mines étaient devenues les plus productives du monde. Entre 1910 et 1945 de grandes quantités de cadmium et d'autres métaux lourds furent rejetées dans les rivières, dont l'eau était utilisée pour l'irrigation des rizières de la région. Les populations locales consommaient le poisson et le riz contaminés. La maladie *itaï-itaï* fut officiellement reconnue comme empoisonnement au cadmium en 1968 par le ministère japonais de la Santé.

Presque dans le même temps, mais cette fois au sud-ouest du Japon, dans la petite ville de Minamata, débuta en 1949 une étrange épidémie, qui toucha d'abord les chats du port. Ceux-ci devenaient comme fous et se jetaient littéralement à l'eau, où ils se noyaient. Des symptômes similaires ne tardèrent pas à apparaître chez les habitants, en particulier dans les familles de pêcheurs : altération du champ visuel et de l'audition, troubles de la sensibilité, difficultés à parler, problèmes dans la coordination des mouvements, tremblements, convulsions, parfois suivis de mort. Quel était le point commun entre ces chats fous et ces hommes et femmes atteints de ce qui ne tarda pas à être appelé la « maladie de Minamata » ? La base de leur alimentation : du poisson pêché localement, dans la baie. En l'espace de 15 ans, l'épidémie devait faire des milliers de victimes dans la population (dont des enfants mort-nés ou souffrant de malformations congénitales plus ou moins lourdes, nés de mères non malades) et au moins 900 morts. En 1959, un médecin acquit la certitude que la « maladie de Minamata » était liée à une pollution de l'eau par les rejets de méthylmercure de l'usine pétrochimique qui l'employait. Pourtant, les rejets de mercure continuèrent jusqu'en 1966. Au total, ce sont 400 tonnes qui furent déversées dans la baie, avant que l'entreprise ne consente à modifier son procédé industriel et à traiter ses déchets. En 2009, l'État japonais reconnaissait officiellement plus de 13 000 malades comme victimes de la pollution au méthylmercure de Minamata ; 25 000 autres personnes étaient encore en attente d'une décision.

Ces deux chroniques du pays du Soleil levant révèlent la toxicité chronique des « métaux lourds », qu'il est plus chimiquement correct d'appeler « éléments-traces métalliques » ou ETM. Les ETM comprennent notamment l'antimoine, l'arsenic, le cadmium, le chrome hexavalent, le cuivre, le plomb, le mercure, le nickel, le sélénium, le tellure, le thallium et l'étain. Les ETM existent naturellement dans l'environnement ; ils ont pour origine l'altération de certaines couches géologiques ou le volcanisme et incorporent les sols sur lesquels ils retombent, formant le « fond géochimique ». Mais la majorité des dépôts actuels d'ETM provient des activités humaines, les rejets industriels, automobiles et domestiques (notamment la combustion de bois), et sont d'authentiques polluants de l'environnement, que l'on retrouve aussi bien dans les sols, dans l'air, dans l'eau et… dans les tissus des êtres vivants. Non biodégradables, ils ont naturellement une propension à la bioaccumulation. Si certains ETM sont des oligoéléments indispensables pour l'homme (fer, zinc, cuivre, sélénium…), tous sont toxiques au-delà d'un certain seuil, parfois très bas (notamment pour le plomb, le cadmium, l'arsenic et le methylmercure).

Le risque (éco)toxicologique dépend beaucoup de la solubilité de l'ETM considéré dans l'eau ou de son adsorbabilité à la surface de microparticules. Ceux se présentant sous forme d'ions ou de nanoparticules sont les plus nocifs. Les superprédateurs se trouvant au sommet de la chaîne alimentaire – donc l'homme – sont particulièrement exposés. L'embryon et le fœtus, le nourrisson et le jeune enfant, sont beaucoup plus vulnérables aux ETM, car ils les absorbent davantage, par voie transplacentaire pour les premiers, par ingestion (via le lait maternel notamment), inhalation et passage transcutané pour les seconds. Une étude de Santé publique France publiée en juillet 2021 révélait une « surimprégnation » généralisée de la population française : les concentrations en ETM retrouvées dans le sang, l'urine ou les cheveux de milliers de Français sont non seulement plus élevées que chez nos voisins européens et les Américains du Nord, mais elles continuent d'augmenter pour plusieurs d'entre eux (arsenic, cadmium et chrome).

Quelques maladies sont connues pour être induites par un ETM particulier, comme le saturnisme (plomb), l'hydrargyrisme (mercure) et la maladie *itaï-itaï* (cadmium). Mais on estime que plusieurs ETM peuvent agir en synergie, entre eux ou avec des polluants organiques comme les pesticides, pour induire certaines maladies neurodégénératives. Dans ce chapitre, je laisse de côté les intoxications aiguës qui résultent souvent d'accidents ou de crimes, pour m'arrêter sur les intoxications chroniques pouvant être liées à une exposition environnementale. Je ne reviens pas non plus sur le cas particulier des intoxications alimentaires liées à la consommation de champignons ayant accumulé un ou plusieurs ETM en se développant sur des sols contaminés[1].

Quand la température fait monter le mercure (Hg)

L'hydrargyrisme n'est autre que la maladie de Minamata : le syndrome d'intoxication chronique au mercure (les intoxications aiguës étant rarissimes et toujours liées à un accident). On estime que, chaque année, ce sont 4 500 tonnes de mercure qui sont déversées dans l'environnement. Les utilisations du mercure sont multiples, depuis les « plombages » dentaires à l'orpaillage en passant par les usages agricoles et industriels. En réalité, la toxicité du mercure dépend étroitement de sa forme chimique. Ainsi, le mercure élémentaire, liquide, est quasiment inoffensif : on pourrait l'ingérer ou se baigner dedans sans risque, pourvu qu'on n'en respire pas les vapeurs ! La forme gazeuse est en effet un redoutable toxique

1. Cf. Chapitre I.

nerveux. Mais ce sont les formes organiques du mercure, en particulier le méthylmercure, qui sont les plus redoutables, car elles ont une propension à la bioaccumulation le long de la chaîne alimentaire. Le méthylmercure est abondant dans certains sols pollués, parfois il y a plusieurs siècles ou millénaires, par des activités métallurgiques.

Le mercure contenu dans les amalgames dentaires utilisés pour traiter les caries depuis les années 1830 fait régulièrement polémique. Mais les études épidémiologiques n'ont pas confirmé de risque sanitaire significatif : les quantités de mercure libérées et réellement absorbées par l'organisme sont insuffisantes pour induire des effets toxiques, même si on retrouve des concentrations sanguines, urinaires et tissulaires de mercure plus élevées que chez des personnes sans amalgame dentaire.

L'orpaillage clandestin est un fléau dans différentes régions du monde, y compris en France : en Guyane, il est non seulement à l'origine d'une part importante de la déforestation et de la criminalité, mais aussi d'une contamination durable de l'environnement et d'effets chroniques sur la santé des habitants. Le mercure est utilisé pour amalgamer l'or ; ce dernier est ensuite récupéré à l'état pur en chauffant l'amalgame, le mercure s'évaporant. Il se retrouve dans l'environnement, notamment dans l'eau des rivières, où des bactéries le transforment en méthylmercure, très facilement assimilable par les êtres vivants. Une étude menée en 2013 révélait des concentrations en mercure quatre fois plus élevées chez les habitants du Haut-Maroni que chez les habitants du littoral, les Amérindiens étant les plus touchés du fait de leur régime alimentaire riche en poisson.

Un autre effet sanitaire collatéral est le risque considérablement accru de présenter des ulcères de Buruli, une forme grave de nécrose cutanée des membres, qui peut s'étendre aux tissus mous et aux os, à l'origine d'invalidités importantes. Cette maladie infectieuse surtout connue en Afrique de l'Ouest, est due à un germe voisin de celui de la lèpre, *Mycobacterium ulcerans*, une bactérie « mangeuse de chair humaine », initialement découverte en 1897 en Ouganda. Or, les foyers de cette maladie coïncident avec les zones d'extraction aurifère illégales, que ce soit en Guyane, en Afrique de l'Ouest[2] ou en Australie. Des punaises d'eau jouent le double rôle de réservoir et de vecteur, via leur salive, mais la déforestation, en exposant les eaux à la lumière, modifie l'écosystème et accélère la formation de biofilms constitués notamment d'une micro-algue qui héberge la mycobactérie. L'homme se contamine au contact de l'eau où vivent punaises et algues avec des plaies ou de simples égratignures. Sachant que 7 à 10 tonnes d'or sont illégalement extraites du sous-sol guyanais chaque année et qu'il faut en moyenne 1,3 kilo de mercure pour récupérer 1 kilo d'or, cela donne une idée du prix (sanitaire) payé par les habitants de Guyane (mais aussi du Guyana et du Suriname voisins) pour chaque bijou fabriqué et vendu, souvent sur le marché occidental.

Plusieurs industries sont très émettrices de mercure : métallurgie, fabrication de chlore, papeterie. L'incinération des déchets, notamment des métaux (les piles au mercure sont interdites en Europe depuis décembre 1998), libère de grandes quantités de mercure sous forme de vapeurs qui se dispersent dans l'environnement par les vents. Ces émissions représenteraient jusqu'à 30 % des rejets de mercure. Il en est de même pour les centrales thermiques au charbon et, plus généralement, des combustions de pétrole (gaz d'échappement), de gaz ou de bois (les incendies de forêt sont donc une source de mercure).

---

2. Les roches aurifères d'Afrique de l'Ouest sont de surcroît naturellement riches en arsenic. Celui-ci est directement mis en cause, non seulement en raison de ses propriétés immuno-suppressives chez l'homme, mais aussi parce qu'il facilite la formation de biofilms dans l'eau qui favorisent la prolifération de la mycobactérie.

L'agriculture est une autre source possible, via l'utilisation de certains fongicides mercuriels et les épandages de boues de stations d'épuration. Les fongicides se retrouvent dans certaines céréales traitées, mais aussi dans les eaux de lessivage et, finalement, dans les nappes phréatiques et les cours d'eau.

La toxicité du mercure est liée à son aptitude à se combiner au soufre. Il peut ainsi bloquer l'action de la vitamine B12 et perturber le fonctionnement cérébral, puisqu'il s'accumule dans le cerveau. L'hydrargyrisme se manifeste par une éruption cutanée (érythème mercuriel) ou une coloration rouge anormale de la peau, des troubles neurologiques, une anémie et une insuffisance rénale. Le mercure est également mis en cause dans la survenue de la maladie d'Alzheimer. Certains malades ne disposeraient pas des gènes permettant à l'organisme de détoxifier le cerveau du mercure et du plomb, ce qui induirait la maladie par toxicité cumulative.

Alerte évasion : le cadmium (Cd) s'échappe des piles

Si la catastrophe de Toyama évoquée en préambule a fait mieux connaître les risques de pollution industrielle par le cadmium, il n'en demeure pas moins que le risque existe aussi dans d'autres contextes, notamment agricoles et alimentaires.

Une voie majeure de contamination de l'homme est l'inhalation de fumées et de poussières issues d'industries des métaux ou des plastiques, celles fabriquant des batteries (en particulier les « piles » rechargeables nickel-cadmium Ni-Cd) ou des engrais phosphatés. Depuis 2008, les batteries Ni-Cd des téléphones portables et sans fil ont été remplacées par d'autres, moins nocives, au sein de l'Union européenne, car le fait de téléphoner alors que les batteries étaient chaudes exposait aux vapeurs de cadmium. Mais la fumée de cigarette reste la principale source de contamination ! Les chlorures et oxydes de cadmium sont absorbés à environ 90-100 % par voie respiratoire. En comparaison, l'absorption digestive est beaucoup moins efficace, de l'ordre de 5 %, mais significative lorsque les aliments sont très contaminés et/ou en cas de carence en calcium, en fer ou en zinc. La « surimprégnation » de la population française pourrait s'expliquer d'une part parce qu'elle consomme davantage de poissons et de fruits de mer (les mollusques bivalves en particulier, comme les huîtres, bioaccumulent fortement les ETM), et d'autre part parce que la France est un des plus gros consommateurs d'engrais phosphatés. Les sols recevant des engrais phosphatés (parfois même certains engrais azotés, la roche servant à leur fabrication étant naturellement riche en cadmium), comme ceux situés à proximité d'industries polluantes, peuvent en effet recéler de fortes concentrations en cadmium, avec un risque de contamination des eaux phréatiques. La situation peut être encore plus grave quand des sols reçoivent des cendres et des résidus d'usines d'incinération de déchets ou des effluents et boues d'épuration urbaine et/ou industrielle.

Le cadmium est naturellement absent du corps humain. Il est toxique sous toutes ses formes, même à faible dose, et s'accumule dans les tissus. Très proche chimiquement du calcium, il prend sa place dans le tissu osseux, altérant la solidité des os et provoquant une perte de calcium dans les selles ; il peut agir en synergie avec le plomb. Le cadmium perturbe également le métabolisme de la vitamine D et de l'hormone parathyroïdienne, toutes deux impliquées dans le métabolisme phospho-calcique. L'intoxication au cadmium provoque un ramollissement des os, avec de violentes douleurs de la colonne vertébrale et des articulations, signes d'une ostéoporose ou d'une ostéomalacie[3]. Les déformations

---

3. L'ostéoporose et l'ostéomalacie sont deux pathologies osseuses caractérisées par une fragilité excessive du squelette ; la première correspond à un défaut de calcification de la trame protéique de l'os, la seconde à une carence en calcium ou en vitamine D.

osseuses induisent une démarche hésitante. Les douleurs deviennent invalidantes, avec des fractures de plus en plus fréquentes. La femme est beaucoup plus vulnérable que l'homme, *a fortiori* lorsqu'elle est ménopausée.

Chez les mammifères, le cadmium s'accumule d'abord dans le foie, puis dans le rein où il peut provoquer des lésions irréversibles entraînant une insuffisance rénale et une anémie. L'homme peut d'ailleurs se contaminer en consommant des abats, comme le foie et les rognons qui peuvent contenir du cadmium lorsqu'ils proviennent d'animaux exposés. Le cheval possède une vulnérabilité particulière et accumule de grandes quantités de cadmium dans ses reins ; c'est pourquoi la commercialisation des abats de cheval « abattu tardivement » est interdite. Même des plantes, comme les épinards et certaines céréales, lorsqu'elles sont cultivées sur des sols contaminés, peuvent concentrer le cadmium.

La contamination de l'homme peut aussi se faire par inhalation, ce qui provoque une insuffisance pulmonaire et de l'emphysème.

Le cadmium est également un « métallo-œstrogène », un perturbateur endocrinien carcinogène, mutagène et toxique pour la reproduction. L'exposition professionnelle est responsable d'une augmentation avérée du cancer du poumon et suspectée de cancer du pancréas. Celle des personnes habitant près de sites industriels utilisant le cadmium pourrait avoir le même effet. Un effet carcinogène sur l'utérus et le sein a également été démontré expérimentalement.

Du plomb (Pb) dans l'aile, mais pas que…

L'intoxication chronique par le plomb ou saturnisme (en référence à la planète Saturne, symbole du plomb en alchimie) est connue depuis au moins l'Antiquité. Les forgerons de l'âge du Bronze furent parmi les premières victimes ; les métallurgistes et les mineurs du XIXe siècle furent leurs dignes successeurs, au point que le saturnisme sera l'une des six premières maladies à avoir été déclarée maladie professionnelle en 1919. C'est en effet à partir du XIXe et, surtout, au XXe siècle, que le saturnisme ne va plus se restreindre à certaines professions, avec l'utilisation de peintures au plomb, d'essences plombées et de munitions au plomb. Car le plomb (Pb) est omniprésent dans notre environnement quotidien : batteries d'accumulateurs des automobiles, implants dentaires, tuyauteries, soudures, peintures, munitions, etc.

Jusque dans les années 1990, l'essence de nos voitures contenait des additifs plombés anti-détonnants, notamment le plomb tétraéthyle. Rejeté dans l'air par les gaz d'échappement, le plomb retombait à proximité directe des routes, où il s'accumulait dans les sols ou était entraîné par les eaux de ruissellement. Sa très faible biodégradabilité fait qu'il peut persister dans les sols et les sédiments pendant plusieurs siècles, voire davantage. Il peut donc facilement incorporer la chaîne alimentaire, par les plantes, les champignons ou les animaux se nourrissant dans les sédiments, à l'origine notamment du saturnisme aviaire.

Longtemps première source de plomb et de risque de saturnisme pour l'homme, le plomb des super carburants, depuis son interdiction, s'est fait voler la vedette par le plomb des munitions de chasse. Les seuls plombs des cartouches de fusil de chasse libérés dans l'environnement représentaient environ 8 000 tonnes de plomb par an sur le territoire français métropolitain, même si depuis 2002 les munitions au plomb sont normalement interdites dans les zones humides. Comme le plomb pur est mou, la grenaille des cartouches a été durcie en y ajoutant de l'arsenic et de l'antimoine, ce qui accroît évidemment la toxicité des « plombs ». C'est près des points fixes de tir (huttes de chasse, miradors, etc.) que les plus grandes quantités de plomb sont retrouvées. Le gibier tué par des munitions en plomb présente des concentrations anormalement élevées en plomb dans ses tissus, en raison d'une probable érosion/fragmentation de la grenaille lors de sa pénétration dans les chairs. Plus l'animal est petit, plus la concentration est forte ; le faisan fait ainsi partie des gibiers les plus contaminés, avec des concentrations jusqu'à 28 fois plus élevées que dans la viande de poulet, bien au-delà du seuil de toxicité.

La préparation du gibier avant consommation (cuisson, marinade, etc.) convertit le plomb minéral en plomb organique, plus facilement assimilable par l'organisme et donc beaucoup plus toxique. Il n'est pas rare d'ailleurs de retrouver des plombs dans l'intestin de chasseurs ou de consommateurs de gibier ; lorsqu'ils viennent à se loger dans l'appendice, ils peuvent devenir source d'intoxication chronique. On estime entre 2 et 4 % la part de la population européenne présentant des concentrations sanguines excessives de plomb en lien avec la consommation de gibier contaminé.

Une partie du plomb ingéré ou inhalé s'accumule durablement dans les tissus, principalement dans les os où sa demi-vie peut excéder vingt ans. Comme le cadmium, il présente une analogie chimique avec le calcium dont il prend la place. Les 5 à 20 % de plomb ne se stockant pas dans les os se retrouvent dans le foie, les reins et le cerveau. L'intensité des symptômes dépend de l'âge, de la durée d'exposition, de facteurs génétiques, et d'éventuelles carences en calcium et en certains oligo-éléments. Il existe des signes d'imprégnation par le plomb, comme le liseré de Burton, une bande qui apparaît sur la gencive au niveau de l'insertion des incisives et des canines, et les taches de Gubler, localisées sur la face interne des joues, toutes de couleur bleu ardoisé et dues à l'élimination salivaire de sulfure de plomb, mais visibles uniquement chez les personnes à la mauvaise hygiène bucco-dentaire. D'autres signes similaires sont retrouvés sur la rétine et les os longs.

Une cible privilégiée de l'action toxique du plomb étant le système nerveux, le fœtus, le nourrisson et l'enfant sont particulièrement vulnérables. La contamination au cours de la grossesse et/ou de l'allaitement induit des troubles cérébraux irréversibles (épilepsie, cécité, paralysie) et des retards mentaux chez les jeunes enfants nés d'une mère saturnine. Les symptômes associent des maux de tête, des vomissements, une somnolence, des troubles de la vision et de l'audition, des pertes d'équilibre, une irritabilité, une baisse de motricité, des convulsions, voire un coma pouvant évoluer vers le décès en l'absence de traitement.

Chez l'adulte, le saturnisme se traduit par une anémie avec de petits globules rouges (le plomb est aussi un analogue chimique du fer bivalent et du zinc, qui sont impliqués dans la synthèse de l'hémoglobine), des troubles digestifs (douleurs abdominales intenses, constipation opiniâtre et vomissements), une insuffisance rénale, une hyperuricémie et une hypertension modérée. Une neuropathie périphérique est fréquente : elle se traduit par une diminution de la motricité et une paralysie des mains et des bras. La survenue de pancréatites et de parotidites est inconstante. Le plomb est également toxique pour les spermatozoïdes et peut entraîner une stérilité chez l'homme. Il augmente le risque de fausse couche chez la femme. Finalement, une encéphalopathie qui associe maux de tête, fatigue chronique, délires, difficultés mnésiques et de la concentration, troubles de la coordination, convulsions et coma, peut survenir ; elle a souvent une issue fatale.

Le plomb pourrait aussi provoquer des cancers, les données épidémiologiques montrant une plus forte prévalence des cancers gastriques, broncho-pulmonaires et des voies urinaires chez les sujets exposés professionnellement au plomb. Il est classé dans le groupe 2B des substances possiblement cancérogènes par le CIRC. Le plomb tétraéthyle des super-carburants a été associé à un risque accru de cancer colo-rectal.

Un sinistre héros intemporel : l'arsenic (As)

Est-il ETM plus célèbre que l'arsenic ? Très présent dans la littérature (*Madame Bovary*), au théâtre et au cinéma (*Arsenic et vieilles dentelles*, pièce de Kesselring, adaptée au cinéma par Capra), comme dans les faits divers (l'affaire Marie Besnard à la fin des années 1940), l'arsenic continue de stimuler l'imaginaire collectif : Napoléon Ier est-il mort à Sainte-Hélène empoisonné à l'arsenic ?

Cet ETM, dont l'étymologie signifie « qui dompte le mâle », était déjà utilisé en Corée au cours de l'Antiquité comme poison d'exécution de la peine capitale pour les plus hauts dignitaires du royaume. Dans la Rome antique, l'arsenic aurait été le poison utilisé par l'impératrice Agrippine pour faire assassiner son mari l'empereur Claude et le fils héritier de celui-ci, Britannicus, afin que son fils Néron accède au pouvoir. Ce dernier ne lui en fut guère reconnaissant, puisqu'il la fit ensuite tuer.

À partir du VIIIe siècle, avec la mise au point de l'anhydride arsénieux par l'alchimiste arabe Geber, une poudre blanche, insipide et inodore, l'arsenic devenait le poison idéal, reproduisant presque parfaitement la mort par le choléra. Il fut particulièrement en vogue chez les Borgia dans l'Italie du XVe siècle, avant d'être importé à la cour française par l'intrigante Catherine de Médicis. Il acquit même le surnom évocateur de « poudre de succession » au XVIIe siècle, au point que le roi soleil Louis XIV dut mettre en place un tribunal extraordinaire suite à l'« affaire des poisons » qui toucha son entourage (notamment son ancienne favorite Madame de Montespan) : plus de 400 cas furent examinés et 36 personnes furent exécutées, dont la marchande d'arsenic, brûlée vive en 1680.

Le succès de l'arsenic n'en fut pas altéré : au XIXe siècle, on recensait 40 cas d'empoisonnements criminels par an en France. Mais le poison indétectable ne le fut plus très longtemps : en 1840, lors du procès de Marie Lafarge, accusée d'avoir empoisonné son mari, on eut recours pour la première fois à une technique scientifique pour mettre en évidence l'arsenic dans le cadavre de la victime. L'arsenic fut aussi le poison privilégié de célèbres tueuses en série, comme Hélène Jégado (40 victimes) et Marie Besnard (12 victimes). La dernière affaire d'empoisonnement à l'arsenic jugée en France date de 2008. Enfin, l'arsenic fut une arme chimique utilisée pendant la Grande Guerre et la guerre sino-japonaise sous le nom de lewisite (arsine halogéné, un gaz vésicant au même titre que l'ypérite).

L'arsenic existe à l'état naturel sous différentes formes chimiques, désignées par leur couleur : arsenic blanc (le trioxyde d'arsenic, environ 500 fois plus toxique que l'arsenic élémentaire, classiquement utilisé dans les empoisonnements criminels et qui compose la « mort-aux-rats ») ; arsenic rouge et arsenic jaune (respectivement le réalgar et l'orpiment, qui sont des sulfures d'arsenic utilisés pour la fabrication de feux d'artifice, de semi-conducteurs et photoconducteurs et, jadis, comme pigments en peinture, en enluminure et en teinturerie, mais aussi comme médicaments !). D'autres composés ont été obtenus par synthèse, en vue de divers usages :

– l'arseniate de cuivre est un pigment vert-émeraude qui fut très prisé des peintres impressionnistes. On l'a même rendu responsable du diabète de Cézanne, de la cécité de Monet et des troubles neurologiques de Van Gogh, mais d'autres pigments à base de plomb et de mercure, les solvants à base d'essence de térébenthine et… l'absinthe ont probablement joué un rôle ! ;

– l'arséniate de cuivre chromaté est utilisé pour traiter le bois ;

– l'arséniate de plomb est un insecticide qui fut largement utilisé en agriculture à partir des années 1930 ;

– l'arsine (le trihydrure d'arsenic ou hydrogène arsénié) est quant à lui un gaz à odeur d'ail, qui, une fois halogéné, est à l'origine du lewisite évoqué plus haut.

L'arsenic fut également utilisé comme médicament. Il a longtemps été le seul traitement de la syphilis, avant la découverte des sulfamides et de la pénicilline. Il fut aussi un ingrédient de nombreux toniques. Jusqu'au XIXe siècle, certaines femmes s'appliquaient un mélange de vinaigre, de craie et d'arsenic pour blanchir leur peau.

Utilisé comme poison, l'arsenic provoque une intoxication aiguë rapidement mortelle. Mais il peut également être responsable d'une intoxication chronique, lors d'une exposition prolongée à de faibles concentrations : l'arsenicisme. La principale source en est l'eau phréatique, qui, dans différentes régions du monde, contient naturellement de l'arsenic. L'arsenic est en effet un composant naturel de nombreuses roches et minéraux, d'où il peut migrer dans l'eau. Plus de 137 millions de personnes réparties dans plus de 70 pays seraient touchées. C'est au Bangladesh que se produisit, selon l'OMS, la plus importante intoxication de masse à l'arsenic de l'histoire : depuis 1970, plus de 70 des 150 millions d'habitants auraient été exposés à une eau phréatique contaminée, entraînant un nombre important de cancers, notamment de la peau, de la vessie et des poumons. Comble de l'ironie, les puits ont été creusés à l'initiative de l'Unicef pour lutter contre la surmortalité liée à la consommation des eaux de surface, contaminées par différents agents infectieux. D'autres régions sont confrontées à pareille mésaventure, notamment en Chine, en Mongolie ou en Amérique du Sud. En France, les régions montagneuses du Massif central, des Vosges et des Alpes présentent une concentration importante d'arsenic dans le sous-sol. Mais la contamination des sols et des eaux peut également avoir une origine humaine, par les effluents industriels ou par les dépôts atmosphériques provenant des industries de pesticides, de colorants et de métaux. Les autres sources de contamination de l'homme sont surtout de nature alimentaire, notamment les poissons, les mollusques, les crustacés et le riz.

Les symptômes de l'arsenicisme incluent une hyperkératose et des taches pigmentées sur la peau, une anémie, des maux de tête chroniques, des étourdissements, une perte de la vision nocturne (par carence en vitamine A), une cirrhose hépatique accompagnée de jaunisse, des troubles vasculaires périphériques entraînant une cyanose des extrémités, voire une nécrose gangréneuse des pieds, une atteinte cardiaque et différents cancers pour lesquels le lien est avéré (peau, poumon, vessie) ou probable (prostate, foie, rein). L'arsenic et ses composés inorganiques sont classés dans le groupe 1 des cancérogènes avérés pour l'homme par le CIRC.

L'antimoine (Sb) : poison ou médicament ?

L'utilisation de l'antimoine par l'homme est au moins aussi ancienne que celle de l'arsenic, comme en témoigne un fragment de vase sumérien daté à 4 000 ans avant J.-C. Pline l'Ancien décrivait son utilisation comme produit cosmétique et comme médicament ophtalmique sous le nom latin de *stibium* (d'où son symbole chimique Sb), mais les femmes égyptiennes l'utilisaient déjà comme fard à paupières. C'était aussi un ingrédient du « calice vomitif » (du vin enrichi à l'antimoine conservé dans un récipient en étain) que les riches Romains utilisaient après leur repas.

Son action immédiate comme vomitif et diarrhéique puissants lui vaudra le surnom de « choléra stibié » au Moyen Âge. Les alchimistes l'utilisaient alors pour purifier l'or et comme médicament « universel », même s'il fit de nombreuses victimes, ce qui aboutit à l'interdiction de son usage médical en 1566. Toutefois, il fut à nouveau autorisé à partir de 1666, après que Louis XIV fut sauvé du typhus exanthématique grâce à l'« émétique », un vin blanc mis au contact de trioxyde d'antimoine pendant 24 heures, que lui avait conseillé Mazarin. Ironie du sort, ce dernier mourut quelques années plus tard d'avoir consommé ce même émétique. L'utilisation de l'antimoine en thérapeutique se poursuivit jusqu'au début du xxe siècle ; aujourd'hui, on ne l'utilise plus que dans le traitement des leishmanioses, de redoutables parasitoses.

L'antimoine est un ETM rare à l'état naturel (0,7 % de l'écorce terrestre), se trouvant surtout à l'état de sulfure. Plus de 80 % de la production mondiale vient de Chine ; en France, l'extraction minière d'antimoine est limitée au Massif central. L'antimoine est aujourd'hui surtout utilisé dans la confection d'alliages métalliques, auxquels il confère dureté et résistance à la corrosion, comme retardateur de flamme dans les textiles ou autres produits inflammables, et en microélectronique.

Comme l'arsenic, l'antimoine est omniprésent bien qu'en plus faibles quantités dans l'environnement, en particulier dans les sols, son origine étant soit naturelle, soit artificielle. Les pollutions par l'antimoine sont principalement le fait de la circulation automobile et de l'industrie métallurgique, qui contribuent chacune pour moitié aux 38 tonnes émises annuellement en France. Sous forme de poussière, il peut être transporté sur de très longues distances par le vent. Autant l'antimoine incorpore peu le réseau trophique des milieux aquatiques, il peut en revanche être accumulé par les champignons et les végétaux terrestres, notamment les plantes cultivées comme l'épinard, la vigne ou les arbres fruitiers. Récemment, des concentrations importantes d'antimoine ont été retrouvées dans plusieurs eaux minérales suite à leur stockage dans des contenants en polyéthylène-téréphtalate (PET), un plastique dont la fabrication fait intervenir le trioxyde d'antimoine comme catalyseur de polymérisation ; la quantité d'antimoine était d'autant plus élevée que le temps de contact était long.

La contamination de l'homme se fait donc soit par voie respiratoire (poussières), soit par voie digestive (eau et aliments contaminés). Dans les deux cas, l'absorption de l'antimoine est relativement faible. Pour le reste, le profil toxicologique de l'antimoine est très proche de celui de l'arsenic. Par voie respiratoire, l'antimoine provoque une irritation des voies aériennes supérieures, qui se traduit par une rhinite, une laryngite et une trachéite, et une inflammation du tractus broncho-pulmonaire pouvant se compliquer de fibrose et d'une pneumopathie appelée pneumoconiose stibiée ou stibiose. Une fois absorbée, se déclarent sur le long terme des complications cardiovasculaires à type d'hypertension artérielle, de myocardite et de troubles du rythme cardiaque ; des gastro-entérites ; et des troubles nerveux, avec notamment des maux de tête et des signes de dépression. Bien qu'un doute subsiste, le trioxyde d'antimoine est suspecté par l'OMS d'être carcinogène (groupe 2B du CIRC).

Les moins connus de la bande

Le nickel

Le nickel (Ni) est un métal qui ne fut isolé qu'en 1751, du minerai de cobalt, par le chimiste suédois von Cronstedt qui le baptisa « faux cuivre » du fait de sa couleur verdâtre avant purification, en allemand : *Kupfernickel*. Ce nom faisait du même coup référence aux « nickels du cuivre », des gnomes maléfiques qui entravaient l'action des mineurs en leur cachant le bon minerai ou en provoquant éboulements et inondations, et qui, en l'occurrence, avaient caché le cuivre dans le cobalt dont il était impossible de l'extraire, et pour cause... Ce n'était point du cuivre, mais du nickel ! En France métropolitaine, les principaux gisements se trouvent dans les Pyrénées et les Alpes, mais son extraction est compliquée par les amalgames qu'il forme avec les minerais de fer, de cuivre et de cobalt, la teneur réelle en nickel ne dépassant guère 1 %. Les plus importants gisements se trouvent en Nouvelle Calédonie (30 % des réserves mondiales) et en Russie. Le nickel a trouvé de multiples usages : fabrication de creusets, d'aimants, d'électrodes, de bougies pour moteurs à explosion, de batteries électriques, de résistances chauffantes, de cuves pour le stockage de certains produits chimiques (phénol, soude caustique, solvants chlorés...), des casques de pompier, de revêtements anti-corrosion et même des pièces de monnaie (nos pièces de 1 euro !) ou encore certaines cordes de guitare électrique !

L'exposition au nickel est surtout importante dans les zones minières et industrielles, ou encore sur les sols dits ultramafiques, naturellement riches en nickel. Le tabagisme est une source importante d'exposition également. Le nickel peut d'abord être à l'origine d'allergies. C'est le plus allergisant des métaux : 12 % de la population, majoritairement des femmes, seraient touchés, victimes d'allergies soit respiratoires (dyspnée, asthme, bronchite), soit de contact (surtout liées à des bijoux et provoquant dermatites ou eczéma). L'intoxication chronique est rare car le nickel semble peu accumulé dans l'organisme. Elle implique surtout les fumées de nickel tétra-carbonyle et les poussières de nickel, qui seraient à l'origine de cancers du poumon, de l'estomac et de l'œsophage. Mais cette toxicité reste encore mal connue.

Le chrome

Le chrome (Cr) est un élément métallique naturel de la croûte terrestre pouvant se rencontrer sous forme soit de composés trivalents (Chrome III), soit de composés hexavalents (Chrome VI). Mais l'essentiel du chrome retrouvé dans l'environnement provient des rejets industriels, notamment pour le chrome hexavalent qui est le plus préoccupant en matière de santé publique (le chrome trivalent étant un oligo-élément essentiel). C'est une pollution qui touche aussi bien l'atmosphère (fumées des industries, mise en suspension à partir des sols contaminés), que les eaux (effluents liquides, lessivage des sols contaminés, dépôts atmosphériques) et les sols (épandage de boues d'épuration, engrais, dépôts atmosphériques). Le principal émetteur de chrome est l'industrie sidérurgique (90 %) ; secondairement, l'industrie chimique (produits chromés, plastiques, peintures, cosmétiques, céramiques), l'industrie du bois (pour la conservation) et les tanneries utilisent aussi le chrome. Les usines d'incinération d'ordures ménagères sont également émettrices. Du chrome peut être libéré dans l'eau circulant dans les systèmes d'adduction d'eau potable. Chez le fumeur, la fumée de cigarette reste la principale source d'exposition, en particulier en enceinte fermée. L'homme peut donc se contaminer par inhalation ou consommation d'eau ou d'aliments contaminés (pain et autres produits panifiés, pâtes, lait, boissons alcoolisées). L'intoxication chronique au chrome VI se manifeste par des ulcérations buccales, des diarrhées et des vomissements, des douleurs abdominales, une anémie. Surtout, le chrome VI est classé par le CIRC dans le groupe 1 des cancérogènes certains. Il est responsable de cancers des poumons, du nez et des sinus.

L'étain

L'étain (Sn) est omniprésent dans notre quotidien. C'est ce métal mou qui étame nos casseroles en fer et autres récipients en cuivre (mélangé à ce dernier, il donne le bronze), qui est présent dans la plomberie et l'électricité de nos foyers, qui compose certains de nos bijoux ou nos amalgames dentaires. On retrouve même des composés à base d'étain dans certains parfums ou dentifrices, dans certaines denrées alimentaires industrielles comme colorant ou conservateur (c'est le E512 !). Sous forme organique de synthèse l'étain est utilisé dans le PVC, les mousses de polyuréthane, les peintures acryliques, les joints de silicone, les colles et bien d'autres produits courants. On retrouve également de l'étain dans les peintures des coques de bateaux, pour empêcher les micro-organismes, les algues et les mollusques de s'y fixer ; cette pratique est aujourd'hui interdite dans l'Union européenne en raison de sa trop grande toxicité pour l'environnement. Heureusement, la toxicité de l'étain pour l'homme est très faible.

L'étain minéral est absorbé à partir de l'eau de boisson et des aliments, la source principale étant le transfert depuis le contenant vers le contenu (ustensiles de cuisine, boîtes de conserve). L'étain organique, qui n'existe pas à l'état naturel, incorpore facilement le réseau trophique. L'homme se contamine principalement par voie digestive, en consommant des produits de la mer (poissons et fruits de mer), des fruits et légumes provenant de cultures fertilisées avec certains engrais renfermant de l'étain organique, ou tout produit venant d'un contenant étamé d'étain organique (lait, viande, vin, eau, etc.). La contamination peut se faire également par voie respiratoire (poussières) ou cutanée, mais la proportion d'étain effectivement absorbée est très faible (moins de 5 %).

Une fois absorbé, l'étain va se stocker dans les os, le foie, les reins et les ganglions lymphatiques. Il passe la barrière placentaire chez la femme enceinte. L'intoxication chronique à l'étain minéral provoque surtout des irritations à type de gastro-entérite, de rhinite et de bronchite chronique, accompagnés de douleurs musculaires, de maux de tête et de fatigue chronique. Les composés organiques sont plus nocifs, entraînant des troubles du système nerveux et des dysfonctionnements immunitaires ; ce sont des perturbateurs endocriniens, mais aucun composé n'est considéré comme carcinogène.

Le cuivre

Le cuivre (Cu), tout comme l'étain, fait partie de notre quotidien : on le retrouve notamment dans nos circuits électriques et notre plomberie, jusque dans notre porte-monnaie ! Les sels de cuivre, en particulier le sulfate, ont constitué le premier pesticide de l'histoire : la fameuse « bouillie bordelaise[4] » ! Ils sont toujours utilisés de nos jours. Si le cuivre est

---

4. Cf. Chapitre VI.

naturellement présent dans l'environnement, l'exposition de l'homme est principalement le fait de sources anthropiques, via l'eau et les aliments. La principale source de cuivre chez l'homme est en effet le relargage de cuivre à partir des canalisations dans l'eau potable d'adduction, qui représente entre 25 et plus de 100 % des besoins quotidiens (le cuivre est un oligo-élément essentiel à l'homme !). Viennent ensuite la consommation de plantes ayant poussé sur des terrains traités aux sels de cuivre ou au lisier d'animaux ayant reçu des compléments de cuivre (lisier de porc et de volaille), puis la consommation d'animaux ayant pâturé sur des terrains contaminés. Le vin reste une source importante lorsqu'il provient de vignes traitées à la bouillie bordelaise.

L'intoxication chronique au cuivre ou cuprisme est rare ; ce sont les sujets présentant un foie déjà fragilisé qui sont les plus exposés, ainsi que ceux présentant une carence en molybdène. Le cuprisme se traduit par des troubles digestifs et une hépatite chronique pouvant évoluer vers la cirrhose[5]. Le cuivre est anti-embryogénique, c'est-à-dire qu'il empêche la nidification de l'embryon dans l'utérus (d'où son utilisation dans la confection de stérilets), mais n'est pas tératogène. De même, aucune cancérogénicité n'a été rapportée. Récemment, une interaction a été mise en évidence entre le cuivre et certains pesticides, comme le glyphosate, qui favorise l'émergence de souches bactériennes (multi-)résistantes aux antibiotiques[6].

Tous les ETM sont naturellement présents dans l'environnement, mais à des concentrations très faibles ; encore que certains de ces ETM soient, on l'a vu, incorporés dans

---

5. Il existe une maladie génétique mortelle, la maladie de Wilson, où l'individu ne possède pas les enzymes hépatiques lui permettant de métaboliser le cuivre. Le cuivre s'accumule dans le foie et provoque, outre une cirrhose, des troubles de la vision et du cerveau.

6. Cf. Chapitre VI.

des molécules organiques de synthèse qui n'existent pas naturellement. Mais les concentrations en ETM actuellement retrouvées dans les sols, les eaux, l'atmosphère et les organismes sont majoritairement le fait d'apports anthropiques, essentiellement en lien avec les activités minières et industrielles, et les transports. Celles-ci sont souvent à l'origine de pollutions composites, impliquant plusieurs ETM. Un exemple en est les « boues rouges », ces déchets issus de la fabrication d'aluminium à partir de bauxite, qui contiennent, outre de l'aluminium, de l'arsenic, du mercure, du plomb, du chrome et du vanadium. Or, en France, pendant plus de 50 ans, l'usine de Gardanne a rejeté une partie de ces « boues rouges » en mer (jusqu'à fin mars 2022), notamment dans les emblématiques calanques de Marseille. Ce sont des millions de tonnes de déchets qui reposent au fond de la Méditerranée.

Par ses différentes activités, l'homme introduit des xénobiotiques dans l'environnement (cf. deuxième partie) ou, comme nous venons de le voir dans cette troisième partie, perturbe les cycles des éléments naturels au point de les rendre parfois plus très « naturels », avec dans les deux cas des conséquences sanitaires pour lui-même. Mais il est une troisième catégorie d'atteintes anthropiques à l'environnement qui peuvent aussi retentir sur la santé : celles qui affectent directement les autres êtres vivants qui interagissent en permanence avec l'homme. C'est ce que nous allons découvrir dans la quatrième et dernière partie de cet ouvrage, où je vais tenter d'expliquer pourquoi préserver la biodiversité est loin d'être un luxe de pays riche, mais bel et bien une nécessité pour préserver la santé humaine à l'échelle mondiale.

Quatrième partie

Quand le vivant se meurt

L'érosion de la biodiversité est probablement la crise écologique la plus médiatisée actuellement derrière celle des changements climatiques, qui font précisément partie des causes. Les conséquences de cette érosion de la biodiversité sur la santé humaine sont bien moins connues et pourtant, bien réelles. Peut-être parce qu'il s'agit de conséquences très indirectes, qui illustrent pourtant remarquablement l'effet boomerang des atteintes que nous portons aux autres êtres vivants et à leur environnement. Pour bien comprendre, il est nécessaire de se remettre en mémoire quelques éléments sur l'histoire de l'évolution.

La nature fascine par son étonnante biodiversité, résultat de près de 4 milliards d'années d'évolution depuis que le passage de la chimie à la biologie s'est opéré, que la matière inanimée est devenue vivante, vraisemblablement au fond des abysses sous-marins. C'est là que seraient apparues les Bactéries et les Archées, ces organismes unicellulaires sans noyau qui se partagèrent le monde (sous-marin) pendant plus d'un milliard d'années, avant que n'apparaissent les premiers organismes eucaryotes, c'est-à-dire dont la cellule acquit un noyau – contenant un ADN mixte, bactérien et archéen – et des mitochondries – des protéobactéries symbiontes qui devinrent les centrales énergétiques de la cellule. D'abord unicellulaires, ces organismes d'un nouveau genre ne tardèrent pas à développer des formes multicellulaires dont l'extraordinaire diversification témoigne de leur succès évolutif. Par commodité, on regroupe ces innombrables lignées évolutives en cinq « règnes », bien que cette notion ne reflète en rien la réalité de l'histoire de l'évolution.

Bactéries et Archées forment le règne des « procaryotes » (littéralement, qui existaient avant le noyau). Les Bactéries constituent, au moins en nombre de cellules, la plus grande partie du monde vivant actuel : elles sont omniprésentes dans l'environnement et, comme nous l'avons vu précédemment, jouent un rôle écologique majeur dans la décomposition des déchets organiques et dans certains cycles de la matière, y compris au plus profond de notre tube digestif! Les Archées côtoient à peu près les mêmes milieux que les Bactéries, mais se sont fait une spécialité de coloniser les habitats les plus extrêmes, comme les sources hydrothermales ou les sols hypersalés.

Les descendants de la première cellule eucaryote restés unicellulaires constituent le règne des « protistes ». C'est le plus hétérogène : on y trouve aussi bien des protozoaires (comme le terrible *Plasmodium*, agent du paludisme), que des protophytes (comme *Phytospora infestans*, l'agent du mildiou de la pomme de terre) et des mycétozoaires (comme le très médiatique « blob », ce nouvel « animal » de compagnie que l'on fait même voyager dans l'espace!). Certains protistes possèdent de la chlorophylle et sont donc autotrophes : comme quoi, ce n'est pas la chlorophylle qui fait le végétal!

Une lignée de protistes connut un destin unique : il y a environ 1,5 milliard d'années, la cellule eucaryote internalisa une cyanobactérie[1] – à l'origine des chloroplastes – qui lui

1. Les cyanobactéries, jadis appelées « algues bleues », apparurent il y a environ 2,7 milliards d'années : elles « inventèrent » une nouvelle protéine, la chlorophylle, un pigment vert capable d'utiliser l'eau H_2O comme substrat au cours de la photosynthèse au lieu de l'hydrogène sulfuré H_2S, et de convertir l'énergie solaire en énergie biochimique, grâce à la fixation du dioxyde de carbone CO_2 et à sa transformation en sucre, le glucose. Au cours de cette réaction, la cyanobactérie rejette un déchet dans l'environnement : le dioxygène O_2, auparavant absent de l'atmosphère terrestre. Nous avons déjà fait connaissance avec les descendantes actuelles de ces cyanobactéries au chapitre XI.

conféra l'autotrophie, la capacité de convertir l'énergie solaire en énergie biochimique. Tous ses descendants forment la « lignée verte », qui regroupe des algues unicellulaires (qu'on maintient pour cette raison dans le règne des protistes) et des algues multicellulaires, rouges et vertes – dont certaines partirent à la conquête des terres émergées il y a 510 millions d'années, pour donner les plantes terrestres – qui forment le règne « végétal ». Toutefois, il est d'usage d'inclure dans ce règne d'autres organismes pluricellulaires qui ressemblent à des algues, mais qui ne leur sont pas apparentées, comme les algues brunes qui s'échouent sur les plages à marée basse.

D'autres lignées de protistes eurent des descendants multicellulaires. Parmi celles-ci, la lignée des Opistochontes se différencia il y a plus d'un milliard d'années et se divisa elle-même en deux lignées sœurs d'organismes multicellulaires[2] : les champignons et les animaux, qui correspondent respectivement aux règnes « fongique » et « animal ». Ainsi, les champignons, longtemps considérés comme des plantes « imparfaites », sont en fait beaucoup plus proches des animaux bien qu'ils en soient très différents d'un point de vue morphologique et physiologique. En particulier, ils sont immobiles, dépourvus de tissu (et donc d'organe) et se nourrissent par absorption (et non par ingestion comme les animaux). Déjà sortis des eaux il y a environ 800 millions d'années, c'est en établissant des symbioses avec les plantes, qu'ils permirent à celles-ci de sortir des océans et de coloniser les continents, ce qui entraîna à la suite – il y a un peu plus de 300 millions d'années – la sortie de l'eau des animaux, dont *Ichthyostega*, l'ancêtre commun à tous les tétrapodes que sont les amphibiens, les reptiles, les oiseaux et les mammifères… dont l'homme. Ainsi quand l'homme

2. Dans un souci de simplification, je néglige volontairement toute une série de petites lignées d'organismes unicellulaires, comme les Choanoflagellés, qui restent considérés comme des protistes.

moderne que nous sommes, *Homo sapiens*, voit le jour il n'y a probablement pas plus de 315 000 ans et sort d'Afrique il y a environ 70 000 ans pour progressivement coloniser le reste du monde, toutes les lignées d'êtres vivants que nous connaissons aujourd'hui étaient déjà en place et il a donc « co-évolué » et interagi – souvent de manière destructrice – avec cette biodiversité.

Et les virus dans tout ça ? Leur origine reste largement mystérieuse. Une chose est sûre, elle est très ancienne, puisqu'ils infectaient déjà les Bactéries et les Archées aux premières heures de la vie. Les actuels virus à ARN – dont fait partie le SARS-Cov2 agent de la Covid-19 – pourraient être les ultimes reliques des formes de vie primordiales à ARN. Les virus pourraient dériver de cellules vivantes initialement libres, devenues parasites et ayant secondairement subi une simplification évolutive[3]. Si cette hypothèse se vérifiait, les virus seraient donc des « morts vivants » ou plutôt des « vivants-morts » : les descendants non vivants de cellules vivantes, qui ont perdu leur structure cellulaire. Un virus est donc obligatoirement un agent infectieux, qui doit entrer dans une cellule vivante pour se reproduire (on dit « se répliquer »), en détournant le métabolisme de la cellule hôte à son profit. Dans le milieu extérieur, le virus est sous forme virion[4] : une particule virale consistant en un ARN ou un ADN enfermé dans une coque protéique appelée capside. Une fois dans la cellule hôte, le virus se

3. Le parasitisme s'accompagne classiquement de la perte de nombreux gènes, puisque la cellule hôte assure l'essentiel des fonctions. La cellule « virale » n'aurait alors conservé que ses capacités de réplication et de transfert de cellule à cellule. Les actuelles rickettsies – auxquelles appartient l'agent du typhus – sont des bactéries montrant une telle évolution : parasites intracellulaires (notamment de l'homme), elles ont tellement régressé et se sont tellement miniaturisées qu'elles ressemblent étonnamment à un virus.

4. Sauf pour les viroïdes, qui sont dépourvus de capside et de très petite taille, et se limitent à un ARN circulaire infectieux.

limite à l'acide nucléique, qui soit incorpore l'ADN de la cellule (donc le génome), soit reste autonome. Les virus sont aujourd'hui dix fois plus nombreux que les Bactéries sur Terre, mais leur petite taille[5] les fait passer inaperçus. Infectieux ne veut pas dire pathogène : sur les près de 4 000 virus connus, seuls 129 sont pathogènes pour l'homme[6].

Pour terminer ce long préambule, il nous faut replacer cette histoire évolutive du vivant dans l'histoire géologique de notre planète. Lorsque les premières terres, qui avaient commencé à émerger de l'océan primordial il y a plus de 4 milliards d'années, se réunirent pour former le mégacontinent Rodinia il y a 700 millions d'années, seuls des biofilms bactériens les avaient colonisés, tandis que les rivages et les zones marécageuses accueillaient des champignons et des algues récemment sortis des eaux. Ce n'est qu'après la dislocation de Rodinia en quatre masses continentales[7] que la vie multicellulaire surgit des eaux pour conquérir les terres émergées. Les plantes, aidées des champignons déjà présents, furent les premières à coloniser ces nouveaux continents. Quand les animaux sortirent à leur tour, 200 millions d'années – et deux grandes extinctions plus tard –, les continents s'étaient de nouveau réunis pour former la Pangée. Il y a 160 millions d'années, après deux nouveaux épisodes de grande extinction, la Pangée se fragmenta à son

---

5. Un virus mesure entre 0,01 et 0,4 micromètres ; en comparaison, une bactérie mesure entre 1 et 10 micromètres et une cellule humaine près de 100 micromètres.

6. Mais selon la plate-forme intergouvernementale scientifique et politique sur la biodiversité et les services écosystémiques (IPBES), le nombre de virus présents dans la nature capables d'infecter l'homme se situerait entre 631 000 et 827 000, puisque la grande majorité des virus est encore inconnue.

7. Cette dislocation survient entre -560 et -540 millions d'années. La Terre présente alors une configuration à deux grands continents, Laurentia (actuels Groenland, Amérique du Nord sans la Floride et Écosse) et Gondwana (actuels Amérique du Sud, Afrique, Australie, Antarctique, sud de l'Europe et Chine), séparés par l'océan Iapétus, et deux petits continents, Siberia (actuelle Sibérie) et Baltica (actuelles Fennoscandie, Russie, Pologne et Allemagne du Nord).

tour et les continents actuels se mirent à dériver au milieu des océans ; c'est à ce moment que s'est différenciée la lignée des Angiospermes, les plantes à fleurs, qui connut un succès évolutif foudroyant : en moins de 5 millions d'années et en étroite relation avec la diversification des animaux pollinisateurs – en particulier les insectes – les Angiospermes sont presque devenues les seules plantes terrestres ; aujourd'hui on connaît environ 260 000 espèces de plantes à fleurs, pour 1,3 million d'espèces d'insectes. Et l'inventaire est loin d'être terminé !

Que retenir de ces histoires parallèles ?

Premièrement, que chaque région de la planète a connu une trajectoire particulière, tant d'un point de vue géologique qu'évolutif, si bien qu'elle possède un cortège d'espèces végétales, animales, fongiques et microbiennes qui lui est propre. C'est pour cette raison que lorsqu'on voyage pour la première fois sur un autre continent, nous y observons des plantes, des animaux et des paysages « exotiques » que nous n'avions jamais vus avant.

Deuxièmement, qu'à chaque fois qu'une nouvelle espèce est apparue dans une région donnée, elle a dû se faire une place pour se maintenir, soit en éliminant la concurrence, soit au contraire en l'évitant, soit encore en s'alliant avec d'autres espèces déjà présentes. Autrement dit, elle a dû construire sa niche écologique, d'une part en occupant un habitat favorable (son « adresse »), d'autre part en assurant une fonction (sa « profession ») qui soit avantageuse – d'un point de vue évolutif – pour l'ensemble de la communauté d'êtres vivants. Cette niche s'est construite sur les temps longs de l'évolution ou, plus exactement, de la co-évolution entre les êtres vivants qui peuplent une région donnée, qui agit notamment via la sélection génétique.

Troisièmement, la diversification du vivant a permis de rendre optimal le fonctionnement des écosystèmes dans toutes les portions de la biosphère, quelles que soient les conditions environnementales qui y règnent. Ce « bon » fonctionnement des écosystèmes repose principalement sur deux attributs de la biodiversité : la *complémentarité* et la *redondance*, que je vais tenter d'expliquer brièvement.

Dans les deuxième et troisième parties de cet ouvrage, nous avons vu que le flux d'énergie (et donc le transfert de xénobiotiques) le long de la chaîne alimentaire et les cycles de la matière étaient rendus possibles par la complémentarité des régimes alimentaires entre les membres de trois guildes fondamentales : producteurs, consommateurs et décomposeurs. Mais au sein de chaque guilde, il existe différentes « professions[8] », complémentaires les unes des autres. On comprend aisément que, dans un écosystème donné, mécaniquement, plus le nombre d'espèces est élevé, plus la probabilité que toutes les professions soient représentées (producteurs, herbivores, carnivores des différents ordres, parasites, saprotrophes, coprophages, etc.) est elle-même élevée. Une biodiversité importante garantit ainsi une plus grande *complémentarité* fonctionnelle. Toutefois, le nombre de professions n'est pas illimité ; il est bien inférieur au nombre d'espèces. De ce fait, au-delà d'un certain seuil, l'augmentation du nombre d'espèces n'augmentera plus le nombre de professions (puisque toutes sont déjà représentées), mais accroîtra le nombre de praticiens exerçant une même profession, autrement dit la *redondance* fonctionnelle. C'est-à-dire que pour chaque profession, il y aura un nombre croissant d'espèces qui entreront

8. Par exemple, au sein des décomposeurs, on trouve des organismes nécrophages, qui mangent des charognes (comme les mouches ou les vautours), détritivores, qui se nourrissent de détritus (comme les cloportes), saprotrophes, qui absorbent après dissolution des particules organiques (comme beaucoup de champignons), coprophages, qui dévorent des excréments (comme les bousiers du chapitre VIII et beaucoup de bactéries) et géophages, qui extraient les ultimes fragments de matière organique du sol (comme les vers de terre). C'est dans la complémentarité de leurs fonctions (leur « profession ») que réside l'efficacité énergétique de la décomposition.

en concurrence, ce qui, au sein d'une même profession, se traduit en général par une espèce dominante, à fort effectif, et toutes les autres dominées, en faibles effectifs. Or cette redondance est un atout supplémentaire pour l'écosystème : si une perturbation survient et détruit une partie des espèces, alors il y aura suffisamment de « remplaçants » disponibles pour prendre le relais des disparus, si bien que le fonctionnement de l'écosystème sera préservé, même si sa composition est modifiée : le nombre d'espèces aura diminué, mais pas le nombre de professions exercées. C'est ce qu'on appelle la résilience de l'écosystème : sa capacité à recouvrer son fonctionnement malgré une perturbation qui le détruit partiellement. Et on voit immédiatement qu'il existe une relation directe entre biodiversité et résilience, via la complémentarité et la redondance fonctionnelles des espèces. Que l'on se trouve en pleine forêt tropicale ou dans notre intestin, sur les récifs coralliens ou sur notre peau, la règle est la même : une biodiversité élevée garantit la résilience du système, c'est une assurance « santé ».

Pour vous convaincre que préserver la biodiversité est une nécessité sanitaire universelle, dans le chapitre qui suit, je vais successivement aborder quatre facettes de l'assurance « santé » que nous procure gratuitement la biodiversité.

Chapitre XIV

Peut-on détruire sans risque notre contrat d'assurance ?

> « Ce que je constate : ce sont les ravages actuels ;
> c'est la disparition effrayante des espèces vivantes,
> qu'elles soient végétales ou animales ;
> et que du fait même de sa densité actuelle, l'espèce humaine
> vit sous une sorte de régime d'empoisonnement
> interne – si je puis dire –
> et je pense au présent et au monde dans lequel
> je suis en train de finir mon existence.
> Ce n'est pas un monde que j'aime. »
>
> Claude Lévi-Strauss

En 1999, constatant l'impact des activités humaines sur la planète, le philosophe Michel Serres appelait à un « Contrat naturel » qui viendrait compléter le Contrat social de Rousseau, une réconciliation entre l'homme et la nature. À bien des égards, ce contrat pourrait être vu comme une police d'assurance – la biodiversité –, qui fixerait les risques couverts par un assureur – la nature – pour son assuré, l'homme. La biodiversité rend en effet d'innombrables services à l'homme, bien que celui-ci n'en ait pas toujours conscience. Dans un chapitre précédent, nous avons déjà pu voir comment la déforestation, en rapprochant les animaux sauvages de l'homme et ses troupeaux, favorisait la transmission d'agents infectieux[1]. La destruction des habitats naturels impacte inévitablement les espèces qui y vivent : c'est la principale cause d'érosion de la biodiversité à l'échelle mondiale. Or, celle-ci n'est pas seulement une source de médicaments, elle nous protège aussi de certaines maladies, parfois de manière inattendue.

Les médicaments du futur sont dans la nature

Les défenseurs de la biodiversité prennent souvent comme argument en faveur de sa protection qu'une espèce qui disparaît aurait peut-être fourni un médicament efficace contre le cancer. Bien que caricaturale, cette assertion s'est déjà vérifiée... Dans les années 1980 furent découvertes dans une forêt primaire australienne des grenouilles du genre *Rheobatrachus*, qui avaient la particularité d'incuber leurs œufs dans leur estomac ! Des scientifiques cherchèrent alors à élucider le mystère : quelle substance pouvaient bien libérer ces œufs qui puisse les mettre à l'abri de l'action des enzymes et sucs gastriques ? La substance en question était en effet capable d'inhiber les sécrétions gastriques de la mère et la vidange de l'estomac dans l'intestin tant que la progéniture se développait. Les chercheurs y voyaient déjà le futur médicament capable de traiter l'ulcère gastrique, mais leurs recherches furent interrompues prématurément : les espèces de grenouilles à incubation gastrique, objets de leur étude, venaient de disparaître.

Combien d'espèces d'Amphibiens sont-elles proches de connaître le même destin ? Près du tiers des 6 000 espèces connues ! Or ce sont de véritables usines chimiques, capables de produire de nombreuses substances originales : les pumiliotoxines des grenouilles dendrobates du Panama pourraient

1. Cf. Chapitre IX.

combattre l'insuffisance cardiaque ; d'autres grenouilles venimeuses de l'Équateur pourraient fournir de futurs médicaments anti-douleurs ; d'autres espèces néotropicales, des antibactériens et des antihypertenseurs ; plusieurs espèces de salamandres et de tritons produisent des molécules favorisant la régénération de tissus lésés... C'est dire l'enjeu de conservation de ces espèces et de toutes celles qu'il reste à découvrir dans les forêts primaires tropicales humides qui subissent de plein fouet la déforestation et une pandémie mondiale[2].

Il n'y a pas que la forêt tropicale qui est susceptible de nous fournir les médicaments de demain. Icône du réchauffement climatique, l'ours polaire se laissant dériver sur son fragment de banquise est aussi le porte-parole de ses congénères, également en voie d'extinction, qui recèlent quelques produits miraculeux comme l'acide ursodésoxycholique de sa vésicule biliaire, qui a déjà rendu bien des services dans les maladies humaines du foie. Percer le secret de l'hibernation chez certaines espèces permettrait vraisemblablement d'isoler les composants permettant à l'ours de survivre sans ingérer d'aliments ni évacuer ses excréments, tout en conservant sa masse osseuse, et peut-être de trouver de nouveaux médicaments contre les maladies métaboliques (notamment le diabète), l'insuffisance rénale et l'ostéoporose, respectivement.

La vie des océans aussi recèle des remèdes potentiels, bien que beaucoup d'espèces y soient menacées par la surpêche, les pollutions en tout genre et l'acidification globale. Présents depuis plus de 400 millions d'années, les requins ont perdu 75 % de leurs effectifs en seulement quinze ans, principalement à cause de la surpêche. Beaucoup des 400 espèces connues sont au bord de l'extinction, y compris l'acteur qui tenait le premier rôle dans *Les dents de la mer*, le grand requin blanc. Comme quoi, même les vedettes de cinéma ne sont pas à l'abri ! Certaines substances lui sont

---

2. Cf. Chapitre XV.

propres, comme la squalamine retrouvée dans son foie, qui possède à la fois des propriétés antibiotiques, anticancéreuses et anti-dégénératives (notamment contre la dégénérescence maculaire liée à l'âge ou DMLA). Comprendre le fonctionnement des glandes à sel des requins pourrait certainement amener à trouver de nouveaux remèdes contre la mucoviscidose. Autres espèces menacées, les limules, dont il ne reste déjà plus que quatre espèces, vieilles de 450 millions d'années : elles ont survécu aux cinq grandes extinctions, mais ne résisteront probablement pas à l'homme ! Leur sang, déjà utilisé pour certains tests diagnostiques en médecine, contient plusieurs peptides d'intérêt, aux propriétés antibiotiques, anti-rétrovirales (contre le VIH), anti-leucémiques et anti-cancéreuses (notamment contre le cancer du sein et de la prostate). Toujours dans les océans, la ziconotide, un peptide extrait de certains des escargots de mer vivant dans les récifs coralliens (eux aussi pourvoyeurs de nombreux principes actifs et en voie de disparition), s'est révélé être 1 000 fois plus puissant que la morphine contre la douleur ; et ce n'est qu'un peptide parmi les 140 000 produits par ces escargots que l'on n'aura probablement pas le temps de tous étudier avant leur disparition.

Les plantes aussi sont de véritables industries pharmaceutiques, par la diversité des composés chimiques (les métabolites secondaires) qu'elles produisent. Elles ont longtemps été la principale source de médicaments pour nos pharmacopées. Nos médicaments les plus connus et les plus utilisés viennent des plantes[3] : l'aspirine du saule (*Salix alba*) et de la reine-des-prés (*Filipendula ulmaria*), la morphine du pavot (*Papaver somniferum*), la quinine du quinquina (*Cinchona*

3. Même si la plupart sont aujourd'hui obtenus par synthèse chimique, ce qui permet de réduire les coûts de production et d'obtenir des produits avec moins d'impuretés.

ledgeriana), la digoxine de la digitale (*Digitalis lanatus*), la colchicine du colchique (*Colchicum autumnale*), etc.

Même si depuis le XXe siècle la chimie puis le génie génétique ont relégué les médicaments d'origine naturelle à l'arrière-plan, il reste beaucoup à découvrir du monde végétal, puisque moins de 1 % des plantes connues ont fait l'objet d'investigations en vue d'une application thérapeutique éventuelle (et on ne connaît pas encore toutes les espèces !). Un exemple récent n'en est-il pas la découverte du taxol chez les ifs, qui a littéralement révolutionné la prise en charge de certains cancers, notamment du sein ? En 1962, un botaniste américain qui prospectait les forêts primaires de l'Ouest américain pour le compte du *National Cancer Institute* (NCI) remarqua que des extraits d'écorce d'if du Pacifique (*Taxus brevifolia*) ralentissaient la progression de tumeurs expérimentales. Les chimistes ne tardèrent pas à purifier le principe actif et à remarquer que sa structure chimique était totalement originale : le taxol était découvert. Les essais cliniques confirmaient ses propriétés anticancéreuses, mais très vite on se heurta à des problèmes d'approvisionnement : entre 1977 et 1987, le NCI avait déjà consommé 3,25 tonnes d'écorce pour les seuls essais cliniques, soit 13 000 arbres abattus ! Fort heureusement, des chimistes français réussissaient dans le même temps à obtenir un dérivé hémi-synthétique à partir d'un précurseur présent dans les feuilles de toutes les espèces d'if, le taxotère qui, de surcroît, était deux fois plus actif que le taxol naturel. L'if du Pacifique était sauvé ! En 1993, on découvrit que le taxol était en fait produit par des champignons vivant dans l'écorce de l'if ; on se mit donc à cultiver ces champignons pour produire le taxol industriellement. Les deux molécules, taxol et taxotère, furent commercialisées à partir de 1995 et ont depuis sauvé de nombreuses vies humaines.

On oublie très souvent qu'une grande partie de la population mondiale n'a pas accès aux médicaments des pays industrialisés. Si l'utilisation des substances naturelles pour se soigner apparaît parfois comme une lubie dans les pays riches, c'est la seule alternative pour une majorité de la population vivant dans les pays en voie de développement. On estime qu'au moins 60 % de la population mondiale utilise de tels médicaments. On oublie tout autant que la chimie a rarement inventé de nouvelles molécules dans l'histoire de la pharmacie, mais qu'elle élabore surtout des dérivés à partir de modèles découverts dans la nature. La biodiversité est une source inépuisable de nouveaux médicaments ; sa préservation est donc aussi un enjeu de santé publique.

Une assurance maladie contre les agents infectieux

Lorsque Flemming découvrit (accidentellement) la pénicilline en 1928[4], il était loin de se douter que la molécule qu'il venait d'isoler allait non seulement sauver un nombre incalculable de vies, mais aussi bouleverser certaines communautés bactériennes, desquelles allaient émerger des bactéries particulièrement redoutables...

J'ai déjà évoqué les phénomènes de sélection (voire de mutation) *in natura* ou chez l'homme, de bactéries ou de champignons résistants à un antibiotique sous la pression exercée par une exposition répétée ou prolongée audit antibiotique[5]. Il s'agit clairement d'une conséquence délétère de l'érosion de la biodiversité microbienne, puisque l'utilisation de l'antibiotique a précisément pour but de tuer les microbes ; celui qui y est résistant (ou, plus rarement,

4. Si Flemming fut celui qui isola la pénicilline pour la première fois de cultures de moisissures, l'action antibiotique de celle-ci était déjà connue et utilisée à visée thérapeutique dans l'Antiquité grecque et chinoise. Ce n'est qu'en 1943 que la pénicilline fut produite industriellement et utilisée comme médicament.

5. Cf. Chapitres V et VIII.

qui le devient en mutant), va donc bénéficier directement de l'élimination de la concurrence et proliférer, au point de dépasser le seuil au-delà duquel il sera pathogène et où son hôte, malade, pourra le transmettre plus facilement à son entourage. Cette résistance peut concerner toute une espèce. Elle est alors innée ou naturelle, souvent parce que la cible moléculaire de l'antibiotique n'est naturellement pas présente chez cette espèce. Par exemple, une complication rare mais grave d'un traitement antibiotique dit « à large spectre » (c'est-à-dire actif contre de nombreuses espèces de bactéries) est la colite pseudo-membraneuse, une diarrhée récalcitrante, potentiellement mortelle, due à une bactérie naturellement résistante à ce type d'antibiotique, appelée *Clostridium difficile.*

Beaucoup d'entre nous hébergent sans problème cette bactérie dans leur tube digestif : plus de 5 % de la population est constituée de « porteurs sains ». C'est la biodiversité microbienne de notre tube digestif, désormais connue sous le nom de microbiome – ou microbiote – intestinal, qui nous protège de cette dangereuse bactérie en l'empêchant de proliférer, probablement par compétition et contrôle « antibiotique ». Mais si cette biodiversité microbienne se trouve fortement altérée, par exemple au cours ou au décours d'un traitement par une pénicilline ou une céphalosporine, le *Clostridium* va échapper à tout contrôle, proliférer et produire massivement ses toxines responsables de la colite pseudo-membraneuse. La biodiversité ne peut plus jouer son rôle protecteur de l'infection.

La résistance à un antibiotique peut ne concerner que certains individus au sein d'une espèce naturellement sensible. Elle est alors acquise, suite à une mutation sur un chromosome ou à l'acquisition d'un gène de résistance transmis par un autre microbe[6]. Une même bactérie peut acquérir plusieurs

---

6. Dans ce cas il s'agit dans 80 % des cas d'un gène plasmidien ; cf. Chapitre V.

gènes de résistance et devenir « multi-résistante » : ce sont les plus redoutables puisqu'elles n'auront plus grand-chose à craindre de l'arsenal antibiotique dont l'homme dispose ; et une bactérie peut se reproduire très rapidement et se propager tout aussi rapidement dans une population humaine !

La résistance aux antibiotiques existait bien avant leur utilisation en thérapeutique ; mais au début de cette utilisation, dans les années 1940, les résistances acquises étaient rares. Moins d'un siècle après la première utilisation thérapeutique de la pénicilline G, elles sont devenues très fréquentes. Beaucoup sont confinées au milieu hospitalier et responsables des fameuses infections nosocomiales. Ce sont par exemple les infections à SARM (*Staphylococcus aureus* résistants à la méticilline), à *Pseudomonas aeruginosa* ou à *Acinetobacter baumannii.* Mais l'incidence en ville des souches bactériennes résistantes aux antibiotiques ne fait qu'augmenter, notamment parmi les entérobactéries *Escherichia coli* ou *Klebsiella pneumoniae.* Face à ces bactéries multi-résistantes, dont une liste a été publiée par l'OMS en 2017, le médecin est souvent confronté à une impasse thérapeutique et le taux de mortalité des malades est très élevé. Début 2016, on estimait à 25 000 le nombre de personnes décédant chaque année en Europe d'une infection multi-résistante. Selon les prévisions de l'OMS, ce sont 10 millions de morts par an dans le monde qui pourraient être attribués à l'antibiorésistance en 2050, dépassant le nombre de morts du cancer, estimé lui à 8,5 millions par an en 2050. Les causes sont multiples mais convergent dans le sens d'une pression accrue, voire permanente si l'on considère les résidus d'antibiotiques présents dans l'environnement, sur les bactéries, que ce soit dans le milieu extérieur, chez les animaux ou chez l'humain[7]. La France est un des pays les plus consommateurs d'antibiotiques,

---

7. Cf. Chapitres V et VIII.

pour l'homme et les animaux. En Europe, elle détient aussi le record du taux de résistance aux antibiotiques ; coïncidence troublante…

Autre fait troublant, la découverte, en 2009, que le microbiome intestinal des chasseurs-cueilleurs Yanomami, en Amazonie vénézuélienne, possédait 30 fois plus de gènes codant pour une résistance aux antibiotiques que les populations villageoises vivant hors de la forêt. C'était inattendu, compte tenu du fait que cette tribu vit dans un isolement presque complet, n'a jamais utilisé de médicament ni mangé de viandes provenant d'élevages. Mais le microbiome était aussi deux fois plus riche en espèces de bactéries que celui d'un Occidental… Une biodiversité exceptionnelle attribuée au régime alimentaire, très diversifié, et à l'environnement septique dans lequel ils vivent. Ainsi, le microbiome se serait adapté pour combattre la grande diversité des toxines qui les entourent, dont certaines pourraient avoir une structure chimique analogue à celle des antibiotiques utilisés en médecine occidentale. La plupart des micro-organismes qui ont fourni nos antibiotiques ne viennent-ils pas du sol ? Les journaux de l'époque titraient tous « une découverte inquiétante » ; pourtant, les Yanomami vivent en excellente santé, probablement grâce à ce microbiome exceptionnellement diversifié !

Depuis, les travaux sur le microbiome intestinal se sont multipliés et confirment tous le rôle protecteur de la biodiversité microbienne intestinale sur la santé humaine. Sans entrer dans le détail, une altération de cette biodiversité a été mise en cause dans des pathologies aussi diverses que les maladies inflammatoires du tube digestif (comme la maladie de Crohn), l'asthme allergique[8], ou le stress. Il

8. Cf. Chapitre III.

faut dire que l'intestin est un écosystème à lui seul[9], dont on est loin de connaître tout le fonctionnement. Certains spécialistes n'hésitent plus à parler de notre « deuxième cerveau » puisqu'il a été montré que les bactéries intestinales synthétisaient des hormones et des neuromédiateurs, les rendant capables de communiquer avec notre cerveau via le sang et les neurones, respectivement.

Une assurance en trois volets contre la transmission des maladies infectieuses...

Les maladies infectieuses vectorielles font intervenir un agent pathogène (un microbe), un vecteur (en général un arthropode) et un ou plusieurs hôtes (dont souvent un vertébré). Ce partenariat s'est mis en place sur les temps longs de l'évolution de manière à fonctionner de manière optimale. En règle générale, à un agent pathogène donné correspond au moins un hôte suffisamment adapté pour ne pas mourir de l'infection, parce qu'ils ont co-évolué de manière à trouver un équilibre entre résistance de l'hôte et virulence du pathogène, via la sélection de gènes particuliers chez les deux protagonistes. Mais très souvent, le vecteur peut transmettre l'agent pathogène à d'autres hôtes, moins ou non adaptés. Dans ce cas, soit le microbe est trop virulent et tue l'hôte, soit l'hôte est trop résistant et le microbe ne peut s'y multiplier. Dans les deux cas, pour le microbe, c'est une impasse à plus ou moins brève échéance : il ne pourra plus transmettre la maladie. On parle de « compétence » pour quantifier ce degré d'adaptation de l'hôte à l'agent pathogène. Dans un

9. Avec nos environ 300 espèces, nous hébergeons peut-être deux fois moins de bactéries dans notre intestin que les Yanomami, mais elles représentent quand même 50 000 milliards d'individus, chacun avec son ADN – c'est-à-dire 600 000 gènes au total –, soit 10 fois plus que le nombre de cellules constituant le corps humain, en excluant du décompte les globules rouges dépourvus d'ADN, et donc 25 fois plus de gènes que dans le génome humain.

écosystème, à nombre constant d'un agent infectieux donné, plus le nombre d'hôtes potentiels est important, plus il sera « dilué » parmi ces hôtes, si bien que la probabilité qu'il soit transmis à un hôte compétent est faible : c'est « l'effet de dilution », premier volet de l'assurance offerte par la biodiversité. Pour beaucoup d'agents infectieux, l'homme est un hôte incompétent. Plus l'environnement dans lequel il vit sera diversifié, moins il aura de risque d'être contaminé grâce à cet effet de dilution[10].

Cela a été remarquablement démontré dans le cas de la maladie de Lyme que nous avons déjà évoquée[11]. Aux États-Unis, le nombre de tiques (et notamment le nombre de tiques infectées) est significativement plus important dans les régions préservées que dans les régions fortement anthropisées. Paradoxalement, la prévalence de la maladie de Lyme chez l'homme est pourtant plus importante dans ces dernières. Dans les premières, les tiques s'attaquent à une grande diversité d'hôtes : écureuils, opossums, grives, rongeurs (dont la souris à pattes blanches, qui est l'hôte le plus compétent), etc. La faible compétence de la plupart de ces hôtes fait que plus de 90 % des tiques sont éliminées avant d'avoir pu se reproduire : on parle pour ces hôtes peu compétents d'espèces « cul-de-sac ». La bactérie du complexe *Borrelia burgdorferi* est diluée entre tous ces hôtes incompétents, qui, pour beaucoup, arrivent à s'en débarrasser, ce qui réduit le risque de transmission. Dans les régions anthropisées, la

---

10. On peut artificiellement activer cet effet de dilution via la vaccination. Le vaccin rend l'hôte, au moins transitoirement, incompétent. D'où l'intérêt de la vaccination « de masse » en cas d'épidémie : plus il y a d'individus vaccinés, plus l'agent pathogène aura de difficultés à trouver un hôte compétent – puisque celui-ci est « dilué » dans une masse d'hôtes incompétents – et plus forte sera la probabilité qu'il meure au cours de sa quête. C'est grâce à la vaccination par exemple que le virus de la variole a pu être éradiqué dans les années 1970, mettant fin à une pandémie mondiale qui, rien qu'au XXe siècle, fit plus de 300 millions de morts.

11. Cf. Chapitre IX.

plupart de ces hôtes sont absents, car sensibles aux pollutions (notamment aux pesticides) et à la fragmentation de leur habitat, sauf la souris à pattes blanches qui est un rongeur généraliste[12] relativement résistant aux pesticides. De plus, ses populations ne sont plus limitées ni par les autres rongeurs qui entraient en compétition avec elles pour les mêmes ressources alimentaires, ni par les grands prédateurs comme les rapaces, contrairement aux régions où la biodiversité est mieux préservée. De ce fait, les effectifs de souris à pattes blanches explosent, procurant aux tiques davantage d'hôtes compétents disponibles et à la bactérie davantage de réservoirs. La maladie peut donc se propager plus facilement, et l'homme a davantage de risques de la contracter suite à une morsure de tique.

La situation est similaire en Europe, mais beaucoup plus complexe en raison du plus grand nombre d'hôtes compétents potentiels et de la plus grande diversité génétique de la bactérie. La situation s'aggrave encore, lorsque des espèces invasives s'en mêlent[13]... Ainsi le Tamia de Sibérie (*Tamias sibericus*[14]) est-il un animal de compagnie prisé qui, une fois lâché dans la nature, s'est tellement bien acclimaté qu'il s'est mis à proliférer de manière incontrôlée dans certains secteurs d'Île-de-France et du nord de la France. Or, c'est un hôte très compétent pour *Borrelia burgdorferi*, souvent infesté de plusieurs centaines de tiques ! Côtoyer cet animal par ailleurs très mignon peut donc s'avérer très dangereux.

---

12. Les espèces *généralistes* ont une large amplitude écologique, c'est-à-dire qu'elles peuvent vivre dans une gamme importante d'habitats et se nourrir d'une grande diversité d'aliments. Elles s'opposent aux espèces *spécialistes*, souvent cantonnées à un habitat spécifique et/ou à une nourriture en particulier, ce qui les rend plus vulnérables que les espèces généralistes. Les espèces généralistes ont une aire géographique de répartition souvent beaucoup plus vaste que les espèces spécialistes.

13. Cf. Chapitre XV.

14. Il est l'une des espèces communément appelées « écureuil de Corée », cousins asiatiques des *Tamias* américains, plus connus sous le nom de « *chipmunks* ».

Un phénomène similaire a été observé avec la fièvre du Nil occidental aux États-Unis, dont la prévalence est beaucoup plus faible dans les régions où la diversité en oiseaux est la plus élevée, comme en Louisiane, l'effet de dilution prévalant sur la pression de prédation exercée sur les moustiques.

Paradoxalement, alors que l'effet de dilution est utilisé en agriculture pour limiter les impacts de maladies cryptogamiques comme la rouille en mélangeant différentes variétés cultivées d'une même espèce, il n'est pas encore mis à profit pour lutter contre les maladies infectieuses autrement que par la vaccination… Comme nous l'avons vu, beaucoup de maladies émergentes de l'homme mettent en cause des microbes associés aux animaux qui infectent accidentellement l'humain (Ebola, Zika, Chikungunya, VIH, grippes H1N1 et H5N1, etc.). La perte de l'effet de dilution semble en être une des causes les plus importantes, étroitement liée à la déforestation et aux changements climatiques[15]. Le coronavirus SARS-Cov-2 responsable de la pandémie mondiale de Covid-19 pourrait bien en être une illustration supplémentaire…

Le deuxième volet de cette assurance de la biodiversité contre la transmission des maladies infectieuses repose sur un mécanisme encore mal connu, mais qui ressemble étrangement à ce qui a été décrit plus haut avec la souris à pattes blanches. Lorsqu'un habitat naturel est dégradé, les espèces les plus vulnérables sont les espèces « spécialistes » de cet habitat, c'est-à-dire qui ne peuvent vivre que dans ce type d'habitat. À l'opposé, les espèces « généralistes » peuvent aussi bien vivre dans ce type d'habitat que dans d'autres, si bien qu'elles survivront plus facilement à la dégradation d'un habitat, voire proliféreront plus facilement puisqu'elles auront moins de concurrence de la part des espèces spécialistes. Or,

15. Cf. Chapitre IX.

sans que l'on puisse encore expliquer pourquoi, les espèces généralistes sont davantage vectrices d'agents pathogènes que les espèces spécialistes. Par exemple, en Amazonie, la déforestation a entraîné la disparition locale de 20 espèces de moustique anophèle en même temps que la prolifération d'une espèce généraliste, *Anopheles darlingi*, qui est le vecteur le plus efficace du paludisme. Les populations humaines qui se sont installées dans les zones défrichées se retrouvent ainsi beaucoup plus exposées à la maladie. Ce phénomène, retrouvé également en Afrique et en Asie, a aussi été observé avec des espèces d'escargots vectrices du parasite responsable de la bilharziose[16]. Il a ainsi été montré que le risque de transmission était réduit de 25 à 99 % dans les écosystèmes à forte biodiversité.

Ainsi, lorsque quelqu'un affirme avec humour qu'il veut bien préserver la biodiversité, mais pas n'importe laquelle et surtout pas les moustiques… cet exemple démontre que toute la biodiversité mérite d'être conservée, même celle qui est la plus nuisible en apparence ! Paradoxalement, une biodiversité plus élevée signifie davantage d'agents pathogènes, mais une réduction de biodiversité est associée à plus d'épidémies de maladies infectieuses.

Enfin, le troisième volet repose sur la diversité génétique. Même au sein d'une espèce d'hôte compétent, il existe des susceptibilités différentes, voire des résistances naturelles, qui sont génétiquement déterminées. S'il y a un appauvrissement génétique chez cette espèce parce que certaines

16. La bilharziose est la deuxième maladie parasitaire endémique à l'échelle mondiale, après le paludisme. Elle tue 280 000 malades par an et affecte plus de 200 millions de personnes. En 2019, plus de 230 millions de personnes étaient sous traitement préventif. Elle est due à cinq espèces de schistosomes, des vers plats hématophages dont le cycle de développement comprend un hôte intermédiaire (toujours un mollusque d'eau douce) et un hôte définitif (toujours un mammifère, dont l'humain).

populations s'éteignent ou voient leur effectif diminuer, alors la probabilité qu'un agent infectieux s'égare chez un hôte résistant est considérablement réduite et, donc, le risque de transmission augmente.

… et contre des maladies non infectieuses !

Les travaux menés sur les effets de la diversité parasitaire, de la diversité du microbiome évoqué plus haut, et, plus généralement, d'un contact avec une biodiversité élevée convergent vers une même tendance : lorsque ces diversités diminuent, la fréquence des maladies auto-immunes et des allergies augmente. Le mécanisme n'est pas loin d'en être percé.

Notre système immunitaire, repose sur une immunité innée (nos gènes codent pour des récepteurs capables d'identifier certains antigènes, certains de ces gènes étant même d'origine microbienne : ce sont les transposons) et une immunité acquise adaptative, responsable de la « mémoire immunitaire ». C'est cette dernière qui nous permet de lutter contre la ré-infection d'un agent infectieux auquel notre organisme a déjà été confronté une première fois ; c'est sur cette propriété physiologique que repose le principe de la vaccination. L'intérêt de l'immunité adaptative, c'est que plus la diversité des antigènes rencontrés sera élevée, plus notre répertoire de cellules capables de lutter contre les porteurs de ces antigènes (les lymphocytes T et B) sera vaste et plus notre système immunitaire sera paré à affronter une gamme importante d'agresseurs, notamment via la synthèse d'anticorps. Notre système immunitaire est ainsi hérité d'une longue co-évolution des interactions hôte-parasite impliquant une multitude de parasites et de microbes. Mais physiologiquement, il produit également des défenses contre nos propres antigènes : c'est ce qu'on appelle des auto-anticorps. Par un effet de dilution similaire à celui décrit précédemment, ces auto-anticorps sont « dilués » dans la masse des autres anticorps et sont donc inoffensifs… sauf si nous ne disposons plus de cette masse d'anticorps, auquel cas une maladie auto-immune peut se déclarer.

De récents travaux ont montré que la biodiversité de notre microbiome intestinal – encore lui ! – était la principale source de diversification de notre arsenal d'anticorps et que les jeux se font pendant nos premières années de vie. L'alimentation, le contact avec les micro-organismes et les parasites, l'exposition à des antibiotiques jouent un rôle crucial dans le développement de notre système immunitaire via le microbiome intestinal. Des études épidémiologiques historiques ont démontré un parallèle remarquable entre la baisse de prévalence des parasitoses intestinales (oxyures, helminthes, ténias…) au cours du XXe siècle et l'augmentation de celle de pathologies aussi variées que la sclérose en plaques et l'ulcère gastrique à *Helicobacter pylori*. La capacité des vers plats intestinaux à moduler l'immunité est même à l'origine d'une nouvelle stratégie thérapeutique baptisée helmintho-thérapie, qui consiste à implanter ces vers dans le tube digestif. Les essais cliniques donnent des résultats encourageants dans certaines maladies immunitaires, tandis que des essais chez l'animal laissent espérer une efficacité dans le diabète.

La biodiversité extérieure entre également en jeu. Des études finlandaises publiées en 2011 et 2012 ont comparé deux populations d'adolescents vivant en Carélie, une petite région traversée par la frontière avec la Russie, aux conditions climatiques homogènes, mais avec une différence de taille : 30 % des enfants et adolescents du côté finlandais soufrent d'aéropollinose[17], alors que la pathologie est inexistante côté russe. Chez les premiers, on retrouvait également une beaucoup plus faible diversité de la flore microbienne de la peau, avec en particulier une très faible richesse en

17. Cf. Chapitre III.

gamma-protéobactéries, notamment du genre *Acinetobacter*, des bactéries connues pour stimuler l'activité de l'interleukine 10 (IL-10), un médiateur anti-inflammatoire qui augmente la tolérance immunologique. Or, cette diversité du microbiome cutané[18] était significativement corrélée avec le nombre d'espèces animales et végétales et la diversité des habitats autour des habitations des sujets étudiés.

Plus généralement, les manifestations allergiques chez l'enfant, comme l'asthme, ont une prévalence trois à huit fois moindre dans les secteurs à forte biodiversité microbienne par rapport aux secteurs à plus faible biodiversité. Cette différence est mise sur le compte d'une plus grande diversité des allergènes auxquels l'enfant est exposé dès son plus jeune âge, notamment dans les exploitations agricoles, comparativement aux groupes témoins. D'autres études sont venues confirmer une corrélation négative entre la prévalence des allergies à différents allergènes (pollen, poil de chat, poussière…) et la biodiversité mesurée dans un rayon donné autour du lieu d'habitation, elle-même corrélée avec la biodiversité bactérienne sur la peau et les muqueuses nasales, suggérant encore une fois un rôle de médiation du microbiome cutanéo-muqueux dans la survenue des réactions d'hypersensibilité. C'est ainsi que chez les Amish du nord-est des États-Unis, l'asthme est une maladie inconnue. C'est ce qu'on appelle « l'hypothèse de la ferme » : l'exposition dès le plus jeune âge à une diversité d'allergènes protège, tout comme celle aux parasites intestinaux.

Ainsi, lorsque l'organisme se retrouve dans des conditions environnementales qui ne sont plus celles dans lesquelles il

18. Comme pour le microbiome intestinal, les fonctions du microbiome cutané commencent seulement à être découvertes (voir aussi chapitre IV). On sait qu'il nous protège des infections, de l'action de certains polluants et des UV. Il module aussi notre immunité. Certaines bactéries jouent un rôle clé, comme *Staphylococcus epidermidis*, qui synthétise des substances antibiotiques et favorise la maturation des cellules immunitaires de la peau.

a évolué, la « mal-adaptation » se traduit par des anomalies physiologiques. La diminution considérable de la pression des maladies infectieuses depuis le XIXe siècle et la baisse générale de la biodiversité ont fait émerger de nouvelles maladies, non infectieuses. Pour preuve, la prévalence des maladies auto-immunes, des allergies ou même des maladies métaboliques est quasi nulle dans les pays en voie de développement, où les populations humaines restent très confrontées en permanence à des agents infectieux et des antigènes de tout type.

Une assurance alimentaire

Il est toujours frappant de voir combien la domestication a concerné un si faible nombre d'espèces et que, parmi les espèces domestiquées, si peu constituent notre alimentation quotidienne. Par exemple, sur les près de 300 000 espèces végétales connues, au moins 30 000 sont comestibles, mais seulement 7 000 sont ou ont été utilisées un jour pour l'alimentation humaine. Environ 120 espèces (se déclinant parfois en de très nombreuses variétés génétiques[19]) sont encore cultivées de nos jours, dont 8 fournissent plus de 80 % de l'alimentation mondiale, et 3 d'entre elles plus de 50 % (le blé, le riz et le maïs).

Ce dont on se rend encore moins compte, c'est que la productivité de chaque espèce domestiquée dépend de milliers d'autres espèces. Par exemple, le rendement d'une culture sera influencé par les insectes pollinisateurs, les ravageurs et les prédateurs de ces ravageurs, les micro-organismes qui

19. Des espèces comme la tomate, la pomme de terre, la courge, le prunier ou le pommier ont donné lieu à des milliers de variétés cultivées. Les variétés cultivées d'une même espèce peuvent parfois être morphologiquement très différentes ; par exemple les choux cabus (vert et rouge), frisé, rave, de Bruxelles, brocolis, Romanesco, fleur, etc. sont toutes des variétés de l'espèce *Brassica oleracea*, le chou sauvage qui pousse spontanément sur les littoraux français.

vivent en symbiose avec ses racines, etc. 80 % des plantes cultivées dans l'Union européenne sont étroitement dépendantes des insectes pollinisateurs. La « révolution verte » des années 1960, qui a fait suite à la mise au point, à peu près simultanée, de variétés à haut rendement, d'engins agricoles motorisés puissants, d'engrais minéraux et de pesticides chimiques, a permis d'augmenter de manière spectaculaire la productivité agricole, mais au prix d'une eutrophisation généralisée des sols et des eaux[20], de pollutions par les produits phytosanitaires[21] et par une érosion de la biodiversité, spécifique et génétique, sans précédent, dont nous avons déjà évoqué les conséquences sanitaires plus haut.

En ce début de XXIe siècle, on redécouvre les bienfaits de la biodiversité dans le cadre de l'intensification écologique de l'agriculture : insectes, araignées, chauve-souris, vers de terre, champignons mycorhiziens, bactéries, etc. deviennent les alliés d'une nouvelle génération d'agriculteurs, alors que la précédente a usé de mille artifices pour les combattre. Une multitude d'agricultures « alternatives » a vu le jour : elles visent soit à remplacer complètement (comme en agriculture biologique) ou partiellement (comme en agriculture raisonnée) labour, pesticides et engrais de synthèse par des auxiliaires microbiens (le travail simplifié ou le non-travail du sol restaure une biodiversité microbienne importante dans le sol), animaux (par exemple, des insectes se nourrissant naturellement des ravageurs de culture, comme les coccinelles, les syrphes, les hyménoptères parasitoïdes ou les carabes) et végétaux (par exemple, des légumineuses fixatrices d'azote atmosphérique). Il ne s'agit pas tant de « désintensifier » l'agriculture, que de mobiliser les services que rendent gratuitement les écosystèmes en lieu et place

---

20. Cf. Chapitre XI.

21. Cf. Chapitre VI.

des artifices coûteux de l'agriculture conventionnelle. De nombreuses expérimentations ont été menées et les résultats montrent que non seulement la production est de meilleure qualité sur le plan nutritionnel (en termes de teneur en nutriments et vitamines), mais aussi les rendements sont souvent égaux ou supérieurs. Le revenu du producteur est aussi plus important, puisqu'il réduit les intrants dont le prix de revient suit le coût du baril de pétrole, une ressource loin d'être inépuisable !

La biodiversité génétique est aussi l'alliée de l'agriculteur. De nombreuses études montrent que l'effet de dilution évoqué plus haut est très efficace contre les attaques de ravageurs, les maladies et les aléas météorologiques. Pourtant, la diversité génétique a elle aussi payé un lourd tribut à l'agriculture intensive et à différentes contraintes socio-économiques. Par exemple, des 15 000 variétés de pommier qui ont été cultivées en France depuis la fin de l'Antiquité, 1 000 le seraient toujours, dont 14 seulement voient leurs pommes commercialisées (les autres variétés que l'on trouve dans le commerce sont importées).

Or la perte de diversité génétique peut avoir des conséquences dramatiques, comme l'a vécu l'Ouganda. L'une des principales cultures d'Afrique de l'Est est le manioc ; la variété locale Ebwanateraka à haut rendement avait été privilégiée dans certains secteurs, formant des cultures monovariétales, alors que dans d'autres secteurs on avait continué à cultiver des dizaines de variétés. Lorsque dans les années 1990, une épidémie de virus de la mosaïque du manioc (connu depuis 1894 en Afrique de l'Est) s'abattit sur le pays, les cultures monovariétales furent dévastées, entraînant une famine qui fit de nombreuses victimes ; dans les autres régions, au contraire, l'impact sur les récoltes fut moindre : la diversité génétique avait permis de limiter les dégâts, encore une illustration du fameux « effet de dilution » !

L'exploitation des services rendus par la biodiversité est sans conteste une assurance alimentaire universelle qui permettra peut-être de répondre au défi alimentaire à venir, tout en réduisant les effets néfastes des intrants agricoles et en limitant l'extension des terres arables au détriment des habitats naturels.

Une assurance bien-être

Plusieurs études se sont intéressées à la relation entre biodiversité et sensation de bien-être, ce qui pourrait paraître assez subjectif. Pourtant, il est possible d'utiliser des indicateurs objectifs, pour caractériser d'une part la biodiversité (par exemple un nombre d'espèces ou l'hétérogénéité d'un paysage), d'autre part le « bien-être » (par exemple la tension artérielle, le rythme cardiaque, la tension musculaire faciale, le nombre de personnes traitées par anxiolytiques, la criminalité, etc.). De fait, la plupart des études retrouvent une corrélation positive entre la biodiversité et les indicateurs du bien-être, notamment lorsque le nombre d'oiseaux, de plantes et de papillons est important et quand le paysage est hétérogène. Sans surprise, les paysages ruraux diversifiés sont préférés aux milieux urbains. Ainsi, la dégradation des paysages « naturels » et l'urbanisation s'accompagneraient-elles d'une augmentation du stress et des pathologies associées (anxiété, dépression, certaines psychoses), en lien avec un changement dans les stimuli visuels, acoustiques (la diversité des chants d'oiseaux étant un facteur important du bien-être) et olfactifs.

En milieu urbain, une corrélation entre la sensation de bien-être et la biodiversité végétale a été retrouvée, mais il existe des exceptions… quand des espèces invasives comme l'ambroisie font partie de cette biodiversité[22] ! Car les invasions

22. Cf. Chapitre III.

biologiques, loin d'augmenter la biodiversité, sont parfois une menace supplémentaire pour la santé humaine, comme nous allons le voir maintenant.

Chapitre XV

Les effets délétères de la mondialisation

« Nothing can stop them,
Around every river and canal their Power is growing.
Stamp them out, We must destroy them
They infiltrate each city [...]
Waste no time, They are approaching.
Hurry now, we must Protect ourselves And find some shelter.
Stike by night, They are defenceless
They all need the sun to photosynthetize their venom.
Still they're invincible, Still they're immune
to all our herbicidal battering [...]
Botanical creature stirs, seeking revenge.
Royal beast did not forget.
Soon they escaped, spreading their seeds, Preparing for an
onslaught, Threatening the human race. »

Genesis (« The return of the Giant Hogweed », 1971)

En 1971, le célèbre groupe anglais d'Art rock *Genesis*, dans son album *Nursery crime*, chantait *The return of the Giant Hogweed*; il y était question d'une terrible plante que les botanistes de l'époque victorienne avaient ramenée de lointaines montagnes de Russie, pour l'introduire dans les fameux jardins royaux de Kew, à Londres. Mais voilà, la plante s'en est échappée pour envahir toute l'Angleterre et prendre sa revanche sur l'espèce humaine, au point de menacer celle-ci de son mortel venin ; hélas, rien ne peut les arrêter, car elles sont invincibles et résistantes aux herbicides. Au bout de huit minutes de cet hypnotisant délire psychédélique, l'identité de l'ennemi est enfin révélée : *Heracleum mantegazzianum* (en latin dans les paroles !).

Vingt et un ans plus tard, en 1992, la Conférence de Rio sur la biodiversité révélait que la deuxième cause de disparition des espèces, après la destruction directe des écosystèmes, était les invasions biologiques. C'est le point de départ de la médiatisation, outre des problèmes liés à l'érosion de la diversité biologique, des espèces « invasives ». Personne ne semblait se souvenir de la chanson de *Genesis* et le monde entier « découvrait » les invasions biologiques. En France, la question commença à être médiatisée avec « l'algue tueuse de Méditerranée », nom donné par certains journaux à la caulerpe (*Caulerpa taxifolia*), une algue tropicale qui fut rejetée accidentellement en mer suite au nettoyage des aquariums du musée océanographique de Monaco au début des années 1980. Alors qu'elle n'occupait qu'un mètre carré en 1984, elle s'était étendue sur plus de 5 000 ha en 2004 ; elle fut accusée d'éliminer la plante emblématique de Méditerranée, la posidonie. Plus tard, on se rendit compte que la posidonie régressait à cause de la pollution marine, ce qui libérait la place pour cette algue plus résistante ; elle a depuis régressé à son tour : elle occupe aujourd'hui moins de 20 % de la surface qu'elle avait envahie en 2004.

Pourtant, les invasions biologiques étaient loin d'être un phénomène récent…

Le rat des villes et le rat des champs : fable ou chronique naturaliste ?

La peste est probablement l'un des plus grands fléaux qu'ait jamais connu l'Humanité. Depuis les découvertes d'Alexandre Yersin en 1894, puis de Paul-Louis Simond en 1898, on sait avec certitude que la peste bubonique est une maladie infectieuse provoquée par la bactérie portant son nom, *Yersinia pestis*, elle-même inoculée par une puce, dont l'hôte habituel est le rat. Deux espèces de puces sont les principaux vecteurs, qui ont chacune leur propre hôte : *Xenopsylla cheopis*, la puce du rat noir *Rattus rattus*, et *Nosopsyllus fasciatus*, la puce du rat brun, *Rattus norvegicus*. Ces deux espèces de rat constituent donc les réservoirs – non exclusifs – de la maladie. Très longtemps, on a considéré que la peste avait été ramenée accidentellement en Europe, en même temps que le rat noir, lors du retour des Croisades, au XIIe siècle, époque à laquelle les premières épidémies frappèrent l'Occident. Un mystère demeurait cependant : comment expliquer la première épidémie connue, la « peste de Justinien », qui décima les populations du pourtour méditerranéen de 541 à 767, sachant que le rat n'existait pas encore en Europe et que la puce de l'homme est un très mauvais vecteur ? De récentes trouvailles archéozoologiques sont venues résoudre ce mystère : des ossements de rat noir, découverts sur de nombreux sites antiques, apportent la preuve que le rat noir avait été introduit accidentellement par les Romains dans plusieurs ports méditerranéens à partir du IVe siècle avant notre ère, puis en Europe tempérée au Ier siècle après J.-C. Le rat noir, originaire d'Asie tropicale (région indo-malaise), était donc présent en Europe dès l'Antiquité, mais il était vraisemblablement cantonné à quelques villes portuaires et/ou commerciales. Ce ne serait qu'au XIe siècle, avec l'expansion démographique et l'urbanisation à l'intérieur des terres, que l'espèce serait devenue réellement invasive.

La terrible épidémie de peste noire du XIVe siècle fut en fait une véritable pandémie de peste bubonique, qui décima les populations européennes. Partie de Marseille en décembre 1347[1], elle tua 7 des 17 millions de Français de l'époque, fit 25 millions de morts en Europe en cinq ans, soit la moitié de la population européenne, et probablement autant en Asie, où l'épidémie avait débuté vers 1330. L'introduction sur le territoire français se fit d'ailleurs avec l'accostage de navires en provenance de la mer Noire. D'autres épidémies sévirent dans les décennies suivantes, profitant d'une conjonction de facteurs favorisants : famines récurrentes, refroidissement climatique, guerres et autres épidémies.

La prolifération du rat brun, *Rattus norvegicus*, au détriment du rat noir « européen », *Rattus rattus*, joua également un rôle important ; les chats ayant quasiment disparu à cette époque (par temps de famine, tout est bon à manger !), rien ne s'opposa à ce nouvel épisode d'invasion biologique. Originaire des plaines d'Asie tempérée qui s'étendent de l'actuelle Mongolie au nord de la Chine, le rat brun ou surmulot fut introduit en Europe à une date encore indéterminée, probablement au IXe siècle. Mieux préparé aux climats frais que son prédécesseur d'origine tropicale et doté de formidables capacités d'adaptation, il concurrença rapidement le rat noir dans les régions tempérées d'Europe où il devint notre « rat d'égout », le « rat des villes » de la célèbre fable, son comparse le « rat des champs » étant le rat noir, qui trouva refuge dans

1. De récents travaux suggèrent un second point de départ dans le port du Havre en juillet 1348. Elle serait en fait arrivée en Europe en 1346 sur les bords de la mer Noire lors du siège de la ville de Caffa (aujourd'hui Théodosie, en Crimée) par les troupes tatares de la Horde d'Or. La souche de *Yersinia pestis* en cause aurait émergé dans l'actuel Kirghizistan vers 1338, qui était alors un carrefour commercial important sur la route de la soie.

les campagnes[2]. Ce n'est d'ailleurs pas le seul exemple où une espèce invasive tend à en supplanter une autre ; chez les plantes, l'élodée du Canada (*Elodea canadensis*) qui envahit les plans d'eau français à partir de 1845 fut concurrencée, à partir des années 1970, par l'élodée à feuilles étroites (*Elodea nuttallii*), également originaire d'Amérique du Nord, mais plus résistante à l'eutrophisation des eaux.

Pour revenir aux rats, ces rongeurs sont rapidement devenus cosmopolites, l'homme l'ayant – involontairement – propagé à tous les continents au fur et à mesure qu'il les découvrait. En même temps que le rat essaimait sur la planète, les maladies qu'il véhicule via ses puces suivaient le même trajet et provoquaient de redoutables épidémies de répartition mondiale. Car si la peste reste l'une des pires pandémies qu'ait connue la planète, bien d'autres maladies sont véhiculées par les rats noirs et bruns, comme la fièvre typhoïde, forme particulièrement sévère de salmonellose ; la toxoplasmose dont le réservoir habituel, le chat, peut se contaminer en mangeant des rats malades ; la leptospirose, maladie professionnelle chez les égoutiers ou les vétérinaires ; le typhus, qui, de la guerre du Péloponnèse aux deux guerres mondiales, décima des dizaines de milliers de soldats durant la plupart des conflits ; la fièvre aphteuse, la rage, le sodoku, la trichinose et diverses méningites, qui touchent plus rarement l'homme, tout au moins en Europe.

Pour autant, il ne faut pas occulter les « bienfaits » du rat. Si dans leur aire d'indigénat, les rats sont des animaux vivant dans des terriers, comme la plupart des rongeurs, dans leur aire exotique d'introduction, ils sont devenus des animaux essentiellement urbains, vivant en mutualisme avec l'homme,

---

2. Une étude récente suggère qu'un autre mammifère, la grande gerbille (*Rhombomys opimus*), qui vit en Asie centrale, pourrait avoir été le vrai responsable de la pandémie de peste noire du XIVe siècle, tout au moins en Asie. Cette étude s'appuie sur la corrélation entre fluctuations climatiques en Asie centrale, épisodes de pullulation des gerbilles, et reprises épidémiques de la peste noire.

au point de devenir parfois un animal de compagnie apprécié ! Ceci est particulièrement vrai pour le rat brun, qui joue un rôle essentiel dans le traitement des déchets humains. On estime à 800 tonnes la masse d'ordures qui est dévorée quotidiennement par les rats d'égout dans la seule ville de Paris ; sans ce nouveau décomposeur de l'écosystème urbain, égouts et canalisations seraient bouchés en permanence !

Dans cet exemple de la peste, tout le complexe hôte-vecteur-agent infectieux était exotique et invasif. Dans d'autres cas, seul le couple vecteur-agent infectieux l'est : c'est le cas, par exemple, du moustique tigre (*Aedes albopictus*) et des arbovirus qu'il transporte (virus Zika, virus de la Dengue, virus du Chikungunya, etc.). Outre le fait que, comme on l'a vu, l'extension de son aire de répartition est largement favorisée par le réchauffement climatique[3], les modes de transport rapides comme l'avion lui permettent de passer d'un continent à l'autre, où, une fois débarqué, il peut devenir invasif. C'est le cas notamment en Europe. Un formidable habitat pour les moustiques en général et pour *Aedes albopictus* en particulier, est… le pneu usagé ! La forme d'un pneu permet à l'eau de pluie de s'accumuler et de stagner pendant très longtemps, fournissant un gîte larvaire de choix pour les moustiques qui viennent y pondre. Symptôme de la mondialisation, des containers de pneus usagés voyagent en permanence d'un continent à l'autre, permettant aux moustiques, à leurs gènes de résistance aux insecticides et aux agents pathogènes qu'ils hébergent, de se propager très rapidement. Au passage, notons que les piqûres de moustique tigre entraînent des lésions cutanées bien plus graves que celles issues des piqûres du moustique commun (du genre *Culex*), avec des démangeaisons tellement intenses qu'elles

3. Cf. Chapitre IX.

exposent à un risque accru de surinfection bactérienne des lésions de grattage !

Un autre cas de maladie infectieuse lié à une invasion biologique est celui de la bilharziose, qui a fait son apparition en Corse en 2013 dans le fleuve côtier du Cavu. Cette maladie parasitaire est due à un ver tropical du genre *Schistozoma*[4], probablement originaire du Sénégal, dont le vecteur est un escargot d'eau douce lui aussi d'origine africaine, une planorbe (*Bulinus truncatus*). L'homme, hôte définitif, se contamine à l'occasion d'une baignade : les larves du parasite traversent la peau, même saine. Dans le corps humain, les larves donnent des adultes qui migrent vers les veines entourant la vessie pour s'accoupler et pondre des œufs dans la paroi de la vessie. Une partie de ces œufs provoque des lésions inflammatoires locales, formant le granulome bilharzien ; l'autre partie se retrouve dans la vessie, où elle sera excrétée avec l'urine par les voies naturelles. Si l'urine atteint l'eau et si celle-ci est suffisamment chaude (entre 22 et 28 °C), les œufs éclosent pour libérer une larve, qui va nager à la recherche de son hôte intermédiaire, la planorbe, dans lequel elle va pénétrer par effraction. Là, elle poursuit son cycle de développement, avant de libérer des milliers d'un autre type de larve, les cercaires, dans l'eau : la boucle est bouclée ! Dans le cas corse, l'enquête épidémiologique a révélé que l'espèce pathogène était d'origine hybride, entre une espèce humaine *S. haematobium* et une espèce inféodée aux rongeurs et au bétail, *S. bovis*. L'épidémie fit plus d'une centaine de victimes en 2014 ; depuis, les cas sont devenus sporadiques.

Enfin, l'invasion biologique peut ne concerner que l'agent infectieux, qui est souvent transmis d'homme à homme, lors de migrations importantes d'une région du monde vers

4. Dont nous avons déjà parlé au chapitre XIV.

une autre. Les exemples sont nombreux dans l'histoire de l'Humanité. Le plus ancien cas répertorié est certainement celui concernant l'armée hittite, qui fut décimée par la variole contractée au contact de prisonniers égyptiens en 1350 avant J.-C. Au XVIe siècle, la variole et la rougeole furent ramenées d'Europe en Amérique, où elles tuèrent bien plus d'Amérindiens (en Amérique du Nord comme en Amérique du Sud) que les armées coloniales européennes. Plus récemment, à la toute fin du XIXe siècle, les peuples autochtones du Canada, notamment les Inuits, connurent la même mésaventure avec la tuberculose lors de la construction du chemin de fer canadien Pacifique et suite à leur regroupement dans des réserves surpeuplées où la malnutrition était la règle. Le taux de mortalité dépassa le taux record de 0,7 % dans les années 1930-1940 et même 8 % chez les enfants des pensionnats. Malgré les traitements antibiotiques, la fréquence de la maladie reste aujourd'hui encore six fois plus élevée chez les Inuits que chez les Canadiens d'origine européenne, et même 38 fois plus élevé dans l'État du Nunavut qu'au niveau national.

Lancelot et les invasions barbares

En 1927, le généticien britannique Lancelot Hogben (1895-1975) obtint la chaire de zoologie à l'université du Cap, en Afrique du Sud. Il travailla alors sur un modèle animal : le xénope lisse (*Xenopus laevis*), une espèce indigène proche de nos grenouilles, qui lui permit de mettre au point l'un des tout premiers tests de grossesse, qui porta son nom, le test de Hogben. Le test consistait à injecter l'urine de la femme testée dans l'ovaire de la femelle xénope ; le test était positif si la grenouille pondait dans les 24 heures suivantes. Le même animal pouvait être utilisé de nombreuses fois, car cette espèce est capable de pondre des œufs toute l'année. À partir de la fin des années 1940, le test de Hogben fut très en vogue, si bien que le xénope fut élevé dans maints laboratoires à travers le monde – d'autant plus qu'il continuait à être utilisé comme modèle animal dans de nombreuses expérimentations. La découverte des anticorps monoclonaux et l'avènement des tests actuels, au milieu des années 1970, le firent tomber en désuétude et la grenouille se trouva vite au chômage technique ; on se débarrassa d'elle dans la nature, où elle s'acclimata si bien qu'elle devint invasive en maints endroits. Le problème, c'est qu'elle ne fut pas relâchée seule : elle transportait sur sa peau un champignon parasite, répondant au nom barbare de *Batrachochytrium dendrobatidis*, responsable d'une maladie infectieuse au nom non moins barbare : la chytridiomycose.

Cette maladie fut découverte en 1998 dans les forêts tropicales humides d'Australie et d'Amérique Centrale, mais le champignon, originaire de l'est de l'Asie, était déjà connu depuis les années 1980. Nous sommes donc en présence d'un couple d'espèces exotiques invasives : un amphibien sud-africain vecteur d'un champignon asiatique – recombiné – qui décime les espèces d'amphibien (ou batracien) des autres continents, « naïves » vis-à-vis de l'agent infectieux. Car, chose rare chez les champignons qui sont plutôt des organismes vivant sur la terre ferme, il s'agit d'une espèce aquatique. Il dissémine ses spores dans l'eau et contamine donc facilement la plupart des amphibiens, qui y vivent au moins une partie de l'année (pour la reproduction). Les spores s'incrustent dans les pores de leur peau, germent et émettent des filaments qui vont parasiter l'hôte, altérer la kératine de l'épiderme, ce qui entraîne une défaillance fatale du système respiratoire, la peau jouant un rôle majeur dans la respiration des amphibiens. La maladie s'est propagée à toute la planète, au point que les amphibiens sont aujourd'hui considérés comme le groupe d'espèces animales le plus menacé : 120 espèces ont disparu en moins d'un siècle et 435 autres sont en voie d'extinction. L'Europe n'est pas épargnée, le champignon y a été détecté à partir de 2009 ; il serait le meurtrier des crapauds accoucheurs du lac d'Arlet dans les Pyrénées.

La relation hôte-parasite est beaucoup plus complexe qu'il n'y paraît, car les activités humaines n'y sont pas étrangères. D'abord, il existe des lignées plus ou moins virulentes du champignon, et on suspecte que l'émergence de variants hautement pathogènes serait liée à des mutations induites, soit par les conditions d'élevage des xénopes, soit par la présence de certains xénobiotiques dans l'environnement (notamment des antifongiques)[5]. D'autre part, l'hôte peut être plus ou moins résistant à l'attaque du parasite, en fonction de l'intégrité de son microbiote cutané et de son système immunitaire, eux aussi souvent altérés par les pollutions chimiques de leur environnement[6]. Enfin, la déforestation galopante qui touche la plupart des forêts tropicales multiplie les possibilités de contact entre espèces endémiques d'amphibiens forestiers et amphibiens contaminés des zones anthropiques[7].

Ce cas d'invasion biologique est particulièrement barbare, puisqu'il est responsable d'une pandémie mondiale. Si celle-ci ne touche pas directement l'homme, elle a néanmoins des répercussions sur la santé humaine – sans compter que ces espèces sont d'importantes sources de nouveaux médicaments[8]. Les amphibiens étant insectivores, leur déclin entraîne inévitablement une baisse de prédation sur différentes espèces d'arthropodes, dont certains sont vecteurs de maladies. Ainsi, une récente étude montre qu'au Panama et au Costa Rica, il existe une relation causale directe entre l'effondrement des effectifs d'amphibiens (près de 600 espèces concernées, dont 90 sont déjà éteintes) et l'augmentation

5. Cf. Chapitres V et VIII.

6. Cf. Chapitres VI et VII.

7. Cf. Chapitres XIV.

8. Cf. Chapitre XIV.

du nombre de cas de paludisme dans la population. Encore un remarquable exemple d'effet boomerang, qui montre que le moindre dérèglement en un point de l'écosystème peut se propager à l'ensemble de celui-ci et, *in fine*, impacter la santé humaine.

À voile ou à vapeur ? Quand les algues traversent les océans en bateau

L'histoire du monde a été en partie façonnée par les invasions biologiques. Pour ne prendre qu'un exemple particulièrement illustratif, intéressons-nous au mildiou de la pomme de terre, *Phytophtora infestans*.

Souvent considéré comme un champignon du fait de sa ressemblance avec les moisissures, il s'agit en fait d'un oomycète, un organisme microscopique apparenté aux algues qui vit en parasite sur toutes les parties végétatives des pieds de pomme de terre. Cet organisme d'origine américaine voyageait probablement en même temps que les pommes de terre importées en Europe depuis l'Amérique ; mais il ne survivait pas au long voyage transatlantique à fond de cale, qui durait alors entre 2 et 3 mois. Jusqu'au jour où le bateau à vapeur commença à remplacer le bateau à voile, au début des années 1840. La traversée s'effectuant en moins d'un mois, le parasite fut débarqué bien vivant dans un port irlandais en 1843 ou 1844. De là, il se propagea rapidement à travers tout le pays, contaminant en quelques semaines l'ensemble des champs de pommes de terre, qui représentaient à l'époque quasiment le seul aliment consommé par les populations et 80 % de la surface cultivée. Trois récoltes successives furent perdues, ce qui entraîna une terrible famine entre 1846 et 1848, qui fit un million de morts et provoqua l'émigration de plusieurs millions d'Irlandais, principalement en direction de l'Amérique. Cette vague d'émigration massive, qui explique l'importante communauté irlandaise présente aux États-Unis, comptait un certain Patrick J. Kennedy et sa famille, dont le petit-fils devint le 35e président américain, au destin tragique. Entre le début des années 1840 et la fin du XIXe siècle, la population irlandaise diminua de moitié. Les nationalistes irlandais considérant que c'est délibérément que la couronne britannique avait laissé les Irlandais mourir de faim – l'armée britannique possédait alors les plus importantes réserves alimentaires de toute l'Europe –, le mouvement en faveur de l'indépendance de l'Irlande prit une ampleur sans précédent, conduisant finalement à sa scission en Eire indépendante et Ulster sous domination britannique.

Ironie du sort, la généralisation de la culture de la pomme de terre (elle-même originaire d'Amérique) en Europe à la fin du XVIIIe siècle avait fait disparaître les famines et induit une explosion démographique, elle-même à l'origine des empires coloniaux et de la révolution industrielle. C'est cette dernière qui permit la mise au point de moyens de transport de plus en plus rapides, comme le bateau à vapeur, qui apporta le mildiou en Europe et fit ré-émerger le spectre de la famine.

Gare au charme slave, il est brûlant !

Revenons à l'héroïne du *Return of the Giant Hogweed*, *Heracleum mantegazzianum*, peut-être plus connue sous le nom de Berce du Caucase. Cette plante est, comme ses cousines la carotte, le fenouil et le céleri, une ombellifère de la famille botanique des Apiacées. Mais cette espèce est atteinte de gigantisme : depuis une touffe de grandes feuilles recouvrant plusieurs mètres carrés, se dresse jusqu'à plus de 4 mètres de hauteur une tige d'une dizaine de centimètres de diamètre, qui porte des inflorescences en ombelles pouvant atteindre 1,5 mètre de diamètre ! Sa stature impressionnante surprit les botanistes-explorateurs du XIXe siècle, qui la ramenèrent en Europe occidentale, où elle fut bientôt plantée dans de nombreux parcs et jardins, comme plante ornementale. Son comportement invasif ne fut reconnu qu'entre 1950 et 1970.

Sa sève contient des composés chimiques particuliers qui répondent au nom barbare de furocoumarines ; il s'agit en fait de psoralènes, ces mêmes composés que l'on utilise pour sensibiliser la peau aux UV, avant une séance de bronzage artificiel ou en puvathérapie[9]. Le contact des furocoumarines avec la peau, par exemple lorsqu'on touche la plante, provoque de la même manière une photosensibilisation[10]. Si la peau est ensuite exposée au soleil, une brûlure plus ou moins grave peut survenir. La réaction phototoxique survient entre 30 minutes et 2 heures après le contact. Lorsque les lésions liées à la brûlure disparaissent, quelques jours plus tard, apparaît une hyperpigmentation de la peau qui peut persister plusieurs mois. La peau reste sensible aux UV pendant plusieurs années. Dans certains cas graves, où la surface corporelle touchée est étendue, l'évolution peut être mortelle, puisque les symptômes et les complications sont les mêmes que ceux d'un « grand brûlé ».

Parmi les plantes invasives, d'autres posent de réels problèmes de santé publique. J'ai déjà évoqué les cas de l'ambroisie et de la suie de l'érable[11], sur lesquels je ne reviens pas ici.

Belles empoisonneuses...

Dans le monde végétal, de nombreuses plantes sont connues pour leur toxicité. Il suffit en général de les éviter

9. Traitement médical de certaines pathologies cutanées, comme le psoriasis, qui consiste à administrer un agent mutagène, le psoralène, puis à irradier la peau malade avec des rayons ultraviolets A, qui tuent les cellules imprégnées du psoralène.

10. Cf. Chapitre IV.

11. Cf. Chapitre III.

pour ne pas s'exposer à de quelconques désagréments. Cependant, parfois, l'exposition à la toxicité des plantes se fait indirectement ; par exemple, la consommation de miel n'est pas sans risque lorsqu'il a été confectionné à partir de nectar toxique, issu de certaines fleurs. Au IVe siècle av. J.-C., Xénophon racontait qu'après avoir raflé le miel d'un village entouré de rhododendrons, tous les mercenaires grecs de l'armée des « Dix mille » qui en eurent mangé perdirent la raison, vomirent, eurent la diarrhée et perdirent leurs forces. Nul ne mourut : les Grecs retrouvèrent la raison au bout de 24 heures et tinrent à nouveau debout quatre jours plus tard. La même mésaventure est relatée par Pline l'Ancien, quatre siècles plus tard, à propos de l'armée de Pompée qui fut victime d'un « miel qui rend fou » ; l'espèce en cause était le rhododendron de la mer Noire, *Rhododendron ponticum*. Cette espèce est connue pour contenir des grayanotoxines, des composés chimiques émétiques et laxatifs, qui seraient également responsables d'hallucinations.

La toxicité des miels confectionnés à partir de nectar de rhododendron est bien connue ; elle est d'autant plus marquée que la quantité ingérée est importante et comprend des troubles cardiovasculaires, digestifs et neurologiques. Or *Rhododendron ponticum* est devenue une plante invasive en Europe occidentale… avec l'aide involontaire de l'homme. Originaire de Turquie et de la péninsule ibérique, il fut d'abord introduit en Grande-Bretagne à la fin du XVIIIe siècle. Son succès auprès des horticulteurs ne fut pas immédiat, car il était sensible au gel. Ceux-ci y remédièrent en procédant à des formes d'hybridations avec des espèces provenant des montagnes nord-américaines, notamment *Rhododendron catawbiense*.

La rusticité, le feuillage persistant et les volumineuses inflorescences roses, pourpres ou violines du cultivar ainsi obtenu en ont fait une espèce ornementale très appréciée, qui fut rapidement propagée aux parcs et jardins des îles britanniques, puis d'autres pays, dont la France. On rencontre d'ailleurs ce rhododendron dans d'innombrables jardins publics à partir desquels il se propage dans les milieux naturels environnants, en particulier les forêts, les landes et les dunes. L'invasion n'en est probablement qu'à ses débuts ; pour le moment, ce sont surtout les régions littorales soumises à un climat atlantique qui sont touchées. Lorsque les zones envahies se situent à proximité des ruchers, le risque que le miel soit contaminé par les grayanotoxines est réel, même si les conséquences sanitaires demandent encore à être évaluées. Le plus étrange – mais ce n'est pas un cas isolé chez les plantes invasives –, c'est que le rhododendron des parcs est considéré comme une espèce menacée dans son aire d'origine, le sud de la péninsule ibérique.

Certaines plantes invasives vont même jusqu'à réunir les trois inconvénients précédents : un pollen et une sève allergisants et un nectar rendant le miel guère consommable. C'est le cas du faux vernis du Japon, *Ailanthus altissima*. Cet arbre originaire des régions tempérées et sub-tropicales de Chine fut introduit en Europe en 1750. Son port élancé, sa croissance rapide et son abondante floraison en firent rapidement une essence ornementale plantée comme arbre d'alignement le long des rues, principalement en milieu urbain. Mais l'ailanthe, comme de nombreuses plantes invasives, produit de très grandes quantités de graines (en moyenne 300 000 par arbre adulte), drageonne abondamment et libère dans le sol des composés chimiques herbicides qui éliminent la concurrence. Il ne tarda pas à devenir incontrôlable et à envahir les milieux perturbés, comme les friches urbaines et les jachères périurbaines, les bords de routes et les trottoirs, les ballasts des voies ferrées, les anciennes mines et les terrils. Comme l'ambroisie, c'est une espèce « anthropophile », qui ne s'éloigne guère des zones habitées. Comme elle, l'ailanthe possède un pollen allergisant, auquel les populations urbaines sont de plus en plus exposées. De plus, l'écorce et les feuilles contiennent une substance particulière, l'ailantine, qui peut provoquer des allergies de contact avec une irritation cutanée importante[12]. Celle-ci se manifeste surtout lors de travaux d'arrachage ; il est impératif de mettre des gants pour l'abattage des arbres. Enfin, le miel que les abeilles fabriquent à partir de son nectar sent l'urine de chat, ce qui, sans être toxique, n'est guère engageant pour le consommateur !

Dans ce domaine, les animaux ne sont pas en reste sur les plantes ! Ainsi le frelon asiatique (*Vespa velutina*) défraie-t-il la chronique depuis son arrivée en France, au début des années 2000. En moins de quinze ans, il a colonisé l'ensemble du territoire français métropolitain. Dépourvu de prédateur, c'est l'ennemi public n° 1 des ruches, dont il dévore sans vergogne les abeilles, déjà bien malmenées par ailleurs… Comme ses cousins et cousines hyménoptères (guêpes, abeilles, frelon européen…), il pique ! Mais ne dramatisons pas, la piqûre du frelon asiatique n'est pas plus dangereuse que celle du frelon commun ou même de l'abeille, le venin étant thermolabile, c'est-à-dire détruit par la proximité d'une source de chaleur. Le danger est surtout important en cas de piqûres multiples (ce qui arrive quand on s'attaque à son nid !), de piqûres sur les muqueuses (notamment quand on crie et qu'un frelon vient s'égarer dans votre bouche) ou évidemment en cas d'allergie aux venins d'Hyménoptères. Les lésions induites sont souvent spectaculaires, mais heureusement bénignes le plus souvent.

…et autres dangers exotiques

Pour être complet, signalons que l'invasion de certaines espèces peut avoir des effets indirects sur la santé humaine.

12. Cf. Chapitre IV.

C'est le cas des plantes invasives ayant une forte inflammabilité, qui va de ce fait favoriser ou aggraver les conséquences d'un incendie. En France, le mimosa *Acacia dealbata*, d'origine australienne, qui a considérablement envahi le massif des Maures ou l'herbe de la pampa, *Cortaderia selloana*, d'origine sud-américaine, qui recouvre des surfaces importantes dans les friches méditerranéennes, sont toutes deux des espèces augmentant l'inflammabilité des végétations naturelles. Des exemples similaires sont rapportés aux États-Unis, avec des espèces invasives d'Acacia en Californie ou d'Eucalyptus en Floride. Restons en Floride pour un exemple animal encore plus inattendu : le python de Birmanie s'est parfaitement acclimaté à l'environnement des Everglades après s'être échappé de terrariums dans les années 1980 (ou avoir été relâché dans la nature par les propriétaires de ces NAC ou « nouveaux animaux de compagnie »), au point que ce serpent constricteur pouvant atteindre une longueur de 6 m représente une menace sérieuse pour l'homme. Cependant, aucune attaque mortelle d'un python invasif n'a été rapportée, contrairement aux pythons « apprivoisés » comme NAC ! En France, les tortues de Floride sont plus inoffensives[13] !

Le phénomène des invasions biologiques n'est pas nouveau ; il a toujours existé, en tout cas depuis que l'homme se déplace d'un continent à l'autre[14]. Ce qui est relativement nouveau, c'est l'ampleur qu'il a prise depuis le début du XXe

13. Les tortues de Floride étaient communément vendues dans les jardineries avant la mise en place d'une réglementation plus stricte en 2004. Devenues trop grosses, leur propriétaire les relâchait dans le plan d'eau le plus proche où elles sont devenues des organismes invasifs causant de graves dégâts sur les écosystèmes aquatiques. Mais elles ne posent pas de problème sanitaire chez l'homme.

14. Le phénomène est très bien décrit par Darwin dans son journal de *Voyage du Beagle* (1839), puis dans l'*Origine des espèces* (1859).

siècle. La multiplication des voies de communication (routes, voies ferrées, canaux) et des échanges commerciaux transcontinentaux, et le raccourcissement des temps de trajets sont les principales causes de cette accélération, qu'il faut voir comme un des symptômes de la mondialisation. Car c'est bien à une mondialisation du vivant que l'on assiste, que favorisent aussi les changements climatiques. Mais l'homme ne se contente pas de modifier la biodiversité des communautés en redistribuant le vivant au sein de la biosphère ; il est aussi capable de manipuler la biodiversité génétique en redistribuant les gènes entre les espèces.

Chapitre XVI

Quand l'homme manipule la biodiversité

« Existe-t-il une folie génétique propre à l'espèce humaine ? »

Dan Simmons (*L'Échiquier du mal*, 1989)

En 1972, l'américain Paul Berg et son équipe obtenaient pour la première fois une bactérie, *Escherichia coli*, génétiquement transformée, en réussissant à insérer un fragment d'ADN viral dans son génome. Quelques années plus tard, en 1978, c'était au tour du gène humain codant pour l'insuline d'être introduit dans la même bactérie : une véritable révolution technologique et scientifique ouvrant la voie à de nombreuses applications potentielles. À partir de 1983, l'insuline utilisée pour traiter le diabète commence à être obtenue grâce à ce procédé : c'est un *Escherichia coli* transgénique qui la produit dans des bioréacteurs industriels, résolvant du même coup les problèmes d'approvisionnement que l'on connaissait lorsque l'insuline devait être extraite de pancréas d'animaux comme le porc. Aujourd'hui, cette insuline obtenue par « génie génétique » est la seule à être utilisée.

Quelques années plus tard, en 1982, était obtenu le premier animal génétiquement modifié : une souris dans le génome de laquelle le gène de l'hormone de croissance du rat avait été transféré. L'année suivante, c'était au tour des plantes : la transgénèse végétale a été mise au point, grâce à une bactérie du sol jouant le rôle de vecteur du « transgène » : *Agrobacterium tumefaciens*. La première plante transgénique était un tabac, modifié pour devenir résistant à un antibiotique. La première plante transgénique commercialisée fut une tomate, conçue par la société californienne Calgene (rachetée ensuite par Monsanto) pour rester ferme plus longtemps une fois cueillie : la tomate *flavr savr*, mise sur le marché en 1994 et... retirée du marché en 1996, après un échec commercial retentissant, tant le prix de vente était élevé et la saveur... inexistante.

En 2000, une nouvelle étape était franchie : un gène était inséré dans des cellules de moelle osseuse humaine pour soigner des enfants atteints de déficit immunitaire sévère. Même si plusieurs de ces enfants « transgéniques » ont secondairement développé une leucémie, le bénéfice thérapeutique fut immense : l'ère de la thérapie génique venait d'être inaugurée.

Les chimères sont parmi nous

Un organisme génétiquement modifié, ou OGM, est donc un organisme dont le génome (c'est-à-dire l'ADN) a été modifié artificiellement par l'homme, par insertion d'un ou de plusieurs gènes par une technique de transgénèse. Je me limite dans ce chapitre au cas des plantes transgéniques, dans la mesure où ce sont surtout elles qui sont objet de la polémique autour des OGM, puisqu'elles font potentiellement partie de notre alimentation. Les partisans des plantes transgéniques arguent du fait que l'agriculture fait appel aux plantes génétiquement modifiées depuis ses débuts, lors de la révolution néolithique. La sélection massale, c'est-à-dire le fait de sélectionner parmi des populations sauvages d'une espèce les individus présentant les caractères les plus avantageux (comme de gros grains, une fécondité exceptionnelle, une croissance rapide, une résistance à certaines maladies, etc.) pour les cultiver dans les conditions environnementales artificialisées d'un champ (dans un sol ameubli, fertilisé, amendé voire irrigué, sans concurrence des autres végétaux, etc.) entraîne en effet un certain nombre de modifications génétiques de ces plantes : c'est la domestication de plantes sauvages, qui les a transformées progressivement en plantes cultivées, au génome modifié. L'agronomie moderne, avec les processus d'hybridation et de mutation, n'a fait qu'accélérer ces modifications génétiques des plantes cultivées à la base de notre alimentation.

Alors pourquoi craindre les plantes OGM si elles sont tout autant des plantes modifiées génétiquement ? Peut-être à cause de la manière de les obtenir... trop brutale par rapport au lent processus de sélection massale, qui s'est étalé sur plusieurs millénaires ? Trop « contre nature » par rapport à l'hybridation, qui respecte les voies naturelles de la reproduction sexuée ? Car l'obtention de plantes transgéniques repose effectivement sur la manipulation de bactéries ou de virus (pour véhiculer les gènes d'intérêt jusqu'à l'ADN de la plante cible), voire sur l'utilisation d'armes à feu, comme un canon projetant des microparticules métalliques sur lesquelles on a fixé les gènes, sur les cellules végétales cibles. De ce fait, le site d'insertion et le nombre de gènes insérés ne sont pas contrôlés : les transgènes intègrent aléatoirement le génome, si bien que les conséquences fonctionnelles en sont imprévisibles. On ne peut exclure par exemple, que la plante transgénique obtenue qui servira d'aliment se mette à produire de nouveaux composés imprévus.

De surcroît, l'ADN transféré dans les cellules végétales est rarement un ADN d'origine végétale : on utilise indifféremment des gènes végétaux, animaux, fongiques, bactériens, viraux, voire des gènes synthétiques ! L'OGM obtenu est donc une chimère : une plante dont le génome, plus tout à fait végétal, n'aurait aucune chance d'exister « naturellement ». Les pro-OGM répliquent immédiatement que la cellule végétale est d'emblée une chimère, puisqu'elle contient déjà des ADN protéobactérien (dans ses mitochondries) et cyanobactérien (dans ses chloroplastes), et même de l'ADN viral dans son génome nucléaire (les transposons). L'homme – qui, lui-même, possède des cellules chimériques avec des ADN d'origines multiples – ne ferait donc que parachever l'œuvre de la nature !

Le risque OGM : info ou intox ?

Le débat sur les OGM est passionné et les opinions souvent radicalement opposées entre leurs détracteurs et leurs défenseurs. Outre les questions éthiques, ce débat porte sur les conséquences sanitaires de la transgénèse. Force est de constater que l'évaluation de l'innocuité des OGM dans l'alimentation reste partielle et partiale : les études concluant à l'innocuité des OGM sont à peu près autant biaisées que celles montrant leur dangerosité. Il suffit souvent de regarder l'institution d'appartenance ou de financement de l'auteur d'un article pour se douter des conclusions de l'étude sans même avoir à lire celles-ci ! Entre des lobbies industriels surpuissants et des organisations écologistes à l'idéologie radicale, il reste peu de place (et d'argent !) pour des études scientifiques rigoureuses et objectives. Un argument fréquemment mis en avant par les partisans des OGM est que les Américains mangent des OGM depuis plus de trente ans sans s'en plaindre ! Mais ce constat ne saurait avoir valeur d'étude épidémiologique.

Plusieurs risques, souvent théoriques, ont été évoqués :

– des risques nutritionnels : la modification du génome peut altérer la synthèse des protéines et par conséquent la valeur nutritionnelle de la plante ;

– des risques toxiques liés aux modifications du génome elles-mêmes, si la plante se met à synthétiser de nouveaux composés ou à accroître sa production de certaines protéines toxiques naturelles (comme la tomatine de la tomate ou la solanine de la pomme de terre) ;

– des risques toxiques liés au transgène lorsque celui-ci code pour une résistance au glyphosate (dont la plante est copieusement arrosée) ou pour la synthèse de protéine Bt, une toxine bactérienne, qui, comme beaucoup de substances insecticides, agit en perturbant les fonctions digestives du parasite sans être dégradée ; or, rien ne permet d'exclure que le même mécanisme se produise dans le tube digestif des mammifères, dont l'homme ;

– des risques allergiques induits par la synthèse de protéines transgéniques nouvelles pour l'organisme humain, qui peut dès lors s'y sensibiliser ;

– des risques de résistance aux antibiotiques : pour s'assurer de la réussite de la transgénèse, c'est-à-dire que la plante a bien incorporé le gène transféré, les producteurs d'OGM utilisent un gène marqueur qui code pour la résistance à un antibiotique. Ainsi lorsque les cellules ayant subi la transgénèse sont soumises à l'antibiotique, seules celles qui ont effectivement incorporé le transgène survivent. Le problème est que ce transgène se retrouve dans l'alimentation et pourrait induire le développement d'une résistance aux antibiotiques chez le consommateur d'OGM ;

– des risques d'émergence de nouveaux virus : pour construire les gènes à insérer dans les plantes à transformer, on utilise en effet un promoteur dérivé du virus de la mosaïque du chou-fleur pour amorcer l'expression du transgène inséré et une autre séquence d'un virus végétal qui, une fois exprimée dans la plante hôte, code pour des protéines qui entraveront l'attaque de la plante par d'autres virus. Il a été évoqué que cet ADN viral pourrait produire de nouveaux virus par recombinaison avec des résidus d'ADN viral déjà présents dans les génomes (y compris le génome humain) ou des virus naturels animaux ou végétaux. Cependant, aucun cas d'échange d'ADN entre virus végétaux et virus animaux n'a été démontré à ce jour ;

– des risques de cancer : les transgènes étant mobiles, le risque qu'ils puissent s'insérer dans les gènes des consommateurs d'OGM et ainsi les dénaturer et induire des tumeurs a été évoqué. Aucune étude rigoureuse n'a confirmé ce risque théorique. En 2012, à grand renfort d'images-chocs dans les médias, le biologiste français Gilles-Éric Séralini publiait les résultats d'une étude qui montrait une fréquence majorée de tumeurs chez des rats nourris avec du maïs transgénique. On pensait tenir la preuve de la réalité du risque suspecté, mais la méthode et les modèles utilisés furent vivement critiqués et, une fois les biais méthodologiques pris en compte, les résultats n'étaient plus significatifs. Depuis, aucune étude n'est venue conforter les résultats de Séralini. Au contraire, les nombreuses études menées chez l'animal tendent à confirmer l'innocuité de l'alimentation OGM, même s'il est évidemment difficile de transposer ces résultats à l'homme. Il faut aussi rappeler que jusqu'à 40 % de l'ADN des animaux et des plantes supérieures – 50 % chez l'homme – sont constitués d'ADN transposable, transféré par des virus à de multiples reprises au cours de la longue histoire de l'évolution. N'oublions pas non plus que chacune de nos cellules contient un peu d'ADN bactérien, sans lequel nous n'existerions pas : l'ADN mitochondrial de nos chaudières internes.

En l'état actuel des connaissances, rien ne permet d'affirmer que les OGM présentent un risque avéré pour la santé humaine lorsqu'ils sont consommés via l'alimentation, mais le recul est encore insuffisant et des recherches sur le sujet sont encore nécessaires pour conclure définitivement. Les problèmes effectivement posés par les OGM sont plutôt d'ordre écologique, économique et éthique. Cependant, il ne faut pas occulter les bienfaits que peuvent procurer les plantes transgéniques. La commercialisation du riz doré, un riz génétiquement modifié de manière à ce qu'il contienne de la provitamine A, a permis de lutter efficacement contre l'avitaminose A chronique, responsable de troubles visuels irréversibles dans les populations asiatiques dont la base de l'alimentation repose sur le riz blanc (riz privé de son tégument externe naturellement riche en provitamine A).

Si les gènes microbiens transférés aux plantes semblent anodins, il n'en est pas de même des microbes eux-mêmes lorsqu'ils se retrouvent dans des écosystèmes d'où ils étaient auparavant absents ou en effectif limité…

Chapitre XVII

Tout ce qui est petit n'est pas forcément gentil

« Peut-être avons-nous tous un marais caché
où le Mal germe et prolifère.
Mais les berges en sont glissantes et nos virus nageurs
ne le gravissent que pour en retomber. »

John Steinbeck (*À l'est d'Eden*, 1952)

J'ai déjà largement évoqué le cas des pollutions biologiques dans le chapitre XI à propos de l'eutrophisation, qui favorise la prolifération de micro-organismes naturellement présents dans l'environnement, mais dont l'abondance relative était artificiellement augmentée par un apport exagéré de nourriture. J'avais notamment expliqué le phénomène des « blooms » algaux. Dans le présent chapitre, j'aborde un autre type de pollution microbiologique, qui implique cette fois des micro-organismes normalement absents dans un environnement donné, mais que l'homme y introduit, volontairement ou accidentellement.

Quand le péril fécal menace

Choléra, typhoïde, dysenterie... Des noms de maladies qui font encore frémir, même si elles ont aujourd'hui quasiment disparu des pays occidentaux, tant elles ont causé de terribles épidémies mortelles par le passé : la dernière grande épidémie de choléra fit plusieurs dizaines de milliers de morts à Paris entre 1830 et 1870. Des noms qui reviennent régulièrement sur le devant de la scène après chaque catastrophe naturelle : après un séisme ou un tsunami, par exemple, l'urgence est d'évacuer les cadavres et de fournir de l'eau potable aux rescapés pour éviter une épidémie... Car l'eau est un milieu de vie. Les eaux de surface (étangs, mares, rivières, océans...) hébergent de nombreux micro-organismes : algues unicellulaires, protozoaires, bactéries, champignons et virus y forment une communauté invisible au rôle essentiel dans le fonctionnement biogéochimique des écosystèmes aquatiques. Dans les eaux souterraines, les conditions anaérobies rendent le milieu plus hostile ; la présence de microbes y est souvent anormale, signe d'une pollution microbiologique.

On parle de pollution microbiologique de l'eau lorsqu'on retrouve dans celle-ci des germes vivant naturellement dans l'intestin humain et des animaux à sang chaud ; leur présence signe une pollution fécale. Seule une minorité d'entre eux est pathogène ; les autres ne font que témoigner d'une contamination de l'eau par des excréments humains ou animaux issus de la défécation ou de la décomposition de cadavres. Les micro-organismes pathogènes peuvent provoquer une toxi-infection alimentaire, suite à leur ingestion directe (eau de boisson) ou indirecte (via les aliments). Ce sont donc des maladies à transmission hydrique. Les toxi-infections alimentaires désignent un ensemble de symptômes digestifs (diarrhées, vomissements, douleurs abdominales, etc.) apparaissant dans les suites d'un repas. Les mesures d'hygiène et le développement des techniques de production d'eau potable et d'épuration des eaux usées, accompagnés d'un contrôle très strict de l'eau potable, ont permis l'éradication presque complète des plus graves infections dans les pays occidentaux. Si elles sont devenues peu fréquentes et bénignes en

Europe, elles restent une cause majeure de mortalité dans le monde d'aujourd'hui, en particulier dans les pays en voie de développement de la zone intertropicale où elles font encore près de 2 millions de morts par an (dont 90 % d'enfants de moins de 5 ans, qui meurent de « simple » diarrhée).

En dehors de la voie orale, une contamination par voie cutanéo-muqueuse ou respiratoire[1] est possible en cas de baignade dans des eaux polluées. Le label « Pavillon bleu », créé en 1985 et décerné chaque année aux plages et aux ports les plus propres, vise notamment à identifier les sites où l'eau est dépourvue de germes fécaux. Régulièrement des plages sont fermées pour cause de pollution microbienne, notamment après de fortes pluies ayant fait déborder les réseaux d'assainissement.

Les micro-organismes pathogènes les plus fréquemment rencontrés sont :

– des bactéries appartenant aux genres *Shigella, Salmonella* (dont la célèbre *Salmonella typhi*, agent de la fièvre typhoïde), *Campylobacter, Yersinia, Escherichia* et *Vibrio* (dont *Vibrio cholerae*, agent du choléra). D'autres bactéries fécales peuvent être incriminées sur des terrains particulièrement vulnérables, tels que les enfants, les personnes âgées ou les sujets immuno-déprimés : il s'agit par exemple d'espèces des genres *Pseudomonas, Aeromonas, Klebsiella, Flavobacterium, Enterobacter, Citrobacter, Serratia, Acinetobacter, Proteus, Providencia, Mycobacterium* et *Nocardia*. Les contrôles de qualité microbiologique de l'eau consistent

1. La légionellose, maladie infectieuse respiratoire en forte recrudescence n'est pas transmise par une bactérie fécale, mais par *Legionella pneumophila*, qui se développe dans les circuits d'eau chaude, la contamination se faisant par inhalation d'air humide contaminé, par exemple via les climatiseurs. Elle n'entre donc pas dans le champ des pollutions traitées dans ce chapitre, mais nous l'avons déjà évoquée au chapitre IX.

à rechercher l'espèce bactérienne la plus abondante dans le tube digestif, *Escherichia coli*, comme marqueur d'une contamination fécale de l'eau ; sa présence fait évoquer un risque de co-occurrence d'espèces pathogènes ;

– des virus : virus de l'hépatite A, virus de l'hépatite E, entérovirus, rotavirus, calicivirus, astrovirus et norovirus. Les virus (en particulier les rotavirus) sont aujourd'hui la cause principale des épidémies saisonnières de gastro-entérites qui sévissent en Europe et qui sont de plus en plus fréquentes. Les entérovirus comprennent plusieurs virus, dont celui de la polyomyélite, une maladie qui a fortement régressé grâce à la vaccination ;

– des protozoaires, comme *Giardia lamblia* et *Cryptosporidium parvum*, respectivement agents de giardiose et de cryptosporidiose. Ces parasites peuvent s'enkyster et devenir ainsi particulièrement résistants à la désinfection de l'eau. Ainsi, en 1993, dans la région de Milwaukee aux États-Unis, 400 000 cas de gastro-entérite sont survenus en quelques mois, faisant 80 morts. Une origine hydrique avait d'abord été écartée puisque les indicateurs de suivi de la qualité de l'eau étaient restés normaux ; avant que le responsable ne soit identifié : un *Cryptosporidium*. Cette épidémie a fait prendre conscience des limites du contrôle fondé sur la recherche d'*E. coli*. D'une part, l'absence de cette bactérie (donc un test négatif) n'exclut pas l'absence de virus, de protozoaire ou de champignon : dépister un risque bactériologique n'est pas détecter un risque microbiologique. Mais un test de recherche de *Cryptosporidium* coûterait jusqu'à 1 000 euros, alors que la recherche d'*E. coli* ne coûte « que » 20 euros. D'autre part, cette épidémie a aussi montré les limites de la chloration pour la désinfection de l'eau, qui a une faible efficacité contre les virus et les protozoaires ;

– des champignons, comme les microsporidies (genres *Enterocytozoan, Encephalitozoon, Septata, Pleistophora, Nosema*), responsables de pathologies diverses chez le sujet immuno-déprimé, allant de la diarrhée chronique aux problèmes pulmonaires et rénaux. Relativement rares en France métropolitaine (moins de 200 nouveaux cas par an), les microsporidioses sont beaucoup plus fréquentes dans les régions tropicales, où près de 20 % de la population est touchée.

La contamination fécale des eaux de surface peut provenir des effluents urbains (notamment les rejets des stations d'épuration et des assainissements individuels) ou industriels, d'élevages intensifs hors sol, ou du lessivage et du ruissellement superficiel des épandages agricoles, lorsqu'ils font appel au fumier, au lisier, aux boues de stations d'épuration, aux eaux usées. Tous ces effluents sont très riches en micro-organismes, qui sont ensuite entraînés par les eaux de pluie jusque dans les plans et cours d'eau (par ruissellement) et dans les nappes phréatiques (par percolation). Les mers sont contaminées soit directement, lorsque ces effluents sont déversés sur le littoral, soit indirectement, lorsqu'une rivière y déverse les germes qu'elle transporte ; d'autres sources sont représentées par les eaux usées des fermes aquacoles et les activités nautiques (notamment dans les ports et les baies de mouillage).

À ces sources de contamination viennent s'ajouter, dans le cas des eaux souterraines, les fuites de canalisation de tout-à-l'égout, les fosses septiques individuelles, les décharges, les cimetières. Les nappes superficielles ou se trouvant dans des roches naturellement fissurées (craies, calcaires) sont les plus vulnérables.

L'entraînement de micro-organismes dans l'eau de ruissellement s'accompagne de celle de particules minérales (limons, argiles…) et organiques (litière, humus…), ce qui rend l'eau trouble. Ce phénomène est très visible dans les rivières après une forte pluie. Cette augmentation de la turbidité de l'eau est souvent un signe d'alerte pour une probable contamination microbiologique ; c'est pourquoi il n'est pas rare qu'après un orage, un arrêté préfectoral ou municipal interdise la consommation d'eau du robinet. En effet, une forte turbidité rend inefficaces les méthodes de désinfection de l'eau, notamment par chloration ou par irradiation UV, et favorise la formation de biofilms, c'est-à-dire de véritables communautés de bactéries, champignons, algues et protozoaires qui adhérent entre eux et à une surface, grâce à la sécrétion d'une matrice adhésive et protectrice (dans les milieux aquatiques, mais aussi dans les canalisations d'eau potable). Les épisodes de crues sont fréquemment suivis d'épidémies de gastro-entérites, notamment provoquées par *Cryptosporidium*.

En milieu marin, la durée de survie des germes fécaux est faible en raison du stress salin ; elle peut néanmoins s'allonger à la faveur d'une baisse de salinité, notamment dans les estuaires et les lagunes. Mais ils peuvent être filtrés par des coquillages, qui les accumulent : une fois filtrées, les bactéries se retrouvent à des concentrations 10 à 30 fois plus importantes dans les tissus du coquillage que dans l'eau environnante. La consommation de coquillages devient alors une voie possible d'introduction féco-orale des micro-organismes pathogènes hydriques. Nous l'avons vu, les coquillages respirent et se nourrissent en filtrant l'eau de mer et la base de leur alimentation est constituée du phytoplancton marin, ce qui est la source de problèmes sanitaires lorsque l'eau est polluée par les nitrates et/ou les phosphates et que surviennent des blooms algaux ou cyanobactériens[2].

D'autres risques sanitaires peuvent apparaître lorsque des germes pathogènes se retrouvent accidentellement dans l'eau, à proximité des gisements ou cultures de coquillages, les zones de conchylicultures se trouvant souvent dans des zones saumâtres proches de rejets domestiques. Les coquillages

2. Cf. Chapitre XI.

contaminés peuvent être à l'origine de toxi-infections alimentaires, surtout lorsqu'ils sont consommés crus ou peu cuits. Officiellement, moins de 10 % des cas de toxi-infection alimentaire sont liés à l'ingestion de produits marins (soit environ 5 cas par an), dont 13 % seulement concernent des coquillages contaminés par des bactéries (salmonelles, listérias, vibrios pour les plus fréquentes) ou des virus (virus de l'hépatite A, entérovirus). Ces chiffres sont évidemment sous-estimés puisque tous les cas ne sont pas toujours correctement diagnostiqués ou déclarés, surtout lorsqu'ils surviennent dans la sphère familiale.

Plusieurs facteurs influencent la contamination des coquillages. D'une espèce à l'autre, la quantité d'eau filtrée varie. Celle-ci est maximale dans une eau entre 18 et 22 °C. La qualité de la filtration diminue en cas de baisse brutale de la salinité ou de la concentration en oxygène dissous (conditions également favorables à la multiplication des germes fécaux), ou d'augmentation de la turbidité ; ces circonstances se rencontrent sur les littoraux à proximité des zones de rejets d'effluents ou dans les estuaires après une crue, en particulier quand les eaux sont « chaudes » (donc pendant les mois sans « r » !).

Quand l'homme rend les herbivores carnivores (voire cannibales !)

En 1888, lors de sa traversée du Groenland, l'explorateur norvégien Fridtjof Nansen, à cours de foin, entreprit de nourrir le poney islandais qui l'accompagnait avec de la viande de phoque. L'animal herbivore l'accepta volontiers, tout comme la viande sèche et les conserves qui faisaient le quotidien des hommes de l'expédition. Il finit même par manger des guillemots rôtis mélangés avec du goémon ! Cette expérience révèlerait-elle que les herbivores peuvent aussi facilement être convertis en carnivores ou en omnivores ?

Le 21 mars 1996, un vent de panique se met à souffler sur la population du monde entier… Les autorités sanitaires britanniques viennent de découvrir que la consommation de viande bovine contaminée par un agent infectieux connu depuis peu, le prion[3], agent de l'encéphalopathie spongiforme bovine, pouvait transmettre à l'homme une nouvelle forme de la maladie de Creutzfeldt-Jakob. Toute personne ayant consommé de la viande bovine contaminée (sans qu'on la sache contaminée) est susceptible d'être atteinte de cette maladie incurable… Une bombe à retardement en puissance : le délai avant que n'apparaissent les premiers symptômes est de plusieurs années, voire plusieurs décennies, le décès survenant un an plus tard en moyenne. Vingt ans plus tard, la maladie qui était annoncée par certains comme la grande pandémie du XXIe siècle a fait officiellement 231 victimes, dont 178 au Royaume-Uni et 27 en France.

L'encéphalopathie spongiforme bovine (ESB) ou « maladie de la vache folle » pour le grand public, est une maladie neurodégénérative du système nerveux central des bovins découverte en 1981, qui fut à l'origine d'une crise sanitaire majeure, de 1986 à 2000, surtout au Royaume-Uni. Plus de 190 000 animaux furent touchés par l'épidémie et durent être abattus (et comble de l'ironie, certains cadavres ont été réduits en farine pour nourrir d'autres bovins !). L'ESB provoque des lésions cérébrales irréversibles, qui se traduisent par des modifications comportementales des animaux, qui deviennent nerveux, hypersensibles aux stimulations sensorielles, puis présentent des difficultés à se mouvoir et perdent l'équilibre ; la mort survient en une semaine à un an après le début des symptômes.

À l'origine de l'ESB : la consommation de « farines animales », obtenues à partir des restes de carcasses bovines et

3. Terme créé en 1982 par Stanley Prusiner, qui serait un acronyme pour *PRoteinaceous Infectious ONly*.

de cadavres d'animaux divers, dans lesquels on découvre un agent infectieux jusque-là méconnu : le prion. Ce prion ne ressemble à aucun autre agent infectieux connu ; ce n'est même pas un être vivant, puisqu'il n'est constitué que d'une petite protéine de 253 acides aminés de conformation tridimensionnelle anormale, baptisée PrP (pour *Protease resistant Protein*), sans aucun acide nucléique de type ADN ou ARN comme support de l'information infectieuse, au contraire des bactéries ou virus habituellement rencontrés. Cette originalité en fait des agents transmissibles non conventionnels ou ATNC. C'est au contact d'une protéine physiologique de son hôte (Protéine Prion Cellulaire ou PrPC) que cette protéine transmettrait sa conformation anormale (Protéine Prion de la Scrapie ou PrPSc), assurant ainsi la propagation et la multiplication du prion pathologique.

Les prions se sont révélés être assez ubiquistes dans la nature, puisqu'on en retrouve même dans la levure de boulanger. Chez les mammifères, les prions pathogènes sont agents d'encéphalopathies spongiformes transmissibles (EST), dont la plus connue chez l'homme est la maladie de Creutzfeldt-Jacob. Décrit pour la première fois en 1918, son caractère transmissible n'a été découvert qu'en 1968, ce qui a permis de la rapprocher d'autres maladies neurodégénératives déjà connues à l'époque : la tremblante du mouton (décrite pour la première fois en 1732, mais dont le caractère transmissible ne fut démontré expérimentalement qu'en 1938), le syndrome de Gerstmann-Sträussler-Scheinker (décrit en 1936), le Kuru (une maladie touchant des tribus anthropophages de Nouvelle-Guinée, qui avaient pour habitude de manger le cerveau de leurs morts (décrit en 1957, rapprochée de la tremblante en 1959 et dont le caractère transmissible au singe fut mis en évidence en 1966). D'autres EST sont de découverte plus récente, comme la cachexie chronique ou *Chronic wasting disease* (1978), l'insomnie fatale familiale (1986) ou encore, plus récemment, chez des cervidés sauvages, la maladie débilitante chronique (2016). Toutes ces maladies se caractérisent par une dégénérescence du cerveau et de la moelle épinière, la formation de vacuoles dans le tissu cérébral lui conférant un aspect spongieux ; s'y accumule une protéine physiologique PrPC sous sa conformation anormale PrPSc (prion pathogène). Les EST ont toujours une issue rapidement fatale.

La protéine PrPC est présente dans le système nerveux central de tous les mammifères. Elle intervient dans le développement de celui-ci dès le stade embryonnaire ; chez l'adulte, elle se trouve dans le cerveau et la moelle épinière, où elle contribue à la différenciation et à l'adhérence des cellules entre elles, protège les neurones contre l'oxydation et l'apoptose. La protéine PrPSc ne diffère de la protéine PrPC que par sa configuration tridimensionnelle, mais celle-ci lui confère une résistance au processus de dégradation des protéines devenues trop « âgées », d'où leur accumulation dans les cellules nerveuses, qu'elles finissent par tuer en formant des plaques de dépôts amyloïdes dans le cerveau.

La maladie de Creutzfeldt-Jakob se présente sous la forme d'une démence précoce d'évolution mortelle. Dans 80 % des cas, c'est une pathologie du sujet âgé survenant de manière sporadique. Il existe des formes familiales à déterminisme génétique. Plus rarement, elle est iatrogène, c'est-à-dire contractée à l'occasion d'un geste médical : traitement par l'hormone de croissance, greffes de cornée et de dure-mère, électrodes contaminées. Le « nouveau variant de la maladie de Creutzfeld-Jakob », découvert en 1996 chez deux jeunes Londoniens décédés, se singularisait par l'âge des malades (29 ans en moyenne, contre 65 ans pour la forme classique), l'évolution plus lente (14 mois au lieu de 4,5 mois) et, surtout, le mode de contraction de la maladie : par ingestion de viande bovine contaminée par le prion de l'ESB, comme le démontra la stricte identité des plaques amyloïdes retrouvées dans le cerveau à l'autopsie des victimes avec celles reproduites après injection du prion à des singes de laboratoire. La contraction du nouveau variant de la maladie de Creutzfeld-Jakob par l'homme se fait suite à la consommation de tissus d'animaux contaminés (viande, thymus, moelle, intestins...). Après ingestion, le prion pathologique pénètre dans les annexes lymphoïdes de l'intestin (appelées plaques de Peyer), où il se multiplie avant de migrer dans les neurones jusqu'à la moelle épinière, puis au cerveau. La maladie débute par des troubles neuropsychiatriques qui vont en s'aggravant, éventuellement accompagnés d'anxiété et de dépression, d'une asthénie et de douleurs. S'ensuit une désorientation temporo-spatiale et des pertes de mémoire, des problèmes de coordination des mouvements et une démence, qui précèdent la mort.

L'écologie des prions reste très mal connue. Seul le prion agent de la maladie débilitante chronique des Cervidés atteint des mammifères sauvages ; tous les autres affectent les animaux domestiques ou l'homme. Les prions peuvent « survivre » en conservant leur pouvoir infectieux plusieurs années dans l'environnement, notamment dans le sol et l'eau. Les plantes pourraient également agir comme réservoirs, voire comme vecteurs de transmission.

Le prion étant une protéine, il est résistant à la congélation, à la dessiccation et aux températures normales de cuisson ; pour être détruit, il doit être chauffé à une température de 133 °C pendant 20 minutes à 3 bars de pression.

L'origine exacte de l'agent pathogène de l'ESB reste inconnue. Une contamination des bovins à partir d'ovins ou de caprins atteints de tremblante a longtemps été évoquée, étant donné la forte propension du prion à traverser les barrières entre espèces. En pleine épidémie d'ESB, des chats ont été atteints, probablement après avoir mangé des aliments pour chat à base de viande de bœuf contaminé et divers mammifères des zoos anglais (antilopes, pumas, lions, tigres, etc.) nourris avec de la viande bovine ont également été malades. La contamination interspécifique a été démontrée expérimentalement chez le cochon, la souris et le singe. En revanche, certains mammifères semblent insensibles à toute maladie à prion, comme le chien, le cheval ou le lapin. Les oiseaux et les poissons sont également épargnés.

Avant la crise de l'ESB, les farines animales étaient très utilisées dans l'alimentation du bétail et, notamment, des vaches laitières, pour leur forte teneur en protéines. Au départ, les farines étaient stérilisées à hautes températures et les graisses étaient extraites par des solvants organiques, dont on sait aujourd'hui qu'ils pouvaient éliminer d'éventuels prions. Mais à partir de 1981, de manière à accroître les rendements et à réduire les coûts de production, la stérilisation s'est faite à plus basse température et l'utilisation des solvants a été abandonnée : le procédé de fabrication préservait désormais les prions et les farines animales contaminées ont pu être distribuées à grande échelle, point de départ de l'épidémie.

Les farines animales ont été interdites en France dès 1990. Malgré cela, des cas surviennent de manière sporadique, sans que l'on puisse en expliquer l'origine exacte. Chaque fois, les bovins concernés avaient été nourris durant leurs deux premières années de vie avec des aliments artificiels fabriqués industriellement (notamment pour remplacer le lait). D'autres hypothèses ont été émises, comme la pollution de l'eau de boisson venant de nappes situées sous des sols agricoles recevant des fertilisants à base de farines animales.

De nombreuses inconnues demeurent, mais cette expérience montre qu'il n'est pas bon de forcer les herbivores à devenir carnivores ou cannibales.

Conclusion

Homo sapiens, le roseau pansant

« La nature est par définition le complexe vivant
dans lequel l'être humain doit enfin trouver sa juste place
s'il ne veut être éradiqué par ses propres erreurs. ».

Pierre Rabhi (*Conscience et environnement*, 2013)

« Quand le dernier arbre aura été abattu,
quand la dernière rivière aura été empoisonnée,
quand le dernier poisson aura été pêché,
alors on saura que l'argent ne se mange pas. »

Attribué à Sitting Bull ou à Geronimo

Homo sapiens est le seul rescapé d'une lignée diversifiée de primates originaire du continent Africain. Il est « l'homme civilisé », celui qui a cru pouvoir s'émanciper du milieu naturel en le domestiquant, en l'asservissant, en l'artificialisant à outrance. Quelle désillusion aujourd'hui ! Force est de constater que les atteintes que l'Humanité a portées à la biosphère se sont, dans bien des cas, retournées contre lui. C'est précisément cet effet boomerang que j'ai essayé de mettre en évidence tout au long de cet ouvrage. Derrière combien de catastrophes « naturelles » se cache en fait une activité humaine portant atteinte à la biosphère ? Il est illusoire de penser que l'homme puisse perturber les écosystèmes et la biosphère sans en subir les retombées, puisqu'il en fait partie, il en est une espèce parmi des millions d'autres.

La Terre et l'Humanité qu'elle a enfantée sont-elles rentrées dans l'ère anthropocène ? Si cette proposition de Crutzen continue de laisser sceptique la communauté des experts en géologie, qui ne l'a pas encore officiellement acceptée, la communauté des écologues et les médias, en revanche, se la sont parfaitement appropriée. Et pour cause… Quelle meilleure preuve que l'homme est devenu une véritable force géologique, puisqu'il a réussi à créer un continent entièrement artificiel de 3,5 millions de km^2, tout en plastique ; il a modifié l'atmosphère terrestre au point de bouleverser la donne climatique et certaines forces géophysiques comme les courants marins et les systèmes volcaniques ; il a introduit dans la biosphère de nombreux composés de synthèse inédits ; il a généré des millions de kilomètres carrés de zones mortes dans les océans ; il a éliminé un grand nombre d'espèces avec lesquelles il cohabitait et a redistribué le reste du vivant à la surface de la planète ; mieux encore, il a créé de nouveaux êtres vivants, génétiquement modifiés. On pourrait poursuivre cette liste longtemps… Mais a-t-il pour autant créé une Terre plus habitable pour lui ?

Les « marchands de doute » qui réfutent la réalité des problèmes sanitaires associés à certains progrès technologiques ont tôt fait d'invoquer que l'homme n'a jamais vécu aussi vieux. Si on se fie à un indicateur comme l'espérance de vie[1], force est de constater qu'elle s'est considérablement allongée depuis le milieu du XVIIIe siècle, en particulier au

1. L'espérance de vie à la naissance correspond à la durée de vie moyenne d'un individu qui passerait virtuellement toute sa vie dans les conditions de mortalité prévalant l'année considérée ; elle peut aussi être calculée à n'importe quel âge de la vie.

xxe siècle. La révolution agricole, les mesures d'hygiène, l'avènement de la vaccination et les progrès de la médecine ont permis de réduire considérablement la mortalité dans la plupart des pays du monde[2]. En l'absence de statistiques fiables antérieures à la révolution industrielle, il est difficile de comparer l'espérance de vie actuelle à l'espérance de vie en période de paix durant l'Antiquité ou le Moyen Âge. Certains auteurs n'hésitent pas à affirmer que les progrès de la médecine n'ont fait que neutraliser les conséquences sanitaires que l'homme a lui-même créées par la modernisation de son mode de vie. Un des arguments est de montrer que les membres de certaines sociétés traditionnelles vivant loin de la civilisation occidentale et de sa médecine moderne posséderaient la même espérance de vie que les Occidentaux. Par ailleurs, la tendance s'inverse dans certains pays industrialisés, comme en Russie ou aux États-Unis, où l'espérance de vie diminue depuis quelques années. En France, elle est plutôt stable depuis 2015[3] : 85,4 ans pour les femmes et 79,3 ans pour les hommes. Si l'homme vit plus vieux, vit-il en meilleure santé pour autant ? D'autres indicateurs ont été mis au point pour tenter de répondre à cette question, comme l'espérance de vie en bonne santé, mais ils se heurtent à des difficultés de quantification, d'autant plus qu'ils n'incluent pas que le nombre d'années que l'on peut espérer vivre en bonne santé, mais aussi les années où on est malade, mais bien soigné (autrement dit, on peut très bien avoir eu un cancer et être en bonne santé).

---

2. Il reste néanmoins un très fort contraste nord-sud, l'espérance de vie étant supérieure ou égale à 75 ans dans les pays industrialisés (Europe, Amérique du Nord, Australie, Nouvelle Zélande, Japon, Corée du Sud), alors qu'elle est inférieure à 70 ans dans presque toute l'Asie et inférieure à 55 ans dans toute l'Afrique noire.

3. Malgré une baisse transitoire en 2020 liée à la pandémie de Covid-19 qui, à la mi-2022, avait tué 150 000 personnes en France.

Certains chiffres sont alarmants : en France, le nombre de cas de cancers a augmenté de 89 % entre 1980 et 2005, ce que ni le vieillissement de la population ni l'amélioration du dépistage ne peuvent complètement expliquer ; mais dans le même temps, proportionnellement, la mortalité par cancer a régressé (elle n'a augmenté « que » de 13 %). Cet état de fait pourrait rassurer, mais les patients qui en sont victimes, même s'ils guérissent, se seraient certainement bien passés de cette maladie. Les cancers hormono-dépendants sont typiquement les cancers des pays industrialisés : en Europe occidentale et aux États-Unis, le seul cancer du sein touche 90 et 77 personnes sur 100 000, respectivement, contre 39 en moyenne à l'échelle mondiale. Quasiment absent des pays en voie de développement, le cancer de la prostate atteint le triste record mondial de 174 pour 100 000 en Martinique – où on a largement utilisé le chlordécone[4] – et de 118 pour 100 000 en France métropolitaine, où la Bretagne arrive en tête avec un taux de 151 pour 100 000 en 2005 (contre 30 pour 100 000 en 1980), suivie de près par les anciennes régions de Picardie et du Nord-Pas-de-Calais. Les maladies neuro-dégénératives (principalement les maladies de Parkinson, d'Alzheimer et de Charcot) ne sont pas en reste : au cours des trente dernières années, leur fréquence a augmenté de plus de 1 % par an en France et l'âge de survenue ne cesse de s'abaisser. Ces trente dernières années, le nombre de cancers pédiatriques, principalement des leucémies, des lymphomes et des tumeurs du système nerveux central, augmente de 1 à 2 % par an en Europe ; en France, il a augmenté de 18 % entre 2003 et 2019, faisant apparaître des clusters dans certains secteurs géographiques très circonscrits.

L'augmentation de la fréquence de ces maladies chroniques pourrait trouver son origine dans une exposition des

4. Cf. Chapitre VI.

populations à certains xénobiotiques durant les 1 000 premiers jours de vie. La période de vie intra-utérine (270 jours) et les deux premières années suivant la naissance (deux fois 365 jours) constituent la fenêtre temporelle où se construirait la santé à long terme, puisqu'à l'issue de cette période les principaux organes sont proches de la maturité, le microbiote intestinal et le système immunitaire sont déjà bien constitués. L'alimentation de la mère – et son exposition à d'éventuels xénobiotiques – pendant la grossesse et l'allaitement du nouveau-né, puis les modalités de la diversification alimentaire du nourrisson qui doit intervenir à l'âge de 4 à 7 mois joueraient par conséquent un rôle important dans la survenue ultérieure de maladies chroniques (maladies métaboliques, cardio-vasculaires, neuro-dégénératives, cancers)[5].

Une menace probablement bien plus terrible encore pour la santé publique mondiale au XXIe siècle, complexe dans ses mécanismes et aux multiples facettes, est celle liée aux dérèglements climatiques globaux. Bien que les statistiques manquent de recul et présentent de nombreux biais, le nombre de maladies infectieuses serait de plus en plus important à l'échelle mondiale ; combinées à l'augmentation croissante des cas d'antibiorésistance et à la mondialisation des échanges de biens et de personnes, elles pourraient bien être le prochain fléau de l'Humanité. Bien qu'elle n'ait pas de lien direct connu avec les changements climatiques, la pandémie mondiale de Covid-19 ressemble à un coup de semonce ! L'OMS prévoit qu'entre 2030 et 2050, les changements climatiques seront la cause de près de 300 000 décès supplémentaires

5. Ce concept découle directement de l'hypothèse de Barker (ou hypothèse du phénotype économe), publiée en 1990, selon laquelle l'environnement prénatal et périnatal module l'expression ultérieure des gènes grâce à des mécanismes épigénétiques. Elle s'appuie sur le fait qu'une croissance fœtale réduite est fortement corrélée à la survenue de maladies chroniques durant la vie. Il y aurait ainsi une « programmation fœtale » de ces dernières.

par an, rien que de malnutrition et d'infections. L'espérance de vie, comme le taux de morbidité, sont étroitement liés au niveau de développement d'une société, lui-même sous la dépendance de facteurs environnementaux, en particulier climatiques. Le fait que la quasi-totalité des pays en voie de développement se trouve dans la zone intertropicale l'illustre remarquablement. Aujourd'hui, plus de 900 millions des 8 milliards d'habitants de la planète souffrent de malnutrition, malgré une production agricole supérieure aux besoins ; d'ici 2050, la population mondiale devrait compter 3 milliards d'habitants de plus, pour se stabiliser ensuite autour de 9 milliards[6]. Nourrir convenablement l'Humanité est le premier défi à relever[7]. La faim, outre qu'elle est intrinsèquement facteur de mauvaise santé, a toujours été à l'origine de crises sociales et politiques, de révoltes et de conflits, de guerres et de dévastations, d'épidémies et de nouvelles famines, de déplacement de populations. La « crise des migrants » que connaît l'Europe (et d'autres parties du monde) depuis plusieurs années n'est probablement que la prémisse d'une catastrophe humanitaire beaucoup plus grave si rien n'est fait pour en combattre les causes profondes. Le nombre de « réfugiés climatiques » fuyant les régions submergées ou devenues stériles ne fera que croître dans les

6. La stabilisation de la population mondiale est liée au phénomène de « transition démographique » où les taux de mortalité et de natalité diminuent fortement en raison de la modernisation du mode de vie et d'une baisse concomitante de la fécondité.

7. Contrairement à une idée souvent diffusée, relever ce défi ne repose pas que sur l'augmentation de la production agricole (en augmentant les rendements et/ou les surfaces cultivées), mais aussi sur une lutte contre le gaspillage (un tiers de la production alimentaire mondiale est détruit chaque année) et une modification des habitudes alimentaires, d'une part en diminuant l'apport calorique dans les pays industrialisés, ce qui réduira du même coup la prévalence de certaines pathologies chroniques, comme les maladies cardiovasculaires et métaboliques ; d'autre part, en augmentant la part des aliments issus de la production primaire, qui demandent moins d'énergie que les produits animaux.

années et décennies à venir : l'OMS prévoit qu'ils seront 250 millions d'ici 2050. Ils seront aussi les plus exposés aux infections communautaires, respiratoires et digestives. Les répercussions psychologiques seront tout aussi lourdes, avec une augmentation des pathologies liées au stress et à la « désadaptation » environnementale et sociale. Les impacts économiques seront considérables : le coût estimé des problèmes de santé est estimé entre 2 et 4 milliards de dollars par an d'ici 2030. Selon le dernier rapport du GIEC (2022), 3,3 à 3,6 milliards d'humains vivent déjà dans un contexte de forte vulnérabilité au changement climatique.

Pourtant, la menace climatique n'est guère prise au sérieux, que ce soit par les pouvoirs publics de l'immense majorité des pays du monde, ou même par le grand public. Aucune digue ou aucun mur ne sera pourtant capable d'arrêter les conséquences directes (comme la submersion marine des régions côtières) ou indirectes (migration de masse des réfugiés climatiques) du changement climatique global. La stratégie dominante reste la fuite en avant : lorsqu'on identifie un problème sanitaire, on cherche à éliminer ses conséquences plutôt qu'à combattre ses causes, à traiter les symptômes plutôt que guérir la maladie elle-même, à attendre que le mal soit là plutôt qu'à prévenir sa survenue. Les pouvoirs publics semblent souffrir du syndrome de la Reine Rouge[8] : ils déploient des efforts considérables et dépensent des sommes extraordinaires pour rester à la même place ! Car combattre les causes nécessiterait de le faire collectivement à une échelle pertinente. Le dérèglement climatique, par exemple, ne peut

8. Ce syndrome tire son nom d'un épisode du deuxième volet d'*Alice au pays des merveilles* de Lewis Carroll, *De l'autre côté du miroir*, quand la Reine Rouge dit à Alice : « Ici, vois-tu, on est obligé de courir tant qu'on peut pour rester au même endroit. Si on veut aller ailleurs, il faut courir au moins deux fois plus vite que ça ! » C'est une métaphore de la co-évolution entre prédateurs et proies : pour que l'interaction soit durable, les deux protagonistes doivent évoluer à la même vitesse.

être appréhendé qu'à une échelle globale, donc mondiale. Mais il n'existe aucune organisation mondiale au pouvoir décisionnaire qui serait en mesure de mettre en œuvre une politique « top-down » à cette échelle. Les échecs répétés des tentatives d'adoption d'une politique commune dans la lutte contre les changements climatiques et les émissions de gaz à effet de serre en est une triste illustration.

Il est vrai que les lobbies industriels et les idéologies conservatrices ont la vie dure et ne tarissent pas d'efforts pour maintenir le *statu quo*. Quant au grand public, souvent mal informé (voire désinformé !), il peine à se projeter dans un avenir que seuls ses descendants connaîtront et rechigne à changer ses habitudes, surtout si cela devait affecter son confort quotidien ou son porte-monnaie. Paradoxalement, alors qu'une majorité de personnes considère, par exemple, qu'il faut agir en faveur de la limitation des émissions de gaz à effet de serre, cette même majorité n'est pas prête à subir les contraintes imposées par la nécessaire transition énergétique ; belle illustration du syndrome NIMBY[9] ! Difficile de mettre en œuvre des politiques publiques efficaces dans ces conditions. Pourtant, la survie de l'Humanité impose une transition énergétique. Celle-ci passera certainement par une diversification des sources d'énergie « renouvelable » qui commencent à nous être familières (éoliennes, panneaux photovoltaïques, usines marémotrices, barrages hydroélectriques, biocarburants, méthaniseurs, etc.), mais beaucoup de ces sources d'énergie posent également des problèmes environnementaux.

Il faudra donc probablement continuer à compter sur des énergies moins « populaires », comme l'énergie nucléaire issue

---

9. Le syndrome NIMBY (de l'expression anglophone *Not In My Back Yard*, qui signifie « pas dans mon arrière-cour ») désigne l'attitude des personnes qui prônent une certaine proposition, mais qui s'opposent à son application si celle-ci exige un sacrifice de leur part.

de la fission. Malgré d'importants progrès très prometteurs, la technologie de la fusion nucléaire[10] n'est pas encore maîtrisée pour être appliquée à grande échelle. Actuellement, l'utilisation des combustibles fossiles produit annuellement plus de 27 milliards de tonnes de CO_2. Comme l'écrivait Lovelock, une fois solidifiée, cette quantité de CO_2 représenterait une montagne de 20 km de circonférence culminant à 1,5 km de hauteur ; la même quantité d'énergie produite par fission nucléaire ne génère qu'un cube de 16 m de côté de déchets radioactifs, soit 2 millions de fois moins de déchets[11]. Tandis que le déchet CO_2 est libéré dans l'environnement de manière incontrôlable, le déchet nucléaire est vitrifié et peut être enterré profondément dans les entrailles de la Terre. L'invisibilité du premier explique certainement sa plus grande acceptabilité sociale par rapport au second (même si le risque d'accident est, à juste titre, beaucoup plus redouté dans le cas d'une centrale nucléaire que dans celui d'une centrale thermique). Toujours est-il que des choix sociétaux doivent être faits très rapidement.

Sur bien d'autres problèmes, des solutions simples existent et peuvent être à l'initiative de chaque citoyen du monde. Je n'ai pas abordé les moyens possibles de prévenir ou de lutter contre les différents problèmes évoqués, car cela dépassait

---

10. La fission nucléaire repose sur la désintégration de noyaux atomiques lourds (uranium et plutonium) qui libère des neutrons et une grande quantité d'énergie, mais produit aussi des déchets radioactifs qui doivent ensuite être traités et stockés. Au contraire, la fusion nucléaire repose sur l'assemblage de deux noyaux atomiques légers (deutérium et tritium) en un noyau plus lourd, l'hélium, qui libère également des neutrons et une très grande quantité d'énergie, mais sans production de déchet radioactif. C'est la réaction naturelle qui permet au Soleil et aux autres étoiles de briller.

11. Pour une analyse très pertinente sur le sujet, le lecteur pourra se reporter à l'essai de James Lovelock, *La revanche de Gaïa. Préserver la planète avant qu'elle ne nous détruise*, Paris, Flammarion, 2007.

largement le cadre fixé à cet ouvrage. Mais des solutions sont déjà disponibles.

Par exemple, les bouteilles en plastique pourraient avantageusement être remplacées par des bouteilles en verre consignées, évitant non seulement l'exposition aux éléments toxiques relargués par le polymère dans le contenu, mais aussi le rejet de plastiques peu biodégradables dans l'environnement. Le consommateur y est-il prêt ? Ce pourrait être perçu, à juste titre, comme un retour en arrière.

L'intensification « écologique » de l'agriculture pour relever le défi alimentaire de 2050 est possible : l'agroécologie est capable de mobiliser les services écosystémiques fournis gratuitement par la biodiversité pour maintenir, voire augmenter les rendements agricoles tout en réduisant les opérations motorisées et l'utilisation d'engrais et de pesticides qui polluent l'air, les sols et les eaux. L'agriculteur y est-il prêt ? Et surtout, les firmes agrochimiques et phytopharmaceutiques sont-elles prêtes à laisser faire ?

À l'heure où le terme de « transition écologique » est omniprésent dans le discours politique – au point de devenir un nom de ministère ! –, il faut aussi prendre garde à ce que les prétendues alternatives ne soient pas pires que les technologies qu'elles remplaceraient. Il ne s'agit pas de répéter l'expérience du boomerang qu'on lance à l'aveugle avant d'avoir appris son fonctionnement et les risques liés à son utilisation ; sinon, le boomerang a toutes les chances de nous revenir une fois de plus en pleine face !

Encore une fois, il est impératif d'adopter une vision globale, intégrée et systémique et de produire des bilans complets de ces technologies, prenant en compte les dimensions sociales, économiques, environnementales et sanitaires de manière prospective et non instantanée. Mais nos institutions sont rarement adaptées à une telle vision, du fait de leur compartimentation et des intérêts partisans qu'elles défendent. Combien de missions interministérielles sont parvenues non pas à une déclaration d'intention, mais à des propositions concrètes, opérationnelles et effectivement mises en œuvre ? Le monde de la recherche ne fait pas exception : l'interdisciplinarité est souvent un vœu pieux qui ne bénéficie ni des moyens financiers ni du soutien académique qui lui permettraient de produire les connaissances sur les interactions Homme-Environnement-Santé, indispensables pour relever le défi inédit de vivre en bonne santé dans un environnement sain à l'ère anthropocène.

Des initiatives voient peu à peu le jour, aussi timides soient-elles par rapport à l'urgence sanitaire. Par exemple, *One Health* (« une seule santé »), créé au début des années 2000, propose une approche multi-échelles et intégrée de la santé humaine, de la santé animale et de la santé environnementale pour mieux affronter, entre autres, les maladies infectieuses émergentes. La pandémie de Covid-19 remet d'ailleurs cette initiative sur le devant de la scène ! Plus encore que *One Health*, les alliances *EcoHealth* et *Planetary Health* relèvent d'une véritable « écologie de la santé », l'écologie étant intrinsèquement la science qui étudie le fonctionnement des écosystèmes dans toute leur complexité et la santé humaine étant intimement liée à la santé des écosystèmes. Or, comme on l'a vu, la biodiversité est un pilier de la santé des écosystèmes, tout comme elle est source de nourriture, de médicaments et de matériaux pour l'homme. Préserver la biodiversité et la qualité de l'environnement n'est définitivement pas un luxe de pays riche comme on l'entend parfois, mais cela ne doit pas non plus être imposé par ces derniers aux pays en voie de développement : c'est nécessairement une action globale, qui nécessite de s'attaquer aux causes profondes et non aux seules conséquences. À cet égard, la priorité absolue est bien de lutter contre les changements climatiques, ce qui devra probablement passer par un changement de paradigme économique, incluant une réduction de l'industrialisation de l'agriculture, de la sylviculture et de l'élevage. Le coût de l'action est colossal, mais le coût de l'inaction le sera encore plus et le risque d'effondrement réel.

À son niveau, le présent ouvrage souhaite participer modestement à la construction de cette discipline d'avenir, l'écologie de la santé. Car c'est de la réussite des initiatives telles que *One Health*, *Eco Health* et *Planetary Health* que dépend en partie l'avenir de l'Humanité. Dans le cas contraire, l'homme risque d'être victime de la Sixième extinction qu'il a initiée et de disparaître en même temps qu'un grand nombre d'autres espèces. Dans son best-seller *The World without us*, l'écrivain Alan Weisman imaginait le devenir de la planète si l'Humanité venait à disparaître[12]. Il affirme que plus de cent mille ans seraient nécessaires pour que les taux atmosphériques de CO_2 retrouvent leurs valeurs initiales d'avant l'homme ; la forêt aurait certainement recolonisé la plupart des terres où le climat le permet, mais les constructions en béton seraient dessous, comme les temples khmers ou mayas le sont déjà actuellement. Les déchets radioactifs seraient toujours présents, tout comme les sculptures de bronze. Ce que nous démontre cet essai, c'est que l'homme aura laissé une empreinte quasi indélébile sur la biosphère, mais que celle-ci est suffisamment résiliente pour continuer à fonctionner sans l'homme. Espérons que ce scénario ne se produira pas et que le roseau pensant saura se ressaisir à temps pour se sauver lui-même, pour plier sans se rompre, pour se redresser en roseau pansant les plaies qu'il a infligées à son environnement pour mieux panser ses propres plaies.

Octobre 2022

---

12. Pour l'édition française : Alan Weisman, *Homo disparitus*, Paris, éditions Flammarion, 2007.

Épilogue

La température venait timidement de dépasser les 5 °C. Les presque quatre semaines de gel ininterrompu du mois de mars s'éloignaient doucement mais sûrement. De l'épaisse couche de neige qui avait blanchi la campagne ces trois derniers mois, il ne restait plus que de rares plaques dans les zones les plus ombragées. La symphonie des chants d'oiseaux annonçait le prochain avènement du printemps. Pour la troisième année consécutive, l'hiver avait été de retour en France. Les mesures drastiques prises au milieu du XXIe siècle semblaient enfin produire une normalisation climatique durable. C'est en tout cas ce qu'affirmaient les experts du GIEC. Partout dans le monde les données convergeaient dans le sens d'un retour vers un climat proche de celui que l'Humanité avait connu dans les années 1980. Certains médias s'aventuraient même à annoncer que le programme de terraformation de Mars allait être reconsidéré, la zone d'habitabilité de la Terre étant à nouveau en extension, surtout depuis l'endiguement des grandes pandémies et le recul confirmé du paludisme et de la bilharziose.

Le petit groupe d'enfants venait d'arriver au niveau de la haie qui marquait la limite entre deux champs, très attentifs aux explications de l'exploitant qui les accueillait dans sa ferme dans le cadre de cette visite scolaire.

« Alors, qui sait me dire ce qui pousse dans ces deux champs ?

— Du blé ! cria l'une des élèves.

— Oui, dans celui-ci, c'est effectivement du blé. Et là ?

— Oh là ce n'est pas un champ, c'est une prairie ! dit un autre.

— Ah, c'est vrai qu'à ce stade, ça ressemble un peu, mais non, c'est bien un champ. Là, vous voyez ces grandes feuilles : ce sont des feuilles de colza. Une plante qui sert à faire l'huile que vous utilisez pour assaisonner vos salades. Dans le temps, on s'en servait même pour faire du carburant pour les voitures !

— C'est quoi du carburant ? »

L'enseignante intervint :

« Tu exagères, on en a parlé en cours d'histoire-géographie : avant les véhicules électriques, et jusqu'à la fin du XXIe siècle, il existait des moteurs qui fonctionnaient avec des carburants, qu'on fabriquait avec du pétrole exploité dans les roches profondes. Mais pendant le "Grand réchauffement", on avait cherché à remplacer ces vieux carburants par d'autres, extraits de plantes, comme le colza dont parle monsieur.

— Et c'est quoi alors toutes les plantes qui poussent avec le colza ? demanda un autre élève, visiblement agacé par le discours un peu trop académique de l'enseignante.

— Là, reprit l'agriculteur, ce sont les plantes du couvert végétal. Il y a beaucoup de légumineuses, comme des trèfles, des lupins, des luzernes, qui sont là pour apporter l'azote dont a besoin le colza. Il y a aussi des radis, de l'avoine et du seigle, qui sont là pour augmenter la porosité du sol. Et puis il y a aussi du lin et de la phacélie qui feront bientôt de très belles fleurs, qui attirent les papillons et les abeilles qu'on commence à voir revenir depuis quelques années, alors qu'on croyait qu'elles avaient complètement disparu. Toutes ces plantes permettent de couvrir le sol tout en l'aérant, de fournir de la matière organique pour conserver l'eau dans le sol et servir de nourriture à tous les microbes et les petits animaux du sol, qui fabriquent de l'engrais pour le colza. Et comme vous voyez, la végétation est très dense, ce qui permet de retenir le carbone et les nutriments dans le sol, tout en facilitant le transfert du CO_2 de l'atmosphère dans le sol.

— Et pourquoi il n'y en a pas, du couvert végétal, dans le blé ?

— Il n'y en a plus, mais il y en a eu. C'est parce qu'au moment de semer le blé, en octobre, les plantes ont été broyées pour qu'elles se décomposent sur le sol sans gêner la germination du blé. Comme ça, même en hiver, le sol n'est jamais nu et il conserve sa fertilité. Et quand je moissonnerai le blé cet été, je sèmerai immédiatement de la cameline, que je récolterai deux mois plus tard, avant de re-semer du blé. Comme ça, je fais deux récoltes la même année dans le même champ !

— Et ça sert à quoi la cameline ?

— C'est aussi une plante oléagineuse, comme le colza. On fait de l'huile que vous trouvez dans plein d'aliments et dans plein de produits cosmétiques. Quand l'huile de palme a été interdite en Europe, au XXIe siècle, on l'a remplacée par l'huile de cameline. Et grâce aux intercultures, pas besoin de surface agricole supplémentaire !

— C'est quoi la bête là, monsieur ? demanda une petite fille qui s'était écartée du reste du groupe.

— Ça, c'est un carabe. Un petit insecte qui est très utile, car il mange les limaces qui, elles, mangent mon colza ! Comme il adore les couverts végétaux, il y en a plein dans le champ et je n'ai presque pas de limaces. Du coup, presque plus besoin d'utiliser de pièges à bière ! Et plus il y a d'espèces de plantes, plus il y a d'insectes utiles. C'est comme toutes les haies qui séparent les parcelles : non seulement les arbres fruitiers produisent les cerises, les pommes, les poires, les abricots, les amandes et les noix que l'on conditionne à la ferme, mais ils hébergent aussi des oiseaux et des chauves-souris qui me débarrassent de tout un tas de nuisibles et protègent ainsi mes cultures. C'est ça les bienfaits de la biodiversité !

— Et le truc là-bas, au milieu du champ, c'est quoi ? interrompit un garçon qui préférait manifestement regarder en l'air.

— Un tracker !

— C'est quoi un tracker ?

— C'est une sorte de panneau solaire géant au sommet d'un mât, qui suit le soleil au cours de la journée, comme le ferait un tournesol. Comme ça, il est toujours perpendiculaire aux rayons du soleil et produit beaucoup plus d'électricité qu'un panneau fixe.

— Et c'est avec ça que vous vous chauffez ?

— Ah non, celui-là sert juste à l'alimentation électrique de l'étable qui est là et des bâtiments techniques où sont garés les drones agricoles ; pour la maison, il y en a un autre là derrière, mais il y a aussi le mini-méthaniseur autonome à côté duquel votre car est garé, et aussi la petite éolienne que vous apercevez près de la basse-cour.

— Et ça vous suffit ?

— Oui, la ferme est entièrement autonome sur le plan énergétique, nous ne sommes plus raccordés au réseau public.

— Et vos trackers, ils ne gênent pas les drones ?

— Non, rassure-toi, les drones ont un système de détection d'obstacle sophistiqué et ils peuvent survoler les champs sans souci. Ce sont eux qui repèrent les endroits où il peut y avoir des carences nutritives ou des attaques de parasites et qui transmettent l'information aux drones terrestres, qui viennent épandre un correcteur ou un produit de contrôle à l'endroit précis où un problème est détecté. Et tous fonctionnent à l'énergie solaire, grâce aux cellules chlorophylliennes miniaturisées nouvelle génération.

— C'est quand qu'on va voir les animaux ? s'impatienta une petite fille emmitouflée dans une polaire trop grande pour elle.

— On y va ! Tu veux commencer par quoi ? Les vaches ou les poules ?

— Parce que vous avez des vaches ? intervint un petit garçon, les yeux écarquillés.

— Bien sûr ! Là elles sont à l'étable pour l'hiver, mais si le printemps arrive, elles ne vont pas tarder à retrouver leurs pâtures.

— Mais je croyais qu'on avait interdit les vaches à cause du méthane qu'elles libèrent et qui a contribué au "Grand réchauffement" ?

— Non, on ne les a pas interdites. On a juste interdit les élevages hors-sol et limité le nombre de têtes par exploitation. Mais c'était surtout une mesure pour limiter les épidémies après les "Grandes pandémies". Les émissions de méthane avaient déjà été considérablement réduites avec la réglementation sur l'alimentation des ruminants et l'obligation de pratiquer l'élevage en plein air. Il faut dire qu'autrefois on faisait un peu n'importe quoi... Les bêtes ne sortaient jamais, on les bourrait de médicaments et on leur donnait à manger n'importe quoi sauf de l'herbe ! Alors tu vois, c'était comme un boomerang qu'on lançait sans regarder, paf !, ça te revenait en plein dans le nez !

— C'est une blague ? interrogea une élève qui affichait un air sceptique.

— Non, non, je t'assure... Je n'ai pas connu ça, mais mes arrière-grands-parents qui étaient aussi agriculteurs m'ont raconté, ça existait encore quand ils étaient petits !

— C'était à l'époque des plastiques ! pouffa un grand gaillard qui cachait difficilement un air insolent, déclenchant l'hilarité générale.

— Et qu'est-ce que vous faites des déjections ? coupa une autre élève qui avait gardé son sérieux.

— Comme pour les nôtres et comme pour tous les autres déchets organiques de l'exploitation et de la maison : ça part dans le mini-méthaniseur pour en récupérer l'énergie sous forme de biogaz et les résidus servent d'engrais dans les champs quand il y en a besoin. C'est le fonctionnement classique d'une ferme : on se cale sur les cycles de la matière et sur les flux d'énergie de la nature et on essaie de les perturber le moins possible tout en misant sur les services rendus par la biodiversité. Et tu vois… ça marche ! »

Quelques références

Lors de la rédaction de cet ouvrage, j'ai utilisé de multiples sources documentaires qu'il serait impossible de lister de manière exhaustive. Parfois il s'agissait d'articles de presse dont j'ai pu extraire le matériel pour une phrase ou des numéros spéciaux de revues scientifiques « grand public » qui m'ont aidé à structurer certaines parties. Les rapports d'expertise publiés par des structures aussi diverses que les Agences d'État (ANSES, AFSSA, ADEME...), le Sénat, les grands organismes de recherche (CNRS, INRA, INSERM, INERIS...), les Sociétés savantes (Académie des Sciences, Académie de Pharmacie, Académie de médecine...), les organismes onusiens (OMS, Unesco, FAO...) ont été d'une grande aide pour faire le tri entre données validées et supputations, voire fausses informations. Ces dernières sont fréquentes sur Internet, mais il faut rendre justice à certains sites, comme Wikipédia, qui, le plus souvent, proposent des monographies d'excellente qualité ; elles m'ont été très utiles dans la préparation de plusieurs chapitres. J'ai pu aussi m'appuyer sur plusieurs travaux que ma position de professeur de pharmacie m'a permis de diriger dans le cadre de thèses d'exercice pour l'obtention du diplôme d'État de docteur en pharmacie, ou de mémoires bibliographiques d'étudiants de 4e année ayant fait le choix de suivre l'option « Interactions Homme-Environnement-Santé » que j'ai mise en place il y a plus d'une vingtaine d'années à Amiens. Plusieurs ouvrages, touchant de près ou de loin les relations entre santé et environnement, ont également été des sources d'information précieuses. Enfin, il y a la littérature scientifique proprement dite, moins facile d'accès pour le grand public, mais incontournable, notamment pour être à la pointe de l'actualité. Des centaines d'articles que j'ai pu lire, probablement quelques dizaines m'ont finalement servi, mais c'est la condition pour recouper les innombrables informations et essayer de délivrer un message qui soit scientifiquement vérifié. Parce que fournir une liste longue et ennuyeuse de références bibliographiques aurait été hors de propos pour un ouvrage se voulant avant tout de vulgarisation scientifique, je n'ai retenu ci-après que quelques livres, rapports et articles récents qui m'ont semblé les plus pertinents pour un lecteur qui souhaiterait aller plus loin sur certains sujets.

Académie nationale de pharmacie, *Médicaments et environnement*, 2008.

Aerts R., Honnay O., Van Nieuwenhuyse A., « Biodiversity and human health: mechanisms and evidence of the positive health effects of diversity in nature and green spaces », *British Medical Bulletin*, 2018, 127, p. 5-22.

Amiard J. C., Meunier T., Babut M., *PCB, environnement et santé*, Paris, Lavoisier Tec & Doc, 2016.

Bacanli M., Basaran N., « Importance of antibiotic residues in animal food », *Food and Chemical Toxicology*, 2019 125, p. 462-466.

Belay E. D., Schonberger L. B., « The public health impact of prion diseases », *Annual Review of Public Health*, 2005, 26, p. 191-212.

Bezerra Da Rocha M. E., Da Chagas Oliveira Freire F., Feitosa Maia F. E., Florindo Guedes M. I., Rondina D., « Mycotoxins and their effects on human and animal health », *Food Control*, 2014, 36, p. 159-165.

Blanc S., Boëtsch G., Hossaert-McKey M., Renaud F., *Écologie de la santé. Pour une lecture nouvelle de nos maux*, Paris, Le Cherche Midi, 2017.

Borvon G., *Histoire du carbone et du CO_2. De l'origine de la vie jusqu'au dérèglement climatique*, Paris, Vuibert, 2013.

Bousquet M., Leroy C., Lévêque R., Pin R., *Atlas de l'origine de l'homme. Les Cahiers Science et Connaissance*, Paris, ESI, 2018.

Boyd R. T., Silk J., *L'aventure humaine : des molécules à la culture*, Troisième édition. De Boeck, 2015.

Carvalho F. P., « Pesticides, environment, and food safety », *Food and Energy Security*, 2017, 6 p. 48-60.

Chapeland-Leclerc F., Papon N., Noël T., Villard J., « Moisissures et risques alimentaires (mycotoxicoses) », *Revue Francophone des Laboratoires*, 2005, 373, p. 61-66.

Chevalier P., *L'usage des stimulateurs de croissance en production animale : positions des experts et des gouvernements*, Rapport de l'Institut national de Santé publique du Québec, 2011.

Chivian E. & Bernstein A., *How our health depends on biodiversity*, Center for Health and the Global Environment, Harvard medical school, 2010.

Chorus I., Bartram J., *Toxic cyanobacteria in water: a guide to their public health consequences, monitoring and management*, Londres, OMS, 1999.

Cicolella A., *Toxique planète. Le scandale invisible des maladies chroniques*, Paris, Éditions du Seuil, 2013.

Collectif, *Dioxines dans l'environnement : quels risques pour la santé ?*, Paris, Les éditions Inserm, 2000.

Collectif, « Évolution. Les quatre premiers milliards d'années : de la cellule primitive à l'apparition des mammifères », *Géo Hors-série Savoir*, n° 5, 2013.

Collectif, *Pesticides. Effets sur la santé*, Paris, Les éditions Inserm, Collection « Expertise collective », 2013.

Cosson J. F., « Écologie de la maladie de Lyme », *Revue Forestière Française*, 2018, 70, p. 185-203.

DANAN C., *Usages vétérinaires des antibiotiques, résistance bactérienne et conséquences pour la santé humaine*, Rapport de l'AFSSA, 2006.

DAVID B., *À l'aube de la sixième extinction. Comment habiter la Terre*, Paris, Éditions Grasset & Fasquelle, 2021.

DOMINGO J. L., « Safety assessment of GM plants: an updated review of the scientific literature », *Food and Chemical Toxicology*, 2016, 95 p. 12-18.

DRAY P., CAGIN S., *Between earth and sky: how CFCs changed our world and endangered the ozone layer*, New York, Pantheon Books, 1993.

FAO, *Manuel sur l'application du système de l'analyse des risques – points critiques pour leur maîtrise (HACCP) pour la prévention et le contrôle des mycotoxines*, Rome, ONU-FAO, 2003.

FELLOUS J. L., GAUTIER C., *Comprendre le changement climatique*, Paris, Odile Jacob, 2007.

FRÉMY J. M., LASSUS P., *Toxines d'algues dans l'alimentation*, Rapport Ifremer-Afssa-Ministère de l'Environnement, 2001.

GAMBILLARA E., SPERTINI F., LEIMGRUBER A., « Réactions cutanées allergiques et toxiques aux plantes », *Revue Médicale Suisse*, 2010 6 p. 824-829.

HAINES A., EBI K., « The imperative for climate action to protect health », *The New England Journal of Medicine*, 2019, 380, p. 263-273.

IPCC, *Climate change 2022: impacts, adaptation and vulnerability*, WMO, UNEP, Genève, 2022.

JACQUIOT L., DAILLANT O., « Bio-accumulation des éléments-traces et des radioéléments par les macromycètes », *Revue bibliographique. Bulletin de l'Observatoire Mycologique*, 1998 & 2000, 14, p. 2-29 (partie I) & 17, p. 2-24 (partie II).

JERRETT M., BURNETT R. T., POPE C. A., ITO K., THURSTON G., KREWSKI D., SHI Y., CALLE E., THUN M., « Long-term ozone exposure and mortality », *The New England Journal of Medecine*, 2009, 360, p. 1085-1095.

JOHNSON P. T. J., TOWNSEND A. R., CLEVELAND C. C., GLIBERT P. M., « Linking environmental nutrient enrichment and disease emergence in humans and wildlife », *Ecological Applications*, 2010 20, p. 16-29.

Karsenti E., *Aux sources de la vie*, Paris, Éditions Flammarion, 2018.

Kim K. M., Kabir E., Ara Jahan S., « Exposure to pesticides and the associated human health effects », *Science of the Total Environment*, 2017, 575, p. 525-535.

Kopperschmitt-Kubler M. C., Pauli G., « Pollens et pollution », *Revue française d'Allergologie*, 1999, 39, p. 283-288.

Lavarde P., Fouquet E., Maler P., *Les liens entre santé et biodiversité*, Rapport n° 00809501 du Conseil général de l'environnement et du développement durable, Ministère de l'Écologie, du Développement durable et de l'Énergie, 2013.

Lévêque C., *Écologie. De l'écosystème à la biosphère*, Paris, Dunod, 2001.

Mazza G., Tricarico E., Genovesi P. & Gherardi F., « Biological invaders are threats to human health: an overview », *Ethology Ecology & Evolution*, 2014, 26, p. 112-129.

Morand S., Lajaunie C., *Biodiversité et santé. Les liens entre le vivant, les écosystèmes et les sociétés*, ISTE Editions, London, 2018.

Paseka R. E., Bratt A. R., MacNeill K. L., Burian A., See C. R., « Elemental ratios link environmental change and human health », *Frontiers in Ecology and Evolution*, 2019, 7 ; 378, p. 1-17.

Picq P., *Les Origines de l'homme : l'odyssée de l'espèce*, Seconde édition, Paris, Éditions du Seuil, 2002.

Pinay G., Gascuel C., Ménesguen A., Souchon Y., Le Moal M., *L'eutrophisation : manifestations, causes, conséquences et prédictibilité*, Synthèse de l'expertise scientifique collective CNRS, Ifremer, INRA, Irstea (France), 2018.

Pitt J. I., Miller J. D., « A concise history of mycotoxin research », *Journal of Agricultural and Food Chemistry*, 2016, 65, p. 7021-7033.

Robin M.-M., *La fabrique des pandémies. Préserver la biodiversité, un impératif pour la santé planétaire*, Éditions La Découverte, Paris, 2021.

Rossati A., « Global warming and its health impact », *The International Journal of Occupational and Environmental Medicine*, 2017, 8, p. 7-20.

Sabarwal A., Kumar K., Singh R. P., « Hazardous effects of chemical pesticides on human health – Cancer and other associated disorders », *Environmental Toxicology and Pharmacology*, 2018, 63, p. 103-114.

Sacquet A. M., *Atlas mondial du développement durable*, Paris, Autrement, 2002.

Selosse M.-A., *Jamais seul. Ces microbes qui construisent les plantes, les animaux et les civilisations*, Actes Sud, Paris, 2017.

Trueb L., Carron P. N., Saviuc P., « Intoxication par les champignons », *Revue Médicale Suisse*, 2013, 9, p. 1465-1472.

Tsatsakis A. M., Amjad Nawaz M., Tutelyan V. A., Golokhvast K. S., Kalantzi O. I., Chung D. H., Kang S. J., Coleman M. D., Tyshko N., Yang S. H., Chung G., « Impact on environment, ecosystem, diversity and health from culturing and using GMOs as feed and food », *Food and Chemical Toxicology*, 2017, 107, p. 108-121.

Wilkinson J.-L. et al., « Pharmaceutical pollution of the world's rivers », *Proceedings of the National Academy of Science of New York*, 2022, 119 : e2113947119.

Wu F., Groopman J. D., Pestka J. J., « Public health impacts of foodborne mycotoxins », *Annual Review of Food Science and Technology*, 2014, 5, p. 351-372.

Zell R., « Global climate change and the emergence/re-emergence of infectious diseases », *International Journal of Medical Microbiology*, 2004, 293 (suppl. 37), p. 16-26.

Table

Achevé d'imprimer par CPI,
en octobre 2022
N° d'imprimeur : 2068244
Dépôt légal : janvier 2023

Imprimé en France